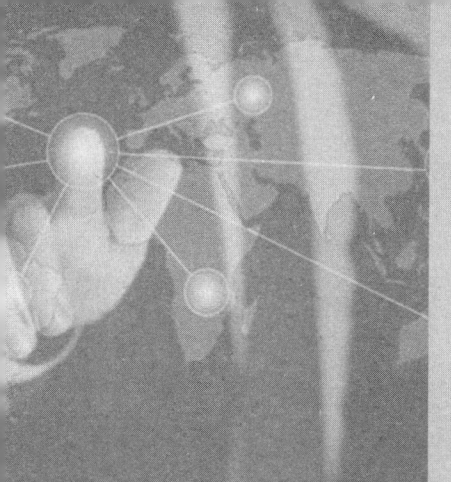

CongLing KaiShi DuDong
GuanLiXue

管理的最高境界就是
让员工主动地将
"要我做"变成"我要做"

从零开始读懂
管理学

| 鲁克德◎编著 |

立信会计出版社
LIXIN ACCOUNTING PUBLISHING HOUSE

图书在版编目（CIP）数据

从零开始读懂管理学 / 鲁克德著. —上海：立信
会计出版社，2014.8
（去梯言）
ISBN 978-7-5429-4280-7

Ⅰ.①从… Ⅱ.①鲁… Ⅲ.①管理学–通俗读物
Ⅳ.①C93-49

中国版本图书馆CIP数据核字（2014）第146853号

策划编辑　蔡伟莉
责任编辑　蔡伟莉
封面设计　久品轩

从零开始读懂管理学

出版发行	立信会计出版社		
地　　址	上海市中山西路2230号	邮政编码	200235
电　　话	(021) 64411389	传　　真	(021) 64411325
网　　址	www.lixinaph.com	电子邮箱	lxaph@sh163.net
网上书店	www.shlx.net	电　　话	(021) 64411071
经　　销	各地新华书店		

印　　刷	固安县保利达印务有限公司		
开　　本	720毫米×1000毫米　1/16		
印　　张	20	插　　页	1
字　　数	266千字		
版　　次	2014年8月第1版		
印　　次	2018年1月第5次		
书　　号	ISBN 978-7-5429-4280-7/C		
定　　价	36.00元		

前　言

无论是国家的发展、民族的振兴，还是企业的壮大、家庭的维系，都需要一些能担当重任的人，来号召和团结其他人为一个共同的目标而奋斗，这样的人被称为管理者。这些承担重任的管理者往往是现实社会中的成功者，他们可以是部门的负责人，可以是一个团队的带头人，还可以是卓越的领导人或一个企业的优秀高管等。

这些管理者大多都具有如下特点：他们有着独特迷人的人格魅力，有着一呼百应的感召力，还有更加神奇的影响力。他们也许没有过人的技术，也许没有庞大的资源，但他们有着令所有人为之倾倒，让所有人愿意追随的超强的管理能力和水平。

正是这种管理者的素质和能力，注定了他是一位成功者！从另一个角度来说，自古成大事者，大多是精于管理艺术的人，这也就要求每一位希望成功的年轻人在事业成功的道路上，必须读懂管理学，掌握管理学知识！

管理工作说起来并非简单易行，它之所以被称为艺术，就是因为任何一位管理者所要面对的都是一项极其复杂的工作，毫无捷径可言。

纵观一个单位的上上下下，究其本质，管理者所要面对的，无外乎人、事两字。换句话说，如果一位管理者对人和事都应对自如、管理有方，那么，他就可以称为一个成功的团队领导者。

正如一个木匠不能用锤子解决所有的问题一样，没有任何新方法能让一名管理者从平庸走向出色，或者立竿见影地扭转公司的自身颓势。所谓优秀的管理者，是那些不断寻求更有效的思想、方法并将之付诸实践的人。

　　在现代管理方式中，管理不是玩弄权术，不是指责批评，而是需要智慧、方法和技巧的，是每个有志于成为管理人才所必须掌握和实践的一门学问，一门艺术。

　　本书以实用性和趣味性为原则，对有关管理工作的方方面面做了详细全面的介绍，深入浅出，通俗易懂，是管理者和职场人士必备的管理学成功指南。书中推荐的管理方法科学实用，切实可行；同时结合管理心理学理论，给每一位管理者提供了有效的帮助。相信通过阅读本书，你一定能在今后的管理工作中找到更好的方法，无论是带领团队还是管理人员，都能够依照所提供的方法运筹帷幄、更胜一筹，让你的管理变得轻松、简单和高效！

目 录

第1章　得人心者得天下，管理之道在于经营人心

管人管心，认识管理与心理的关系

在现代社会，大家几乎一致认同管理的价值，但有关管理的概念却各有各的说法。

目前，对于管理的概念，大致有两种代表性的观点。

（一）管理是一种工作程序和办事的方法

持此观点的人认为，管理职能可划分为计划、组织、协调、指挥、监督五个方面，而所有的职能均是工作的细化、简化、充分地利用人力物力而有效实现目标的科学手段。

（二）管理是处理人与事的艺术

持这一观点的人认为，管理是要以有效的方法达到目的的具体行为。这就必然要求在实践上设计一种行得通的解决办法。这时，艺术就是达到某种所需要的具体结果的"诀窍"。因此，管理应该是一种行为的知识，即运用

实际技巧的艺术。管理所要应对的主要是"人"和"事"，而人的思想、行为以及心理情绪差异万千、难以捉摸，各种事物的形态、种类、关系等变化无穷，所以管理是不能用固定不变的法则来应付千变万化的"人"和"事"的。因此，在管理实践中必须运用高超的艺术，才能激发组织成员的工作热情、汇集众人的才智、实现组织的共同目标。

总之，如果对管理一词做最通俗最简单的解释，就是促使人把事做好。比较具体地讲，管理的概念应该是以下四项基本内涵的综合：

（1）管理是一种具有科学原则和运用艺术的方法及工作程序；

（2）管理的核心是"人"，建立分工合作的、融洽的人际关系是其重点；

（3）管理的对象是"事"，充分利用各种资源以满足人类物质和精神需要的"事"；

（4）管理的目的是以最高的效率达成目标。

人是管理工作中重要的组成部分。管理就是管人，而管人最重要的因素在于管心，即把握人心，洞察人心，驾驭人心。管人即管心。所以，学习管理学，先从了解和掌握管理与心理之间的关系开始。

心理学家莫利儿曾说过："人是心理的动物，其情绪、价值、思考、意念和抉择莫不被环境、教育和经验所左右。"由于组织的主体是"人"，人们在管理的过程中，对事物的观点不尽相同，对利害的反应也不一致，其心理的变化、情绪的高低，都将会刺激其行为。同时，人与人之间的相处、人与事的配合，也都易受到主观意识的影响，招致许多非常情所能理解、非常理所能衡量的纷扰，故管理与心理两者之间，具有一种互动的因果关系存在。

一个人在组织中的行为比较复杂，不能忽略其对管理的情境所产生的影响，而这种影响也体现了管理与心理的关系。所谓行为，是代表个人肢体与精神上的各种动作。其产生的基本过程，依据行为科学家李威特的说法："一个人的行为产生，总是因先受到某种刺激，才引发某种需要

（即行为动机），而产生某种行为。”从需要到达成目的的行为过程中，一般都会伴随着一种心理学上所称的紧张状态。故欲了解一个人的行为，通常都可从他的眼神、脸色或一些心理现象中察觉。事实上，一个人的行为，无一不是一种选择，而每一种选择，也无一不是根据某种价值观念和心理或生理上的需求所作出的。换言之，人的行为是有原因、有动机的，是目标导向的。

传统的管理理论，将人当作管理的对象，把个人在工作上的种种努力视为当然，并不认为个人的心理因素对管理成败存在影响。事实上，组织是由“人”所组成的集合体，任何组织不管工作科学化、专业化到何种程度，绝不能把人与机器用同样的方法去处理，因为“人”毕竟是有灵性、有意识和存在心智的高等动物。

因此，一个管理者和组织，必须从人性出发把人当人看，从心理上分析知道其行为的原因，从外部的刺激反应了解他需要满足的层次与内涵，进而多关切、多尊重、藉以激发其团队精神，唯有这样，才有可能成为成功的管理者和组织。

管理中的心理效应

在人力资源管理的实践中，各级管理者如果能够灵活运用和处理一些心理效应，就能充分调动被管理者的积极性，使人尽其才、才尽其能，从而收到事半功倍的管理效果。

（一）贝尔效应

英国学者贝尔天赋极高，曾经不止一个人预测说，如果他毕业后进行晶体和生物化学方面的研究，一定会赢得多次诺贝尔奖。但他却心甘情愿地选择了另一条道路——甘当“人梯”，提出一个个课题，指引别人进行研究，登上一座座科学的顶峰。于是有人把他这种甘为"人梯"的行为称为"人梯效应"，也称作"贝尔效应"。

宋朝太尉王旦曾经专门在皇帝面前夸赞寇准的长处，推荐他为宰相，但寇准却多次在皇帝面前痛陈王旦的缺点。

有一天，皇帝忍不住对王旦说："你虽然夸赞寇准的优点，可是他经常说你的坏话。"王旦却说："本来应该这样。我在宰相的位子上时间很久，在处理政事时失误一定很多。寇准对陛下不隐瞒我的缺点，愈发显示出他的忠诚，这就是我看重他的原因。"

有一次，王旦负责的中书省送寇准负责的枢密院一份文件，违反了诏令格式。寇准马上将此事向皇帝汇报，王旦因此受到责备。然而事隔不到一个月，枢密院有文件送中书省，结果也违反了诏令格式，办事人员兴奋地把这份文件送交王旦，以为王旦定会报复寇准，可他没有这么做，而是把文件退还给枢密院，希望他们修正。对此，寇准十分惭愧，见到王旦时便称赞他度量大。后来，寇准升任武胜军节度使同中书门下平章事，寇准感谢皇帝对他的了解。不料皇帝却说："此乃王旦的推荐。"寇准更加敬服王旦。

王旦做宰相十二年，推荐的大臣十几个，大多很有成就。从王旦身上体现出来的，就是现代人所说的贝尔效应。其实，也不妨叫做"王旦效应"。

管理者应该向贝尔和王旦学习一下，自觉运用贝尔效应。一个成功的管理者，应该以国家和民族大业为重、以单位和集体利益为先，发扬伯乐精神和"人梯"精神，慧眼识才、努力养才、放手用才。

（二）鲶鱼效应

以前，挪威人在海上捕得沙丁鱼后，希望鱼能活着抵达港口，因为活鱼比死鱼的价格要高好几倍，然而只有一艘渔船能成功地带着活鱼回港。人们纷纷探访，想知道这位船长是怎么做的。可他严守成功秘密。直到他死后，人们打开他船上的鱼槽，发现和别人的没有什么不同，只不过里面多了一条

鲶鱼。百思之后终于明白，原来鲶鱼装入鱼槽后，由于环境陌生、生性好动而四处游荡，偶尔追杀沙丁鱼。沙丁鱼则因发现处于陌生环境而紧张不已，四处逃窜，把整槽鱼搅得上下浮动，也使水面不断波动，从而氧气充分。如此这般，就能保证沙丁鱼活蹦乱跳地运进渔港。这就是所谓的"鲶鱼效应"。

在管理中运用"鲶鱼效应"，是指当一个组织内部人员浮躁、工作缺乏效率等情况下，在内部挖掘或从外部引入一些"鲶鱼"。通过提升他们的积极性和主动性，来带动和刺激组织的其他人员，从而在组织内部形成一个人人向上的良好竞争氛围。这里的"鲶鱼"是指那些个人素质高、业务能力强、有着较强的个人感召力的业务骨干。他们在组织中可以拥有一定范围内的权力，但他们常常运用的却是非权力的领导力，依靠个人魅力去带动和激励组织中的其他人员。

"鲶鱼效应"在管理中的作用表现在两个方面：带动作用和刺激作用。带动作用，是因为那些"鲶鱼"有着较高的个人素质、较强的业务能力和较强的个人感召力，周围的人群总是在关注着他们、不知不觉地仿效并追随他们。刺激作用，是因为"鲶鱼"积极向上、能力强，能够获得比其他人更多的领导关注、支持和更好的待遇，会给组织内其他人群带来压力，从而刺激他们的自尊心，若再辅以得当的引导，就会出现"比、学、赶、超"的良好工作氛围。

（三）罗森塔尔效应

美国心理学家罗森塔尔曾做过这样一个实验：他考察某所学校，随意从每班选出三名学生，共十八人，将他们的名字制作成一张表格交给校长，很严肃认真地对校长说：经过科学测定，这十八名学生都是高智商人才。半年后，他又来到那所学校，竟然发现选出的那十八名学生全部脱颖而出。这十八人后来也都在不同的岗位上取得了很好的成绩。人们把这种现象反映的心理效应称为"罗森塔尔效应"（亦称"皮格马利翁效应"）。

一个成功的管理者，应该充分运用罗森塔尔效应。这就要求，管理者对下属要投入感情和期望，进行特别的诱导，使他们最大程度地发挥自身的主动性、积极性和创造性。例如，管理者在布置某项工作时，应该对下属说："我相信你一定能办好""你们能够胜任这项工作"等。如此一来，下属就会积极向你的期待迈进，自身的能力也会很快有所进步。

（四）马太效应

《圣经·新约·马太福音》讲述了这样一个故事：主人要外出，临走前把家产分给三个不同才干的仆人，分别是五千两银、二千两银和一千两银。那个领五千两银的随即去做买卖，又赚了五千两银；领二千两银的也赚了二千两银；唯独那个领一千两银的把银子埋到地里。主人回来，对前两位大加赞赏，用原数奖励他们，却把第三位仆人的银子收回来奖给了第一位。主人随后告诉他们：凡是有新增的，还要新增给他，让他有余；没有新增的，连他原有的也要夺回来。这个故事反映的现象被人们称为"马太效应"。

对于企业管理，马太效应包含了三点启示：

（1）要根据每个人的实际能力，量才施用，把最合适的人放在最合适的岗位。量才施用是企业用人应遵守的黄金法则。

（2）要引导人才适应市场经济的发展，树立竞争意识，引入竞争机制。只有在竞争的环境中人才的潜力才会被激发出来，企业才会有不断的创新，才能拥有持久的竞争力。

（3）要运用目标激励机制，奖勤罚懒、优胜劣汰。不过在运用过程中，要掌握分寸。

对企业经营发展而言，马太效应则告诉我们，要想在某一个领域保持优势，就必须在此领域迅速做大。当你成为某个领域的领头羊的时候，即使投资回报率相同，你也能更轻易地获得比弱小的同行更大的收益。而若没有实力迅速在某个领域做大，就要不停地寻找新的发展领域，才能保证获得较好的回报。

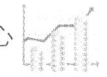

（五）海潮效应

天体的引力会影响大海的涨落，引力大的时候会出现大海潮，引力小的时候会出现小海潮，引力太弱的时候则不会出现海潮。这种现象被人们称为"海潮效应"。

现在我们国家处于快速发展时代，需要大量的人才，人才群体便会快速成长起来。

海潮效应对于管理也有重要的意义。一个组织要生存和发展，管理者必须通过调节人才的待遇等措施，实现人才的合理配置，加大组织的人才吸引力。不妨学习一下很多知名企业的管理口号："以待遇吸引人，以感情凝聚人，以事业激励人。"

（六）酒与污水效应

如果把一匙酒倒进一桶污水中，你得到的是一桶污水；如果把一匙污水倒进一桶酒中，你得到的仍是一桶污水。这就是"酒与污水效应"。

几乎在任何组织里，都存在几个难缠的"人物"，喜欢到处搬弄是非、传播流言、破坏组织内部的和谐……他们似乎生下来就是为了搞破坏。他们具有惊人的破坏力，就像果箱里的烂苹果，如果处理得不及时，会迅速传染，使果箱里的其他苹果也烂掉。一个正直能干的人进入一个混乱的部门可能会被吞没，而一个无德无才者能很快将一个高效的部门变成一盘散沙。你或许诧异，为什么破坏者能力这么强？其实一句话：破坏比建设容易。一个能工巧匠花费时日精心制作的陶瓷器，一头驴子一秒钟就能毁坏掉。

组织系统是建立在相互理解、妥协和容忍的基础上的，故而也很脆弱，很容易被侵害、毒化。因而，作为管理者，应该注意寻找组织内部的"污水""烂苹果"或"驴"，并马上把它清除掉。

（七）首因效应

一位心理学家对大学生应聘者做过这样一个实验：让两个大学生都做对三十道题中的一半，但是让大学生甲做对的题目尽量出现在前十五道题，而让大学生乙做对的题目尽量出现在后十五道题，然后让决策者对两个大学生进行比较：谁更聪明？结果发现，决策者认为大学生甲更聪明。这就是心理学讲的首因效应。

首因效应职场上到处可见，"新官上任三把火""早来晚走""恶人先告状""先发制人""下马威"等，都是想利用首因效应占得先机。

首因效应有负面作用，容易使一个人对另外一个人的评价有失偏颇。主要表现在两个方面：① 以貌取人。对仪表堂堂、风度翩翩的容易得出良好的印象，而其缺点很容易被忽视。② 以言取人。那些口若悬河、对答如流者往往给人留下好印象。

管理者应该避免首因效应的负面作用。比如在选拔人才时，不可仅凭第一印象取舍，而应该既听其言、观其貌又察其行、考其绩，进行综合评价。

（八）奥卡姆剃刀效应

14世纪，英国奥卡姆的威廉对无休无止的关于"共相""本质"之类的争吵感到厌倦，主张唯名论，只承认确实存在的东西，认为那些空洞无物的普遍性要领都是无用的累赘，应当被无情地"剃除"。他主张：如无必要，勿增实体。这就是常说的"奥卡姆剃刀效应"。这把"剃刀"曾使很多人感到威胁，被认为是异端邪说。威廉本人也受到伤害。然而，这并未损坏这把"刀"的锋利。相反，经过数百年的发展，并早已超越了原来狭窄的领域而具有广泛的、丰富的、深刻的意义。

事情总是朝着复杂的方向发展，复杂会造成浪费，而效能则来自于简单。在你做过的事情中可能绝大部分是毫无意义的，真正有效的事情只是其中的一小部分，而它们通常隐含于繁杂的事物中。找到关键的部分，去掉多

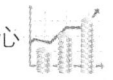

余的事情，成功并不那么复杂。

在企业管理中，奥卡姆剃刀效应可进一步深化为简单与复杂效应：把事情变复杂很简单，把事情变简单很复杂。这就启示我们：在处理事情时，要顺应自然，不要把事情人为地复杂化；要把握事情的实质、主流，解决最根本的问题。

（九）晕轮效应

晕轮效应和首因效应一样，也容易使人产生以点概面、以偏概全的评价错误。比如，某位干部一次表现好，就认为他一切皆优；犯了一次错误，就说他一贯表现差。晕轮效应容易影响人才考核的准确性和评价的可信度。管理者应该避免晕轮效应的负面影响。

（十）手表效应

所谓手表效应，是指一个人只有一只表时，知道现在是几点钟，而当他同时拥有两只表时却无法确定。两只表并不能告诉一个人更准确的时间，反而会让看表的人失去对准确时间的信心。此时，不妨听听尼采的忠告："兄弟，如果你是幸运的，你只需要有一种道德而不要贪多，这样，你过桥更容易些。"因而，你要做的就是选择其中较信赖的一只，尽力校准它，并以此作为你的标准。

现实生活中，很多人被"两只表"弄得无所适从，不知自己该信任哪一只。还有人在环境、他人的压力下，违心选择了自己并不喜欢的道路，为此而郁郁终生，即使取得了受人瞩目的成就，也体会不到成功的快乐。其实，每个人都应该"选择所爱的，爱所选择的"。这样无论成败都可以心安理得。

在管理上，手表效应给我们一种直观的启发：对同一个人或同一个组织的管理不能同时设置两个不同的目标，不能同时采用两种不同的方法；每一个人不能由两个人来同时指挥，否则将使这个企业或这个人无所适从。另外，每个人都不能同时挑选两种不同的价值观，否则其行为将陷于混乱。

根据下属的心理特征调整管理方式

日本著名的企业家堤义明曾经说过这样的一段话："我并不是要天才人物为我做事，天才，不会为职业尽责的，我要用的就是有责任感的诚恳的人，他们会在自己的工作岗位上感到满足，从职业中获得快乐，这样的人，才是企业里最需要的人才。"世界上的人形形色色，企业里的职员也鱼龙混杂。一个成功的领导者面对着各种各样的下属，不应该是束手无策，让下属搞得团团转，而是左右逢源，掌握各种各样下属的特点，并使他们所有人的才能得到充分发挥，做到人尽其才，物尽其用。

为了更好地说明"根据下属的心理特征调整管理方式"这一原则，下面举出与此相关的几个常见例子，希望能起到举一反三的作用。

（一）对待夸夸其谈的下属

任何企业都有这一类型的人，所有的领导者对这种类型的下属都不陌生。喜欢虚夸的人通常一开始能给人留下不错的印象，让领导对他们刮目相看，寄予厚望，认为他们富有积极性，并且有发展前途。但是这种人很快就会露出马脚。所以领导者在聘用职员时，一定不要被他们的外表所迷惑，要认真观察他们的言行举止。领导不需要用嘴巴做事的人，需要的是有能力、能解决问题的人。任何一个冷静慎重的领导者都不愿任用这种类型的职员。当然有些特殊的职位需要任用好口才的人，但是领导者在考虑口才的同时，也要考虑一下职员的动手能力。

一个汽车公司新招聘了一批年轻的员工，在面试的过程中，所有参与的领导都对其中一个年轻的小伙子留下了深刻的印象，他在整个过程中，口若悬河，讲任何事情都头头是道，其他的人和他相比，一个个都显得很沉默。

可是在适用期结束的时候，所有的领导对他都很失望，因为他对所有人安排给他的工作，都不屑于动手干，认为都是一些小事情，对他来说，是大材小用。部门经理每天晚上都要给各经理人发出通告，一次让这个年轻人帮他封信封，"我不封，"这个年轻人反抗说，"公司不是请我来封信封的。"他的态度让部门经理很生气，"如果你觉得这事太卑微的话，你就不用在这里做事了。"这个年轻人没有办法，只得选择离开。而与他一起来的人，经过勤奋的工作，都有了不错的成绩。

（二）对待常有非分要求的下属

作为企业部门的领导者或者企业的经理，一定经常有下属向自己提出各种各样的要求。对于那些合情合理的，而自己又有能力做到的要求，应该给予支持。但是也有很多下属喜欢提一些不太合理或者自己没有资格提出的要求。这时，作为领导的你，是应该答应还是应该严词拒绝？答应了，会不会让其他的下属有意见？而不答应会不会影响下属的积极性？这些都是领导者不得不考虑的问题。

很多经理常听到这样的话："我以前在另一家企业，他们答应……而他们也做到了……""而我有点失望，经理似乎并不看重……"面对这样的情况，许多领导都觉得束手无策。其实，面对这样的下属，如果他确实很有能力，而且他提的要求，也可以做到，那么领导不如满足了他，自己也做回好人。如果他提的要求在你的能力范围以外，你应该把情况如实地告诉他，把选择的权利放到下属自己的手中，让他选择离开或是留下。在这种情况下，下属一般都会理解，并且他们会感受到你的诚意，从而不会有离开的念头。如果是那些能力不高的人，并且他提出的要求也有点过分，那么你就可以毫不犹豫地拒绝他。

（三）对待只报喜不报忧的下属

这种类型的人在企业更是很常见，他们为了突出自己的工作成绩，通常在汇报工作时，总是拣好的方面说，而坏的方面则隐瞒不说。这样他们的职位可以得到提升，但是实际上，时间一长，这样的下属会留下无数工作上的隐患。比如说，一个部门经理让下属举办一个新产品上市的介绍会，事情过去后，这位下属来给经理汇报工作，"王总，昨天的介绍会开得很成功，许多公司对咱们的产品很感兴趣，都希望做进一步的了解……"如果到此为止，那么经理会真的认为很成功，这位下属很有能力。但是这个经理做事很认真，他后来又找了另外一个下属了解情况，而事实是，介绍会来的人很少，而且中间有几次冷场的局面。

作为经理，一定要警惕这样的下属，特别是对于那些很重要的工作，一定要多方面了解，不要轻信一个人的话，这样容易被蒙蔽，从而不利于工作的进展。

（四）对待有后台的下属

社会是一个错综复杂的关系网络，作为网络中的一颗"纽扣"，每个人都不能逃脱这个大的关系网。在一个企业里，经理手下经常有一些有后台的下属，面对这样的下属，经理都感到束手无策，怕一不小心，招惹上了麻烦。对待这样的下属，如果他们是很有能力的人，那么应该重用他们，如果有机会，就要提拔他们。这样有能力有后台的下属，晋升的机会很多，很可能有朝一日成为你的上司，所以对这样的人要很客气，也会给对方留下良好的印象。如果这样的下属，是个能力很普通的人，但是他们工作勤勤恳恳，那么经理只要让他们安心工作就行。如果有后台的下属，既没有能力，又很趾高气扬，不把你放在眼里，那么你就尽量与对方隔开距离，最好敬而远之。如果他实在是很过分，那么你也就没必要对他客气，因为你毕竟是他的领导，领导的威信还是要有的。

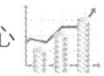

（五）对待爱告密的下属

在我们的现实生活中，总是有很多喜欢向领导打小报告的下属。对于这样的下属，作为领导者的你一定要慎重对待。这样的下属喜欢夸大其词，小题大做，他们的话，领导一定要有选择地听，听完也要将其真实性打个折扣。生活中，有许多经理或者领导偏爱这种人，把他们当作自己必不可少的得力助手，甚至作为公司的中流砥柱，大有心中爱将的感觉。但是经理或领导却没有意识到自己对其他下属的了解都是通过他们这些爱告密的人传达的，很可能加入了他们自己的主观见解，所以未必是真实的。同时企业里其他的下属已经和自己的领导之间有了一道鸿沟，他们认为领导不重视他们的意见，而是喜欢听那些爱告密的人的谣言。

精明的经理或者领导对于这样的下属是要有保留地任用。他们通过这样的方式对其他下属起到了监督的作用，但是又要注重向其他的下属了解情况，这样就可以全面了解整个公司或者部门的情况。

（六）对待凡事爱拖延的下属

很多经理或者领导都有这样的经验，对自己的某个下属，你明明已经说过很多次，告诉他该什么时候完成自己的工作，但是他还是不能及时地完成。即使你催促了他好多次，却没有什么效果，拖延的情况没有任何改善。原因到底在哪里？管理者最常犯的错误，便是错把表面的行为举止视为问题所在。事实上，外在的行为反映的是内心深层的焦虑或恐惧，如果没有深入了解下属的内心，解决心理层面的问题，而是不断地去纠正他们的行为，反而会适得其反，让问题更为严重。面对这种类型的员工，最好的方式就是让他们直接面对混乱或不确定的恐惧。你可以让他担任某个项目或是工会小组的领导人，学习如何为别人承担责任、顾虑到他人的需求，如何接受不在预期范围内、来自其他人的要求，让他们工作变得更有弹性。

还有一个方法就是，你可以鼓励他们在完成工作之前，尽量找其他的同事讨论，或是随时随地作进度报告，请主管或是其他人给予一些改进的建议。这样做有两个目的：一方面，透过频繁的讨论，让他们学会接受别人的意见，避免产生抗拒的心理。另一方面，也可以让他及早作出调整，以免等到最后完成时，结果发现不符合你所要求的，反而挫折感更大。

面对惯性拖延的下属，最好的方式就是消除他们担心做不好的恐惧。领导应该事先沟通准时完成工作的重要性，并提醒他们哪些地方因为时间的关系而无法做到最好，可以事后再调整，这样的做法可以减轻他们的心理负担。时间运用不当，其实只是表面的症状，而非真正的问题所在。事实上，在面对下属的任何问题时，都不应只看外在的行为，而是深入了解心理层面的因素，才能对症下药，解决问题。

（七）对待办公时间化妆的女下属

在烦躁不安、做任何事都提不起劲时，人都需要转换自己的情绪。男性通常会抽烟、喝酒甚至赌博，而女性则一般没有这样的坏习惯。但是，在公司里，会发现有许多女性职员通过到洗手间补妆或者聊天来松弛自己紧绷的神经。化妆对于女性来说，是一种情绪的自然表现。对于大多数女性来说，心情好的时候，她们喜欢化妆，这样自己心情会更好。而心情不好的时候，她们更依赖面上的妆容，因为它可以隐藏真实的自己。对于女性职员来说，化妆就是生活的一部分，并且是不能缺少的一部分。

但是，对于喜欢上班时间到洗手间化妆或者补妆的女性下属，领导者应该分情况对待。对于那些只是利用化妆的时间放松自己神经，并且占用的时间并不很长，不会影响整个工作的进展，那么经理不妨支持。因为通过补妆，自己的女下属不但容光焕发，而且工作更有效率，经理何苦吃力不讨好地管制她们呢？但是对于那些上班时间经常去补妆，严重影响了工作进展和效率的女下属，经理根本没有必要姑息她们，应该及时地制止这种现象，因为不及时地制止，很可能导致别的女性下属效仿，而造成工作上的损失。

（八）对待爱迟到的下属

无论是在哪个企业，迟到都是无法避免的事情。但是作为一个经理，在面对着一个又一个的迟到者时，总不免要生气，特别是对于那些习惯性迟到的下属。正确对待这样的局面，不仅对于整顿公司的纪律有很重要的作用，而且也决定了经理能否与自己的下属建立良好的关系。

有的人经常迟到，而有的人一年当中可能就迟到一次，所以经理或者领导者对于这些迟到者，必须因人、因事而异。不过，所有的领导都会先听听下属迟到的理由，以此来对他们的迟到作出处罚或者是原谅的决定。有的下属坦白地说明了自己的迟到原因，如果说得合情合理，并且也值得原谅，那么经理当然没有难为他们的理由。而如果下属的理由很牵强，而且又没有逻辑性，那么经理对这样的下属就应该提出批评，并且也要注意他们以后的行为，看是不是经常犯这样的错误。还有一种情况，经理通过他们迟到的理由，能发现更严重的问题。比如有的下属解释自己的迟到是因为晚上睡不着，身体感到不舒服，早上到医院去了。那么经理就应该重视，问清楚下属病情是否很严重，能不能坚持工作，如果病情严重的话，就应该让他们回家休息，不要让病情有进一步的恶化。领导如果处理得合情合理，那么下属自然会心服口服，会很感激领导对自己的关心，工作也会更加努力。这样的领导也会建立良好的上下级关系。

管理的对象是人而不是机器——几个发人深省的管理哲理

在现实当中，"管理"一词应用得很广泛，比如我们经常会说"管理生产设备"，因此有人就会想当然地认为管理的对象就是生产设备，其实不然，管理者要管理的是负责操作生产设备的人。管理的对象应该是人而不是其他任何具体的物体，管理就是通过别人完成任务的艺术。

为了帮助读者进一步体会管理的对象是人这个概念，下面列举几个很有启发意义的管理小故事，供读者揣摩感悟。

（一）你的错误

作为森林王国的统治者，老虎几乎饱尝了管理工作中所能遇到的全部艰辛和痛苦。它终于承认，原来老虎也有软弱的一面。它多么渴望可以像其他动物一样，享受与朋友相处的快乐，能在犯错误时得到朋友的提醒和忠告。

它问猴子："你是我的朋友吗？"

猴子满脸堆笑着回答："当然，我永远是您最忠实的朋友。"

"既然如此，"老虎说，"为什么我每次犯错误时，都得不到你的忠告呢？"

猴子想了想，小心翼翼地说："作为您的属下，我可能对您有一种盲目崇拜，所以看不到您的错误。也许您应该去问一问狐狸。"

老虎又去问狐狸。狐狸眼珠转了一转，讨好地说："猴子说得对，您那么伟大，有谁能够看出您的错误呢？"

管理哲理：想要下属指出你的缺点和错误，首先得让他们确信自己会得到好处，给他们勇气。还有，就是作为主管的你，必须具有明辨是非的眼力和包容的胸怀。

（二）管理与管心

美国一家汽车轮胎公司的经理肯特先生，有一次在一家酒馆吃饭，无意中碰了一位喝得酩酊大醉的青年人，因而惹怒了这位醉汉，对肯特大打出手。幸亏酒馆老板的及时劝阻，肯特才得以脱身。

后来肯特得知这位青年发明了一种能够增强轮胎强度的技术，并且申请了专利，但是他寻找了好几家生产汽车轮胎的厂家，要求他们购买他的专

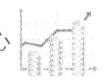

利，结果都扫兴而归，并且受到嘲弄，因而整日抑郁不振，经常来酒馆借酒浇愁。

肯特对在酒馆发生的误会毫不介意，并且决定聘请他来自己的公司做事。

一天早晨，肯特在青年工作的工厂门口等到了这位青年人，但这个青年人却心灰意冷，不愿向任何人谈起他的发明。但是，肯特却一直在工厂的大门口等候。肯特从早上8点钟一直等到了下午6点钟。这时，那个青年人走出厂门，没想到这次他一见肯特的面，便爽快地答应了与他合作的要求。

肯特也正是在求得这位年轻人之后，才推出了新的汽车轮胎产品，从而取得了巨大的商业成功。

管理哲理：诚到深处情自现，不见诚字不见情。要做一个出色的领导者，只有诚恳待人，宽以待人，才会获得事业上的好伙伴，前进中的好帮手，才能真正地在激烈的社会竞争中立于不败之地。

（三）本性难移

从前，有一个地方住着一只蝎子和一只青蛙。蝎子想过池塘，但不会游泳。于是，它爬到青蛙面前央求道："劳驾，青蛙先生，你能驮着我过池塘吗？"

"我当然能，"青蛙回答，"但在目前情况下，我必须拒绝，因为你可能在我游泳时蜇我。""可我为什么要这样做呢？"蝎子反问，"蜇你对我毫无好处，因为你死了我就会沉没。"

青蛙虽然知道蝎子是多么狠毒，但又觉得它说得也有道理。青蛙想，也许蝎子这一次会收起毒刺，于是就同意了。蝎子爬到青蛙背上，它们开始横渡池塘。就在它们游到池塘中央时，蝎子突然弯起尾巴蜇了青蛙一口。伤势严重的青蛙大喊道："你为什么要蜇我呢？蜇我对你毫无好处，因为我死了你就会沉没。"

"我知道，"蝎子一面下沉一面说，"但我是蝎子，我必须蜇你。这是我的天性。"

管理哲理：改造一个人是有限度的。我们需要做的不是试图消除这些弊端，而是把他们的优点合理利用，尽量避免他们的缺点，并力图帮助每个人在其独特天性的基础上持续进步。

（四）没有吃完的牛排

素有"经营之神"之称的日本松下电器总裁松下幸之助有一次在一家餐厅招待客人，一行六个人都点了牛排。等六个人都吃完主餐，松下让助理去请烹调牛排的主厨过来，他还特别强调："不要找经理，找主厨。"助理注意到，松下的牛排只吃了一半，心想一会的场面可能会很尴尬。

主厨来时很紧张，因为他知道请自己的客人不一般。"是不是牛排有什么问题？"主厨紧张地问。"烹调牛排，对你已不成问题，"松下说，"但是我只能吃一半。原因不在于厨艺，牛排真的很好吃，你是位非常出色的厨师，但我已80岁了，胃口大不如前。"

主厨与其他的五位用餐者困惑得面面相觑，大家过了好一会儿才明白怎么一回事。"我想当面和你谈，是因为我担心，当你看到我只吃了一半的牛排被送回厨房时，心里会难过。"

管理哲理：对别人表示关心和善意，比送任何礼物都能产生更多的效果。时刻真情关怀下属感受的领导，将完全获得下属的认同，并让下属心甘情愿为他赴汤蹈火。

（五）囚徒困境

在博弈论中有一个经典案例——囚徒困境，非常耐人寻味。

"囚徒困境"说的是两个囚犯的故事。这两个囚徒一起做坏事，结果被警察发现抓了起来，分别关在两个独立的不能互通信息的牢房里进行审讯。

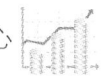

在这种情形下，两个囚犯都可以作出自己的选择：或者供出他的同伙（即与警察合作，从而背叛他的同伙），或者保持沉默（也就是与他的同伙合作，而不是与警察合作）。这两个囚犯都知道，如果他们都能保持沉默的话，就都会被释放，因为只要他们拒不承认，警方就无法给他们定罪。但警方也明白这一点，所以他们就给了这两个囚犯一点刺激：如果他们中的一个人背叛，即告发他的同伙，那么他就可以被无罪释放，同时还可以得到一笔奖金。而他的同伙就会被按照最重的罪来判决，并且为了加重惩罚，还要对他施以罚款，作为对告发者的奖赏。当然，如果这两个囚犯互相背叛的话，两个人都会被按照最重的罪来判决，谁也不会得到奖赏。

那么，这两个囚犯该怎么办呢？是选择互相合作还是互相背叛？从表面上看，他们应该互相合作，保持沉默，因为这样他们都能得到最好的结果：自由。但他们不得不仔细考虑对方可能采取什么选择。A犯不是个傻子，他马上意识到，他根本无法相信他的同伙不会向警方提供对他不利的证据，然后带着一笔丰厚的奖赏出狱而去，让他独自坐牢。这种想法的诱惑力实在太大了。但他也意识到，他的同伙也不是傻子，也会这样来设想他。所以A犯的结论是，唯一理性的选择就是背叛同伙，把一切都告诉警方，因为如果他的同伙笨得只会保持沉默，那么他就会是那个带奖出狱的幸运者了。而如果他的同伙也根据这个逻辑向警方交代了，那么，A犯反正也得服刑，起码他不必在这之上再被罚款。所以其结果就是，这两个囚犯按照不顾一切的逻辑得到了最糟糕的报应：坐牢。

管理哲理：没有起码的信任做基础，切不可贸然合作。在对对方有了足够的信任之后，诚意也是必不可少的。如果没有诚意或者太过贪婪，就可能闹到双方都没有好处的糟糕处境。

（六）锱铢必较

宋朝有个名叫苏掞的常州人，官至州县监察官。他家中十分有钱，但却非常吝啬，常常在置办田产或房产时，不肯付足对方应得的钱。有时候，为了少付一分钱，他会与人争得面红耳赤。他还最会趁别人困窘危急之时，压低对方急于出售的房产、地产及其他物品的价格，从而牟取暴利。

有一次，他准备买下一户破产人家的别墅。极力压低房价，为此与对方争执不休。他儿子在旁看不下去了，忍不住发话道："爸爸，您还是多给人家一点钱吧！说不定将来哪一天，我们儿孙辈会出于无奈而卖掉这座别墅，希望那时也有人给个好价钱。"苏掖听儿子这么一说，又吃惊，又羞愧，从此开始有所醒悟了。

管理哲理：一个优秀的管理者总是会为自己的团队每分必争，这是无可厚非的。但有时候后退一步给其他人一个机会对自己未尝不是一件好事。留三分余地给别人，就是留三分余地给自己。

（七）张丑说燕国

战国时，齐国人张丑被送到燕国做人质。不久，齐、燕两国关系紧张，燕国人想把张丑杀掉。

张丑知道了消息，立即寻机逃走，尚未逃出边境，又被燕国一官吏抓住。

张丑见硬拼不行，便对官吏说："你知道燕王为什么要杀我吗？"

"不知道！"

"因为有人向燕王告了密，说我有许多财宝，但我并没有什么金银财宝，燕王偏偏不信我。"张丑说到这里，见官吏糊里糊涂，接着又说："我被你捉到了，你会有什么好处呢？"

"燕王悬赏一百两捉你，这就是我的好处。"

"你肯定拿不到银子！如果你把我交给燕王我肯定会对燕王说，是你独吞了我所有的财宝。燕王听后一定会暴跳如雷，到时候你就等着陪我死吧！"张丑边说边笑。

官吏听到这里，越发心慌，越想越害怕，最后只好把张丑放了。

张丑得以死里逃生，全靠了他的这番说话，他成功的原因在于抓住了官吏的心理弱点，然后一击而中。

管理哲理：对方怕什么，就专门给他来什么。抓住对方的心理弱点，攻其一点，不计其余。

（八）糟糕的会议

创办美国玛丽·凯公司的玛丽·凯，曾受雇于一家公司。这家公司有一次决定重新修订佣金的办法。在修改完所有的公司目录和公司条文后，公司的老板准备在一系列的地区销售会议中，亲自宣布修改后的新办法。

参加会议的有将近五十位经理。老板说，从今天开始，他们从公司所得的抽成将由2%减少到1%。取代另一个1%的是，每招收一个新的销售人员就能得到一个很好的礼物。然后，他拉起一块白桌布，桌上摆着很多家用产品，有时钟、收音机和录音机等。

这时，有一个女销售经理站起来，极为愤慨地说："你怎敢这样对待我们？你可知道，即使是你原先给我们的2%的抽成也是不够的。现在你要把我们的抽成减半，要拿那些不值钱的东西来代替，你把我们当白痴了。"她随后气冲冲地冲出会议室，其余的销售人员也都跟着她全部走了。老板一下子丧失了一个区的销售人员，而且都是全国最优秀的。星期五的会议就这样结束了。

老板原定在星期六、星期日连着开会。但是受到这个冲击后，只得在星期六早上飞回总公司，重订销售佣金的抽成办法，恢复到原来的2%。在下个星期一，他们参加在另一个区的第二个会议，一切都很顺利。但是那五十名销售人员一个也没有回来，公司白白丧失了这些得力干将。

管理哲理：人们对于任何一种改变都有一种排斥的情绪。即使这种改变是有益的，在员工没有充分理解、体会到所带来的好处前，他们会持反对的态度。人的自然反应就是对新的、不同的东西有所抗拒。

（九）无为而治

郭翁种树的手艺很好，远近闻名。有人向郭翁请教种树的技艺，郭翁说："我并没有什么超人之处特别能使树木活得长久，果子结得多，我只是顺应树木成长的天性，让树木随着本性发展罢了。种树的规律是：树根要舒展，培土要平整，要用原土，把土砸实，种完之后，不要动它，也不要担心，离开它不要管它。栽树的时候，要像抚育苗子一样精心，栽好以后，就要像抛弃它一样，这样树木的天性可以保全，它的本质得到自然的发展。因此，我没有什么特殊的本事，只是不妨害它而已。"

请教的人听了郭翁这番话，不解地问："那为什么别人种的树总不如你呢？区别在哪里呢？"

郭翁说："有区别。其他种树的人不了解树木的本性，种植时令树根卷曲，不知用原土而换用新土，培土不是超过限度，就是不足。有的种树人，对树木过分爱抚，过多地担忧，早晨看看，晚上摸摸，已经离开又要回头看一看，甚至还用指甲划破树皮来检验它活着还是枯死了，摇动树干来看一看栽得是松还是紧。这样做树木无法顺着自身的天性生长，不死也长得不好。这些人种树就不如我。他们虽说是爱树，其实是害它；虽说是关心树，其实是破坏它。"

管理哲理：顺着树木的本性任其生长，既不能草率从事，也不必过分折腾。管理者也要顺应人的本性来管理，才能达到最好的效果。

（十）摘帽子的方法

当时在电影刚刚盛行的欧洲，电影是一种非常时髦的玩意，大大小小的电影院里，总是挤满了看电影的观众。而在其中的一间电影院里，却出现了一个小麻烦。因为总有一些年轻的女孩，在欣赏电影时还戴着大帽子，挡住后面观众的视线，引来了不少投诉。于是，有人建议老板发出一道禁令，禁止观众戴帽子。但由于戴帽子是当地女性的一种风俗，老板想了一会说

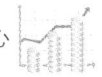

道："这样做不太好，为了票房着想，只能用提倡的方法。"

于是，等到下一场电影开始的时候，在银幕上特意打出了这样的一行通告："凡年老体弱的女士，允许戴帽观看电影，不必摘下。"

这样一来，所有的帽子，都立即被摘下。

管理哲理：有时候采用禁止的方法，或许效果并不明显。如果顺应人性，运用引导的方式，相信效果会更好。

（十一）知人之明

1923年，也就是日本关东大地震那年。年末的一天，松下先生进工厂的锻冶车间，看到一个从来没有见过的小师傅正在开车床，便问他是从哪里来的。"我是H工厂的，借用一个车床。"他回答。这个留着长发，看上去不像是锻冶车间的工匠，乍一看倒像是搞美术的学生。H工厂是松下的委托加工厂，按约定有紧急的修理业务或用车床时可以随时使用松下的锻冶车间。这个年轻人遇上了东京大地震，来这里求职，说是最近刚进了H工厂。观察了一会儿他干活的样子，松下觉得他手脚麻利，动作在行，有熟练的技术。

几天后，松下见H工厂的老板谈到了这个青年人。

"那人不行，不满太多，对我厂里的事情全是意见！"听到这话，松下觉得很有意思，马上就把那个青年约来聘用了他。这个22岁的青年就是后来的松下副社长中尾哲二郎。

管理哲理：我们不希望别人片面对待自己，也不要片面地对待别人。因为对方的脾气性格、生活习惯、言谈举止等不符合自己的标准，就对其作出否定的评价，永远是不可取的。

（十二）领导的秘诀

有一个人，从小就非常渴望成为领导者，等他长大成人后便进入了父亲的企业工作。

几年后，父亲提拔他做经理，他担心不能胜任，于是就问父亲该如何领导。

父亲拿出一根三十厘米长的绳子放在桌上，叫儿子用手拿着绳子的一端向前推，看能不能让绳子往前移动。

结果他怎么向前推，绳子也不往前移，只是歪歪斜斜地在原处扭动。

父亲问儿子该怎么才能改变现状？儿子拿着绳子，调了个方向，然后向前拉，绳子直直地向前走了，轻轻松松解决了这个问题。

父亲问儿子悟到了什么，儿子说："做领导不能在后面推，要在前面拉。"

管理哲理：己所不欲，勿施于人。领导就是要做给别人看，说服别人不要用嘴巴，而是用你的行动来证明，这样才能发挥领导的影响力。

（十三）心甘情愿服从

教官向一班学员讲授领导与管理。

他给学员出了一道题目，上面写着：

"现在请你来领导本班，让大家全部自动走出室外，切记：要大家心甘情愿。"

第一位学员不知道怎么办才好，只好回到座位上。

第二位学员是这么做的："教官要我命令你们出去，听到没有？"没人动。

第三位学员这么做："各位，教室要打扫，请各位离开！"但仍有一些人留在室内。

第四位学员看了纸片上的题目一眼，微笑着对大家说："好了，各位，现在下课了，可以开饭啦！"

没过几秒钟，全教室里的人都走光了。

管理哲理：要想让大家心甘情愿地服从，必须与每个人的切身利益挂上钩。

第2章　权在左，爱在右，用魅力征服被管理者

优秀领导的成功素质

真正优秀的领导，其内在本性有许多吸引人的地方。

第一，他必须具有良好的品德，做人必须要既有原则又有灵活性，有才无德不会得人心，也不会成大器。

第二，要有渊博的知识。只有具有雄厚的知识做基础，一个人才会具有自己的看法、见解，才不会被社会中纷繁复杂的现象所迷惑，才能在企业管理中作出科学的决策。在现在的知识经济大潮中，一位优秀的领导不仅需要精深的专业知识，还需要广博的知识结构。

第三，要具有优良的心理素质，能在巨大的压力下正常工作，具有良好的心理忍耐力。

第四，领导者应当是内心完全成熟的人，情感热烈而稳定，待人接物合乎本性而又合乎情理，近于古语所说的"从心所欲，不逾矩"。

◎ 良好的品德

领导不是超人，我们不能指望他完美无缺，全无瑕疵。但领导作为企业的掌舵人，理应给员工树立起一个典范。领导人的品德包括两方面：一是做人的基本准则，是从最基本的社会公德、个人品质的角度出发，正直和诚实占有很重要的地位。二是职业道德，是从领导作为一家企业的指挥员的角度考量。

美国管理学会（AMA）曾做过一项调查：由大约1 500位管理人员列出他们最欣赏的部下、同事和上司所具备的品质。

他们总共列出225种品质，经研究人员整理后，归纳为15大项，包括：

（1）气度恢宏（胸襟开阔、有弹性、能包容人）。

（2）有才干（有能力、有效率、做事彻底）。

（3）能与人合作（待人友善、有团队精神、肯配合别人）。

（4）可靠（值得信赖、有良心）。

（5）有决心（工作勤奋、有干劲）。

（6）公正（客观、前后一致、民主）。

（7）富于想象力（有创造力、富有好奇心）。

（8）正直（可信、有人格）。

（9）聪明（灵活、善于推理）。

（10）有领导能力（能鼓舞士气、能决断、能指明方向）。

（11）忠诚（对公司或对政策忠心）。

（12）成熟（有经验、有智慧、有深度）。

（13）坦诚（不拐弯抹角、率直）。

（14）能体谅别人（关心别人、尊重别人）。

（15）能支持别人（能了解别人的立场并提供协助）。

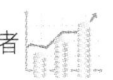

这15大项中，属于道德品质范畴的有：（4）、（6）、（8）、（13）、（14），属职业道德范畴的有：（1）、（3）、（5）、（11）、（15）。

同一调查表明，这些被调查人员认为上司应当具备的最重要的品质，一是"正直"，二是"有领导能力"，三是"有才干"。

正直和诚实是领导人应具备的最基本的道德修养。美国政府曾做过一项针对领导人素质的调查，曾要求接受调查的人就不同特点或能力对公司事业前途造成的影响力打分数。被调查者都是公司管理人员。结果表明，"诚实"这种品质的得分最高，75.2％的人认为"诚实"对事业前途"极有影响"。"正直"和"诚实"，这是最起码的道德准则。

现代公司领导方式的发展趋向表明，传统的权力观念已经动摇了，靠个人的一言九鼎和威吓欺诈等手段不能适应社会要求，领导行为愈来愈需要在被领导者受到吸引和感召的前提下进行。领导要和自己的下属之间建立互相信任、互相勉励的关系，正直和诚实取代了虚伪和奸诈，道德的约束取代了不道德的、不把下属当人看待的凌辱和弹压。

领导者以诚待人，别人也才会以诚回报。这样就会形成畅通的信息交流和反馈，可以减少许多不必要的隔阂和信息传递阻力。

领导的道德品质在公司内有很强的示范效应，上行下效，影响性极大。往往存在这种情况：一个道德修养好的人，可以改变自己周围很广的一块环境，形成正直的风气；原本好端端的团体，来了一个不怎么高尚的"头儿"，过不多久，春风散尽而邪气弥漫。因此，高明的企业领导人，总是很注重自己的道德约束，注重自己待人接物的方式，注重处理与同事、下属、家人的关系，保持一种较为完善的风范。我们不能要求领导在道德方面都是完人，无懈可击，但是"正直"和"诚实"却是最基本的要求。

道德水准的高低同一个人的信念和理想有关。最高道德水准就是富于献身精神。一毛不拔的人，就不能仅从道德方面分析他，他的行为是受其绝对利己主义的信念支配的。同样富于献身精神这种道德风范，也是和一个人以社会为公、以天下为公的理想分不开的。崇高的目标导致高尚的道德品质，高尚的道德品质又会形成巨大的精神感召力。

领导的道德观念直接决定了他对别人的看法。自己是正直、诚实的，而且表现出了自己的正直和诚实，就把别人也看成是正直和诚实的，别人也就以正直和诚实约束自己。只有抱着"善"的观念看待下属，才会对下属怀着真正的关心、鼓励和同情心，才会在公司员工中形成一体化意识。把别人都看成是十恶不赦的罪犯、歹毒阴险的小人，行为上就必然会有所体现，这样，人心就必然涣散，就会造成下属对上司的猜忌、背离。人心向背是决定一切的，丧失了人心就丧失了一切。

道德对于领导来说，不是装潢，不是矫饰，不是自欺欺人的光环。领导者和追随者之间需要以心换心，以正直换取信任，以诚实赢得尊敬，以无私获取追随，以高洁征服人心。传统的领导人，他们运用权力的方式，已逐渐被现代社会结构所唾弃。现代领导的位置，应该是有才且有德者居之。

有人曾说："统治规则和真正诚实是不相容的"，我们说，合作规则恰恰需要真正的诚实。

◎ 领导的职业道德

职业道德是相对于做人的起码道德、社会公德而言的，是指对于从事某一特定职业的人来说应遵守的道德规范。

领导的职业特点：一是权力大，二是责任重。领导处于公司的中心地位，对整个公司的人事、财务握有决定权，同时又要对整个公司的发展前途负责。如何运用手中的权力，如何对公司的发展负责，这都涉及一个职业道德的问题。领导的职业道德主要包括哪几个方面呢？

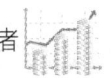

（一）要廉洁自律

不论哪个行业、哪个部门的掌权人，都存在着是否廉洁的问题。权力是用来为团体、组织、社会谋福利的，不是满足一己之私的工具。绝不是行政官员、政治家才讲廉洁，领导者、企业家也要廉洁自守。没有廉洁，便没有令行禁止、雷厉风行的工作效果。下属不是光听你怎么说，而主要是看你怎么做、做什么。为官不廉洁将危及国家的命运，若没有有效的制衡、监督机制予以约束，若没有法律的惩戒和舆论的公开化，廉洁问题就永远是一个棘手的、不断扩散而无法抑止的魔症。

领导者肩负的责任重大，付出的劳动量艰巨，取得高薪和其他一些待遇是人们认为理所当然的。我们反对的是那种不正当的侵占和"监守自盗"的行为。

（二）气度恢宏，胸襟宽广

气量小、心胸窄的人不适合担任领导工作。没有容人之量，便不能用人之才，从而也就失去了成就宏大事业的条件。

有些领导，只因为下属的性格、脾气、爱好甚至一些琐细的生活习惯与自己的要求不符，就必欲除之而后快，这是通向失败的捷径。即使是思路、观点与自己经常相左的人，也应该能够容忍才对。"宰相肚里能撑船"，说的就是这个道理。人的知识和思想，有很大一部分是从自己的反对派那里"剽窃"过来的，和观点完全相同的人在一起，学不到、激发不出新的东西。你最好的老师就是你的反对派，谁反对你愈激烈、愈顽强，谁对你的弱点、缺陷看得最清楚，谁就最能促使你自我完善，谁就最能激发你的思想。领导者不是土皇帝，无所谓纳谏不纳谏的问题，但如果你想在你的公司里实现"贞观之治"，那么，能够任用"持不同政见者"和自己一道工作便是必要条件了。

真正有能力、有思想、有前途的人极少是被驯服的，这一点值得领导者牢记。专横跋扈者或心胸狭窄者，只会招引一批不求有功但求无过、没有能力也没有棱角的人一块儿工作；或者使自己身边堆满阿谀奉承之徒。这些人永远只会唱赞歌，即使你已危险到"盲人骑瞎马，夜半临深池"的境地，他们仍然会说"前途无限光明"，直到你彻底失败。

领导担负的责任重大，必须要有容人之量，公司兴隆才有希望。即使有些人反对自己反对错了，也要能够宽容地对待他们。

当时的美国总统林肯，在确认陆军部长职务时，选中了斯坦顿，斯坦顿在两年前办一案件时，曾称林肯为"乡下律师"，拒绝与林肯合作。但是林肯知道，斯坦顿是忠于联邦事业的，因而仍任用了他，并支持他改组陆军部。后来斯坦顿竭诚相报，在南北战争期间与林肯合作得很好。

范仲淹有很好的论述："用人者莫不欲尽天下之才，常患近己之好恶而不自知也。能用度外人，然后能周大事。"否则，心胸狭窄，不能容忍反对意见，对与自己有点矛盾和过节的人动辄打击报复，唯我独尊，是难有大成就的。

（三）识才、用才，唯才是举

这一点和第二点紧密联系。

世有伯乐，然后有千里马，千里马常有，而伯乐不常有。有没有善于识别、任用人才的能力，是个人水平问题；而愿不愿意和勤不勤于识别、任用人才，则是个职业道德问题。领导工作的根本就在于识才、用才，唯才是举。

在一个公司之内，上上下下，大小人才也是难以计数的。领导的职责，就是善于、勤于挖掘、发现、任用这些人才。大材大用，小材小用，无才不用，使之各得其所。

有水平、有能力是用人的唯一标准，唯才是举包括"内举不避亲，外举不避仇"。我们所反对的不是任用了自己的亲戚朋友中的高才，我们只是反

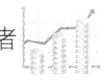

对任用亲戚朋友中百无一能的庸碌之辈而已。领导者必须做到以下几点：一是不以相貌取人。二是不以小疵弃人。小瑕不掩大瑜，求全责备是最要不得的。三是不以好恶取人。个人情绪不能作为量才的标准。四是不因嫉妒耽误人才。领导者绝不可因为下属比自己高明，就给予打击、压制，生怕人家超过自己。其实，才是压不住的，与其让才到别的公司脱颖而出，大显身手，不如待人以礼，使之成为自己公司的栋梁。

成功的领导者身边总是围绕着一个人才济济的中高级管理阶层，真正成功的领导者身边总是围绕着一个才华横溢的专家群体。

（四）真正关心下属，绝不与下属争功

没有领导者对下属的真正关心，也就不可能出现下属对公司集体的真正忠诚。现代公司文化要求加强公司全体人员的一体化意识和共存共荣的观念，而这种公司文化的建立在很大程度上依赖领导者和公司员工的情感交流。这种情感交流所形成的牢固纽带，不是金钱财物可以比拟和替代的。

关心下属，下属才会吐露自己的肺腑之言，领导者才能听到正确的反馈意见，才能做到耳聪目明、言路畅通，才能集思广益，汲取群体的智慧。

每个公司员工都承担着自己的责任，同时也都对公司有所贡献。对于领导来说，切忌与下属争功。要鼓励下属努力工作，建立功勋；他们真正建立了功勋以后，领导绝不能据为己有。下属的功勋愈多，领导的贡献自然增大；如果领导怕下属成就太大，"功高盖主"，那就说明领导者确实缺乏能力，以致心虚，在这种情况下，或是让贤，或是努力提高自己，迎头赶上。只能依赖自己的努力来提高自己，而绝不可依靠压低别人来显露自己。

职业道德的形成亦非一朝一夕之故。领导者需要不断地加强自身修养，自觉对自己进行提高，以求成为一名合格的领导者。

◎ **科学而合理的知识结构**

广博的知识是创造的源泉。说"博"是知识结构的基础，是事业成功的基础，似乎太笼统了，还没有回答"为什么"的问题。

做一件事，解决一个问题，担当一个任务，都需要多方面的知识和素养。即使是某个方面的专家，他也不会只在一条射线上跑得很远而在其他方面毫无所知，有可能在其他学科他的知识极其有限，但对于和他的专攻方向关系密切的领域来说，他肯定是个内行。也就是说，只要是想有所建树，都需要博学，只是"术业有专攻""博"的方面和程度有差别而已。

博学之所以重要，是因为它是对事物进行综合分析、判断的前提。公司的决策行为极其复杂，涉及各种知识和技能，这就决定了对决策者的素质要求。

成功的领导者要善于进行创造性思维，而博学多才是进行创造性思维的基础。知识面狭窄的人只能在一条胡同跑到黑，任何岔路口对他来说都是畏途，因为，没有相关知识作火把引导他前进。只有博学之士，才能举一反三，触类旁通，不断发现新问题，迸发新的火花，想出新的思路，找出新的方法。

创造性思维的特点，一是对早有定论的东西持怀疑态度，对约定俗成的框架、模式、规格持怀疑态度，不受舆论的约束和大众的限制，毅然运用自己的广博知识，独辟蹊径，对旧问题作出新解释，对旧框架、旧模式、旧规格进行改造或重构。二是对完全陌生的或尚未有定论的事物采取试着接受的方式，用已有的理论、模式、规格试着去解释它、概括它、把握它，从中发现新问题，找出契合点，形成新的思想。没有创造性思维的人，很难在领导的职位上翻新花样，匠心独运，取得卓越的领导业绩。

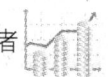

◎ **良好的专业修养**

这里所指的"专业"是就产业的性质和产品的特点而言的。在成功的企业家群体之中，科班出身的人绝不在少数，但半路出家或学习工商管理出身的人也占有很大比重。反过来，那些半路出家或学工商管理出身的，无一例外，也对和公司业务有关的内容有着良好的专业修养。不可想象，对公司业务、公司产品不感兴趣或毫无知识的人，能够当好领导，完成公司目标。

要讨论领导者应该具备的专长（也可以说是专业修养）之前，我们先看看从广义的"专业"角度来说，领导者应具有哪些专长，或应对哪些学科的内容进行精深的研究。

首先，对于国家政治、经济等各方面的政策、法规要了如指掌，要依照政策、法规办事，绝不违法，维护法律的尊严，善于、敢于同违法行为作斗争，并运用政策和法律有效地维护公司的利益。

其次，领导者应该学好有关经济学、经济法学的理论知识，尤其对于现代经济学、公司法要有深刻的认识，并能纯熟地运用。

再次，对于领导科学、管理科学要下苦工夫学以致用，提高自己的领导水平、管理水平。

上述内容也应算作领导的专业知识范围，没有过得硬的专业理论修养，便不会有过得硬的专业实践。

◎ **良好的心理素质**

顽强的意志是一个人成才的必要条件，对于领导者来说，意志坚定尤其重要。在具体表现中，意志体现在如何对待纷乱和危险时，便是个心理素质问题。没有一定的承受力，责任和压力就会使领导者自己垮掉，所以说，一定的承受能力是作为压力承受者的领导人必备的素质。

战争时期的政治领导和军事领导一般比和平时期的领导人物受到更多的赞誉和描述。这一方面是因为战争本身就是人类历史上各种竞争较量中最为波澜壮阔、最能考验各方物力财力、场面宏大、情节复杂的现象；另一方面也因为战争把对人的智力、勇气等素质的考验提到了最高的限度，同时把对领导人物的临危不惧、处乱不惊的素质考验提到了最高的限度。在一场宏大惨烈的战争中，交战双方领导人物在历史的镁光灯前充分曝光，各有什么优点，各有什么缺陷，在危机面前有什么样的表现，在麻烦、困惑面前各采取了什么措施，这一切都逃不过战争本身的见证，也逃不出历史学家敏锐尖刻的触笔。

商业竞争看起来是绝然不同于战争的，既没有炮火轰鸣的大场面，也没有你死我活毋庸置疑的生死界限。但是，商业竞争对公司领导者的素质要求是否就要比战时政治、军事领导差得很多呢？事实并非如此。商业竞争之惨烈并不亚于战争，只不过战争更直观，更一目了然，更注重声势，后果更直接、更明白易懂，而商业的竞争则更持久、更复杂，手段更隐蔽，更不易觉察，后果更严重、更深远，更令人目瞪口呆。

西德、日本在第二次世界大战后的经济腾飞，其商品在国际市场上的竞争优势，现在已经使各国政府和经济界感到头疼了，但当初的潜在竞争和较量为什么没有引起人们更多注意呢？是因为原来没有竞争吗？不是，只是因为商业竞争更隐蔽，往往是洪水漫过了堤岸才使人感到危机骤至，而没有应急措施便会死无葬身之地。

对于领导者来说，要担负起自己的职责，就必须做到：在别人安逸的情况下自己反而要居安思危，准备应付随时可能到来的危险；在纷繁复杂、头绪不一的境地中要冷静稳重，应对自如；在面临生死存亡的重大危机时毫不惊慌、勇敢坚毅、果断决策，带领大家走出困境。

领导者是否意识不到纷乱、危险呢？不是。领导者心中没有喜怒哀乐

吗？也不是。这是一种逐渐培养、慢慢形成的心理素质，这种素质的背后是顽强的意志和自制力。取得了很大的胜利，该高兴了，但领导者必须检讨缺点，预测危机，不能过分欣喜，这是一种责任，是一种眼光。重大的危机到来了，形势极为严峻，这时候举措失当，也是人之常情，但领导者却必须做到信心百倍、面不改色，好像对最终成功有绝对的把握，这是一种表演，一种必需的表演，是一种顽强的自制，更是一种使命感、责任感。

任务越艰巨，情况越复杂，危机越严重，公司领导者就越要以满腔的热情、高度的自信、顽强的品质、坚定的力量去投入工作。人们需要激励，需要督促，需要精神上的支柱，在困难和危险面前尤其如此。公司领导者要为自己的下属提供他们需要的帮助，没有这种帮助，他们精神上会垮掉，会失掉胜利信心。只有公司领导者心理有必胜信念，才能稳住员工们的情绪，调动他们的情绪，以获得实际上的真正的胜利，才能做到临危不惧、处变不惊，这种心理素质的巨大力量是难以估量的。

一般的人是在追求生活本身，而真正成功的领导者，都有自己高于生活的地方，这种品格有的并非与生俱来，而是后天磨练的结果。对于领导者来说，勇敢坚毅、沉着冷静，有时可以产生意想不到的结果。一个濒临破产的公司军心动摇，士气低落，解脱困境的主要措施是更换一位心理素质极佳的公司领导者。只要新任领导者以自己的坚定意志和满怀信心的举动征服了公司员工的心，那么，人们就能感到一种新的力量和信心。此时领导者不失时机地推出一系列改进措施，公司重新走向繁荣是有希望的。

◎ **情感上的成熟**

多数管理学家认为经理们解决问题的能力受他们感情构造的影响。当总经理需要在时间紧迫的情况下作出决定性的决策的时候，或者当他们不轻松或失去信心而要作出决定的时候，他们的情感因素发挥了至关重要的作用。典型的说法包括："当身体或感情出现压力的时候，我的错误决定就来了""当我连自己都不相信的时候，事情大多是搞错了"。

因此，处理好高级别职位带来的感情压力是个重要问题，这不仅因为它可能削弱经理的决策能力，而且也是为他们的总体健康着想。有些因素在经理处理问题的能力方面扮演了重要角色，这些因素包括他们的个性、生活方式以及他们从其他人那里得到的支持。这里，我们要集中探讨一下经理在面临难题时的精神状态和精神恢复能力。

杰出的决策执行者都是"正面的思考者"，这与下属的经理正相反，他们倾向于更多地考虑负面。坚强的意志是杰出的高级决策者的特征。美国电话电报公司在紧张的撤销管制期间依然是充满活力的，经理们都对大环境有一种"乐观的认识上的估价"。经理们有这样一种看法，即不管是好是坏，变革是谋求增长的一种机会，是人生经历中不可避免的一部分。这些经理不感到有威胁，依然保持一种控制和赞同变革的观念。虽然他们不能完全控制已经发生的变革，但是他们能够，而且事实上的确控制住了他们对变革的反应。

持这种态度的经理具有"坚强的个性"。他们显示了某些共同的思想，如：

（1）义务。相信真理、重要性和做人做事的价值观的能力以及因此而包含在人生中许多方面的倾向。

（2）控制。他在信念上和行动上似乎能影响事物的进程倾向，强调个人的责任，而不是指望别人采取行动或依靠命运。

（3）挑战。相信生活的模式不是稳定，而是变化。迎着挑战而上的人寻找变化和新经验，并且用认识上的灵活性和分析含糊不清事物的耐力去接近它们。

此外，有些管理学家还强调需要具备在压力下依然集中精力的能力。这一点不仅在决策过程本身是重要的，而且还可能使经理们在感情上能对付他

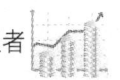

们所面临的困难方面有一种派生出来的影响。他们可能会运用若干不同的战略帮助他们渡过困难的时刻。这些战略是：

（1）通过制定计划和目标，把精力集中在计划未来。

（2）把精力集中在可能采取建设性行动的领域。

（3）识别作出决定的最佳时间，随后采取行动。

（4）在极其紧张和不稳定的时期内不单独作出重大决定。

（5）在困难时期维持现行的和正常的日程安排。

通过制定计划和目标展望未来，可以帮助经理集中精力，减少突然的冲击，预防性地控制住感情上的压力。一位成功的经理说："它（制定计划）把突然袭击这一神秘而未知的事物的不确定性减少和压缩到最低限度。当你（能够）做了不大用得着担心的事……在路的那一头……我有一系列的公司目标，在日常工作环境中我一直把它们留在脑子里。由于（总经理的）公司计划和目标是摆在第一位的，我的个人计划必须与之相一致才能取得更大的成功。"

另一位总经理在工作上运用了集中分析前景的方法。就是说，在紧张时期，他从两个方面来维持他的有效性：一是集中精力搞好可能采取建设性行动的领域，二是面对客观的现实。

有少数研究报告谈到了经理倾向于冒险。众所周知，冒风险是重要的，而对未知的风险的恐惧心理可以对决策者的行为施加不应有的影响。

而且，看来在高级经理面前，成功和适度的风险是结伴而来的。最成功的总经理也就是最大的勇于承担风险者，而最成熟的总经理是最不愿意冒风险的人。杰出的决策者有别于其他经理的最深刻的特点是，他们倾向于作出有较大风险的决定。不反对冒险的决策者与同一形势下强烈反对冒险的决策者相比，他们会确立不同的目标，并挑选出不同的解决办法。因此，某些经理将选择一种递增的解决办法，即一点一点地解决问题的办法，来反对那些主张采取"全面解决问题"，即对问题全面出击的人。

是否喜欢冒风险可以与经理的正面或负面的精神状态相联系。那些有负面倾向的经理首先从潜在的问题和风险方面来理解新思想，正面倾向的经理则首先从他们的潜在利润和"机会的不良影响"来认识新思想，这种区别是决定性的，它产生两种不同的思路：一种对机会起建设性的作用，另一种则起破坏性作用。例如，从负面考虑问题的经理可能在新思想第一次被引进时和考虑完善问题时就使它夭折。典型的反应是，"它永远是行不通的""它不适合于我们""我们过去已经试过了"，诸如此类。

总之，积极的精神状态和信心与风险是相关的，高级经理更加倾向于冒险。然而，诸如企业面临威胁和企业文化是否支持冒险等因素显而易见地带来一种压力。但是，既然已知大多数经理在此变化不定的世界一定会遇到挑战，那么，某种程度的冒险对于企业的前进似乎是个重要举措。

◎ 富有远见

领导人必须有远见，领导人必须向前看，对于自己想把企业引向何方有一种明确的认识。远见的形成有赖于了解目前的现实。就是说，当前企业的情况，包括它的文化、历史，如果它是一个部门，那么怎么与整个企业相适应等。

为企业发展提出一种明确的方向感，经理关于未来方向的看法应该建立在深深控制着人们的个人价值观和思想的基础之上。一种远见并不是一系列的目标，而是一系列的雄心壮志，它们一度被下级藏在心底，现在要使它们发挥出来，创造一种巨大的内在的推动力，使人们朝着那个方面去工作。

至于远见应该具体到什么程度，人们还是有些困惑的。贾维丹的结论是，虽然领导人对他们自己的远见是一清二楚的，但是他们对他们自己所主张走的方向并没有提供详细的解释。换言之，他们倾向于使用概括性的描述来传播他们的想法。例如，杰克·韦尔奇对通用电器公司的远大设想是用下面的话来表达的："我希望十年以后的通用电器公司被人们看作是独一无二的、极其生气勃勃的、企业家的企业……一家被世界公认为具有无与伦比的优秀水平的企业。我要通用电器公司成为世界上盈利最多、高度多样化的公司；它的产品系列中每一种产品都居世界质量领导地位。"

不过，同样重要的是，远见使职工们全身心地绷紧。一种容易达到的远见不大可能产生推动力。韦尔奇又阐明了这一点："我学到的另一样东西是，把横杆的位置定在超过人们认为他们所能到达的限度，这是给企业施加压力的价值。我们用来衡量工作表现的标准是：要好得像世界上最佳的一样。一般情况下，人们会找到办法或者尽量利用方法跳过去的……如果你不把横杆拉到足够高的位置上，你永远也发现不了人们的能力有多大。"

有多少远见卓识是由领导人单独发展的，或者是经过磋商产生的，这些还是可以争论的。一个远见通常开始是由个人提出的。然而，许多作者一致认为，提炼、改造和发展成一种完善的看法，建立员工与经理之间的网络是绝对必要的。对为这一远见承担义务的全体员工来说，必须把它化为共有的，并建立在个人的看法的基础上。韦尔奇强调说，形成远见也是一个不间断的过程。

优秀领导的一般才能

这里所说的一般才能，是指许多普通人都具有这种才能，但是，仿佛对于优秀的领导者而言，这些才能远远超出常人。一般才能包括行动的能力，广泛而深入地认识、分析问题的能力，学习的能力，应付变化的能力。

◎ 行动的能力

我们从行动能力开始来探讨维持精力与干劲之间的联系。完成一件事并花费大量精力坚持不懈地做下去，这种能力对于高级总经理来说是至关重要的。

多数研究报告表明：最高级的总经理每天工作时间很长，这方面的例子是很多的。

通用汽车公司的负责人杰克·斯密斯早晨7点30分上班，一般总是到下午6点30分才下班。他设法每周有两三天时间免去午餐，到设在办公楼里的一间小健身房去锻炼，但他说："通常情况下我只是免去了午餐，但并没有去锻炼。"斯密斯晚上在家里要花90分钟的时间浏览信件。他说："如果你有许多事情要做，有些时候你的确会感到日子不好过，没时间喘气，没时间思考。我认为这种情况不好，这是超负荷。"

根据IBM公司战略负责人吉姆·坎纳维诺的说法，"总经理卢·格斯特纳每天阅读的材料的厚度很可能有他本人身高的一半"。格斯特纳的日历上填满了访问日程，访问IBM公司在世界各地的分部与客户。他忙得不可开交，以致负责包括计算机和微型计算机在内的一系列产品的总经理约翰·汤姆逊要和他进行一次常规会晤竟不得不等了一个月。

正如这两个例子所表明的那样，辛勤工作也有它的不利方面。在我们研究范围之内的一位经理身上，这种情况表现得尤为突出，他说："像我这样的精力充沛型的人，我们的问题在于乐于更加努力工作，而问题就出在这里。你知道我们喜欢工作时间很长，早早地上班，工作得疲惫不堪，在网球场上也同在工作上一样认真。但这种做法不一定总是很有成果。这种做法让你感觉良好，但对企业来说并不真正有好处。这样做很有趣，但我们需要的是退后一步，说一声，我们怎样才能从办公桌上抬起眼睛，考虑一下产生新想法的事。"

因此，看起来总经理的作用不但是辛勤工作，而且还要对这种精神加以引导。纵然如此，日复一日地维持精力充沛的情况也并非易事。如果销售量连续下降，目标未能实现，新产品的开发又未能成功，此时，维持精力充沛

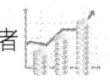

的形象尤为重要。尽管每天面临着许多困难，总经理仍然必须坚持下去。的确，总经理最重要的素质之一可能就是维持势头、坚持不懈和具有透彻地解决问题的能力。因此，重要的是了解驱动总经理的动力是什么和他们如何能够在自己不支的时候使精力重新旺盛起来。

然而，人们并不很了解总经理的动力是什么。人们时常假定，高额薪水和权力地位是最重要的吸引力。然而，研究表明，就许多总经理的动力而论，这是一种狭隘观点。在作为研究对象的总经理中，尽管多数人显然喜欢与其职务有联系的金钱和地位，但他们都认为与其他驱动力相比，金钱只是次要的。

对于他们而言，自我实现的需要可能是更主要的动力。自我的成就感，自己深层自我的满足要比金钱和地位更有吸引力。研究报告表明，高级总经理的主要动力是较高层次的需要或"推动力量"。这类需要包括充分发挥本人才能和意志自由，实现自我价值，迎接挑战，对工作的喜爱和实现目标。

尽管如此，如果忽视金钱、权力和地位可能会对总经理产生潜在影响，那也未免眼光狭隘了。薪水作为承认并奖励业绩和解决难题、迎接挑战的一种方式，对于总经理来说是重要的。显然，如果总经理没有以某种方式认识到运用权力或影响力和获得成就的重要性，那么，多数人绝不会在总经理的位置上坐下去。此外，不同因素的重要性可能在不同时刻表现出来。在事业的早期，地位、金钱和提升可能会重要得多，本能需要和较高层次的需要应该比外部的物质奖励更为重要。

然而，自己持有什么样的价值观念、自己的本性如何才能充分表达出来，个人对此往往不甚明了：自己赞成什么、驱动自己并使自己集中精力或使自己偏离正途的力量是什么？在这些问题上，我们可能没有花足够的时间，我们的价值观念既指导我们，也可能对我们起到束缚作用。

例如，如果我们看重技术上的超群出众，那我们就可能陷入应该留给他人去解决的问题之中。如果总经理重视独立性和自力更生，许多公司就必然难以建立真正有效率的高层领导班子；那些看重成就的人可能追求具体成果，具体成果比不明确的成果（拟定企业战略）更能给他们以成就感（例如短期目标），但两者可能是同样重要的。

在其他时候，我们可能忽视自己的价值观念或是抬高自己的身价。许多总经理在了解到自己不能以所希望的方式通过工作来满足自我的时候，就选择了物质奖励——这是豪华的"手铐"，最终是不可能充分支持他们的真正干劲和最高业绩的。此外，当遇到可用来奖励的钱不多的困难时刻时，高度动力也许就维持不下去了。

因此，总经理应该尝试并揭示自己最根本的驱动力量。若是不承认这一点，总经理可能就难以了解如何维持自己的动力，在通过以价值观念为基础的一般途径动员他人时，也会遇到真正的困难。总经理必须明白自己的价值趋向，自己的内在需要，因为它们可能指导自己沿着可能是过于舒服、过于狭窄的小路前进。因此，如果不了解这些更为根本的动力，任何外部强加的结构（诸如个人规划制度）在突出和促进作用方面都会具有很大的局限性。

我们的根本性干劲和动力只是事情的一部分，总经理利用一系列内部的和外部的手段来构造公司，总经理需要有在长期和短期内激发精力并引导精力使之成为有效行动的方法。把注意力一直集中在真正重要的事情上是困难的，你只能将许多事情一古脑儿扔在办公室里，让日常业务挤走比较长期的问题。虽然人们设计了无数方法来帮助雇员更好地管理自己和利用自己的时间，但就连高级人员也一直会出现问题。

为什么会这样？我们知道我们需要集中注意力于关键性事物，但我们如何能肯定这些问题是什么？决策人可能集中了注意力，但如果这是短期而不是长期的，或者只是注意了细节而忽略了整体，那么，"集中注意力"的原则倒是局限性而不是优势了。

◎ 广泛而深入地认识问题、分析问题的能力

一般说来，高级经理处理的问题要比较低级人员对付的问题需要更多技能，而且困难更多。它们往往会显示出下述一个和一个以上的特点。

（1）一定程度的重要性。高级经理面临的难题经常有重要的意义，他们的决定常常给企业带来变化，如果出现差错，就会影响持股人，尤其是雇员的利益，可能带来严重后果。他们的决定也可能更加难以彻底改变。

（2）独特的性质。高级经理经常必须处理一些新的和非系统性的问题，比如跨国公司所遇到的文化冲突问题。

（3）高度的不定和有限的信息。新的投资机会，企业合并，包括要在较少指导方针、较少先例、可能的成果不定的基础上作出决定。在这种情况下，很难有可用的关键性信息，即便是有，也是有限的或者是含糊不清的。尽管如此，"把事情做好"的责任是重大的。

（4）范围广泛。不像中级经理，高级经理作出的决定影响遍及整个企业。而且，大多数战略决定包含一系列的技术和功能考虑，它将产生短期和长期的后果。

（5）相互关联性。高级经理处理的问题经常影响到几个相互关联的部门，这就要求低级的管理人员具有更大的统一性。举例来说，决定把资金投入一个技术部门对其他部门会有巨大的关联影响。高级经理作出的决定不应只是对孤立的事件的反应，而应更多地把它看作是几个相互关联的方面这个更广的过程中的一部分。

因此，高级经理面对着一个充满了难题的复杂的环境，这些难题是重要的、独特的、不定的、基础广泛的和相互关联的。对付这样的复杂事物，要求具备有经验的概念化技能，这种技能是有效的领导才能中最重要的必需品——总经理履行职责所必需的是"分析和决策技能"。

经理判断问题、找出解决办法和采取行动是否正确，取决于他们是否有能力既能看到所有的问题，又能集中注意力在决定性的问题上，既要全面，又要侧重。

首先，成绩显著的经理必须"看到大的情况"，就是说，必须能全面考虑决定，考虑到对企业的重要部门的影响，以及在短期或长期内的重要作用。他们应该具有"构筑的能力"：即凝聚的能力、抽象的能力、独立思考和使用广泛而复杂的参考框架的能力。

其次，经理必须能对他们所面临的问题找出重点，他们必须把复杂的形势压缩为几个要素，鉴别机会，并提出一个理由充分的行动方针。高级经理除了要考虑广泛的过程外，也要考虑如何处理一两件最叫人关心的事情，或者很一般的目标。杰出的决策者具有"对重大的、关键性的和有关的问题抓住不放"的能力。

虽然这两点性质上是矛盾的，但是可以做到有机的结合。要有既看到广泛范围，又通过"杠杆作用"把要采取的行动集中在重点上的能力。

摩托罗拉公司前总经理乔治·费希尔认为，上述两种性质都是需要的。费希尔1993年年末就任于柯达公司，任务是帮助柯达公司结束官僚管理方式。费希尔基本上是个外人，他必须迅速减少这家世界最大照相器材公司所面临的重大战略问题，而不致被湮没在琐碎的事务中。费希尔说，窍门就是学到两三招捷径，"在不多的日子内，你可以了解到许多关键的问题"。六个月之后，他和他的高级经理已经完成了对柯达公司的复杂环境的估计。他们迅速出售了柯达公司的几家非照相业务的公司，宣布了一项彻底重建公司的主要举措，并组成了一个新的"数字形象化"的班子，领导新的商业发展。

像费希尔这样的高级经理显示了他具有了解复杂环境并把注意力集中在五六个最关键的问题上的能力。随着对每一个问题的处理，他们接着又要过滤下一批关键问题，使他和他们的员工明确了处理问题的重点。

◎ 自我学习、自我发展的能力

全球经济和技术环境的变化如此迅猛，以致使今日的许多实践者和理论学者都断言，学习能力是能继续保持竞争有利地位的唯一真正的源泉。那些位居企业高位的人有举例证明这种行为的特殊责任，这不仅是因为他们自己确实需要改变和适应工作，还因为他们在企业中充当着为人楷模的主要角色。

所有的经理是否都符合任务的要求是一个可以公开讨论的问题。很明显，没有一些学习能力而能登上顶峰者为数很少，然而，学习能力并不是所有经理在随便什么时间都具有的一种能力。企业领导成员中有许多被假设是学习优秀者，事实上却不是这样，这里讲的是那些受过高等教育、精力充沛的、承担重要义务的专业人员，而且是在现代化企业占据关键领导职位的人。

过去几年里，不论是在对待经理发展的态度方面，还是在企业处理这一领域强调严重性和专业性方面，都发生了相当大的变化。站在重视经理发展问题前列的几家公司是通用电气公司、施乐公司、摩托罗拉公司。

然而，除这几家企业之外，在其他的企业里问题仍然存在。举例来说，研究关于高级经理学习和发展问题的很有限，部分原因是许多高级经理所在的公司强烈反对所谓高级人员需要在发展方面得到专门的帮助这种看法。有一位高级经理说，"如果他们不知道他们在干什么，那么他们就不该呆在工作岗位上"。此外，外部的培训机构为高级经理提供的培训计划也受到了批评。

有讽刺意味的是，如果说有一个领域可以取得而且应该取得巨大发展的话，那必然是在高级经理的发展方面。这一群体面临着新的、不断变化的现实，他们需要有能力使他们的企业能遵循很不一般的规则同越来越强烈的竞争者进行比赛。然而，在实践中，高级经理经常被视为最少需要帮助的人，这会造成严重的后果。

学习是知识和行动的积累，可以看成是可下定义的问题和眼前的当务之急，是用知识、技能和能力的增量积累来解释的；至于发展则涉及质的变化，是一种突破，使潜在能力达到一个新的水平。发展不只简单地包含知识的增长或一个人的技能水平的改进，而是一种不同的存在或运转的状态。

区别学习和发展的含义是很重要的事情。我们把发展解释为深刻地形成某种思想和行为模式的确认、比较和改变事物的能力，这是一个远比学习深刻得多的过程，学习是知识或新的行为的改造和积累，是通过它产生发展的途径。虽然经理的学习涉及范围广泛的不同事物，但大多是在日常基础上进行的，这样的学习大部分不会导致发展。虽然学习是重要的，但今日的企业内部工业和技术的日新月异要求高级经理的思想和行为有一个比较根本的变化，由此可见发展才能的重要性。

经理要发展，首先要了解工作的要求以及要完成这些要求所需要的素质，两者之间产生的差距便是努力的焦点。

不论是工作的要求，还是履行职责需要具备的素质，都需在个人水平上按顾客的要求具体化。尽管如此，经理需要对才能怎样加以发展要有基本的了解。因此，我们对此划分为以下四个不同的类别。

（1）经理的理解。第一类所包括的是，涉及经理的知识和理解的那些才能。具体来说，包括专门知识、理解企业和外部的才能。这一点在前面第一节中已有论述。

（2）经理的行为。第二类覆盖了有关经理的行为和行动的才能，就是指影响、凝聚和领导等人际关系能力。这三种能力都很重要，需要具备有效领导才能促使企业有所改观，这越来越被人们看作是高级经理至关重要的能力。然而，要改善这些复杂的技能领域是与改善经理的理解能力完全不同的过程（而且经常更为困难）。

（3）经理的头脑。经理们怎样想，他们思考的广度和深度以及他们的精神状态，都对企业的运转有着根本性的影响。因此，认识才能和运用才能都包含在这一类里。如果他们必须使企业根据战略运转，他们就需要有能力看到问题之间的相互关联，能创造性地思考问题，并能超出传统的准则办事。因为要从一个高级的、功能的职位向总经理转移，经理的思想模式必须来一个根本的改造。

（4）自我指导的发展。最后，发展才能不仅涉及一个人理解和应用了什么，而且涉及怎样着手这一过程。由于企业环境变化很快，经理必须是有恒心的自学者。有了从经验中学习的能力，就可以预见到近期经理工作的进展会怎样，预见到某项事务最终将取得成功或不能成功。

这最后一类不仅关系到经理理解他们的工作、企业和企业外部世界的能力，还涉及了解他们自己的能力，包括知道自己的优点和弱点，找出和利用反馈的能力以及承认一个人的局限性。通常这是一个困难的过程，经常牵涉到经理的根本思维模式的改造。这一类技能的难度可能很大，是一项很少有人能够解决的艰巨任务。

◎ 应付变化的能力

（一）识别变革的必要

高级经理面临的机构变化的规模与速度往往是常人无法想象的。通用汽车公司的总经理杰克·斯密斯1992年上任时不得不力挽狂澜，将该公司的核心企业小汽车与卡车从财务崩溃的边缘挽救回来。为了做到这一点，斯密斯和他的高级经理们不得不精简这家在世界各地总共有70万人的机构，倡导大规模降低成本的计划并且减少通用汽车公司的业务开支。

IBM公司的故事也是如此。IBM公司的总经理卢·格斯特纳和他的世界范围管理委员会中的最高级经理，为了能在公司空前绝后的最大改革中起到带头作用，不得不在世界范围内削减17万份工作机会，并且节省了48亿美元的开支，以此作为使IBM公司更加具有竞争能力的开始。

这类公司改革的故事正在美国和欧洲的许多公司中重演，在日本则更甚。关于可以用来成功地实施变革的各种技术，人们已经掌握了很多。然而，变革的过程并不是一帆风顺的。影响变革计划成功的因素之一是高级管理班子成员的作用与贡献。要想使大规模变革取得成功，就必须得到这些关键性总经理的支持。试图实施改革计划而没有他们的支持，时常会导致改革没有重大结果，或是改革计划遭到完全放弃的命运。

因此，高级总经理必须具备控制改革的能力。未来的经理将不得不具备越来越多的处理问题的技能。他们不得不承认不断变动是规律，并且运用各种思想形式和技巧，使他们能够应付不断涌现的新思想、新产品、新技术……在某些情况下，他们将不得不视处理危机为家常便饭。

为了有助于鉴别究竟有无必要变革，总经理必须考虑本机构的内部能力与外部环境的要求这两者之间的匹配程度。这种匹配（或者说符合）程度越大，该机构生产的产品或提供服务的数量与价格就越可能符合市场需要。

以下指标有助于表明潜在的不匹配状态，它们包括：

（1）财务数字说明效率下降。

（2）诸如市场份额这类指标发生变化。

（3）关键性人员流动率上升。

（4）质量指数的结果下降。

（5）客户投诉增多。

（6）雇员士气下降，压力日益上升。

然而，如果总经理对此保持警惕的话，就会发现早期警告迹象，说明潜在问题的存在。例如，其他行业可能有一些水准基点，总经理可以借用，以作为倡导变革的理由。

（二）应付变革的出发点

机构的关键性组成部分可能用来作为出发点，这包括关键性任务和工作过程、个人的能力、技术、机构的结构、机构的各种制度和文化。在突出强调某些管理学家称为杠杆点的东西时，识别这类组成部分是有用的。杠杆点不但识别出应在什么地方实行干预，而且还突出强调变革可能从内部的什么地方逐渐生成。当然，这些组成部分是相互依存的，一个领域内的变革很可能会引起另一个领域的补偿性或报复性变化。

有一个相互作用的领域是至关重要的，这个领域位于大体可以称为技术因素（任务、技术、结构和各种制度）与人力因素（个人与文化）之间。不清楚的问题是，机构工作方式的变化能否首先通过改变人力因素或是技术因素来实现。多数变革计划致力于改变个人的态度，但这种办法从根本上说是有缺点的。有效的改变行为的方法是将人们放到强行实施的新规则、责任和关系的机构环境中去。

人们清楚的是，这两条"线"若是都没有发生某种变化，就不可能出现根本性变化。但是，机构不理会本单位的正式结构（例如，奖励制度、专制独裁的安排和汇报关系）而企图改变态度、意见或价值制度；或正好相反，不理会后者而企图改变前者，这类情况是屡见不鲜的。

例如，20世纪80年代初，英国电讯公司实行私有化以来，大大削减了职工人数，并且采用了若干倡议，如掌握多种技能、确立业绩目标和全面质量管理等，以便提高服务水平。尽管所有这些措施都有了重大的进展，但人员士气低落仍然影响到关键性的机构集团——特别是那些接触客户的部门。在一次会议上，工人抱怨："工作没有安全感……"他们也抱怨缺乏信任、过分使用外来承包商，推行"本月特色机构改革，以及人们不再因为在英国电讯公司工作而感到自豪"。

最终说来，问题不在于两种战略中哪一种更加有效，而在于其次序，最佳方法是在轮流更换、相互重叠的阶段既改变人力因素又改变技术因素。

1.变革的深度。

从表面上改变许多事物而不改变任何根本性的东西，这是很容易做到的。以20世纪80年代末大通曼哈顿银行遇到的问题为例："许多现任和前任总经理……都提到他们在大通银行曾经遇到的挫折，因为管理部门多次试图仅仅通过改组公司的组织方式来解决根本性问题。"一位前高级员工说："几乎每一年半就会有一次改组，而且会宣布要实行新战略。但是，几乎每次都只有组织系统图的变化，极少情况下才会出现企业战略的变化。"

因此，总经理不得不判断所需要的改革的深度，并不是所有的变革都要求对机构进行彻底改变。的确，任何大机构都会不断出现次要的变革，较长时期内不断的渐进的变化使机构发生演变，结果，表面的多数变化使机构制度的一致性和一贯性得以维持不变。由于环境发生次要的变化，或者由于机构的大小与规模发展了，表面便需要改变，以维持上文提到的"合适"状态。但这种干预基本上没有触动基础设施以及行为与思考的核心形式。

然而，有时必须出现打乱机构均势的根本性大改组，这时，微调是不合适的，需要的是变革，这就是改革性的变化。它涉及制度的基本统辖规则的变更，是一种多方面、多组成部分和多级的变更，它使制度不可逆转地变为一种革命的新范例。

总经理未能弄清楚究竟需要哪一种变革，因此而犯下了许多错误。如果机构在过去一直很成功，这种判断就更加难以作出。杰克·韦尔奇评论其公司的改革经验时说："如果长期以来一切顺利，有些人就永远不能转而面对现实。这就是为什么人们看到有那么多企业遇到麻烦时还进行渐进性变革，他们无法相信形势竟可能比他们自己愿意承认的糟10倍。"

2.变革所涉及的经理部门的级别。

明白哪一级管理部门将在变革过程中成为目标，这对于总经理来说也是重要的。变革时常以机构中比较低级的部门为其目标。然而，高级员工不支持变革战略，使机构频繁地遇到麻烦。如果军队调动之后而昔日的守卫仍然

在位，那就很难有什么进展了。

必须特别注意在高级管理职位上的其他强有力的总经理。高级管理人员时常有足够的实力和能力，不仅能妨碍机构中正在出现的重大变革，而且能保护自己不受个人变化的影响。许多人特别善于装出支持新倡议的样子，然后以比较微妙的方式撤回这种支持——例如，不贯彻到底，不分配足够的资源，等等。

在某些情况下，去除抗拒的牢固根源是可能的。更常见的情况是，必须将高级权力争取过来，或是采取变通办法。在实践中，这种做法时常需要相当高的技巧。

施乐公司努力提高质量时，在初期阶段，要得到最高层的关键性总经理的支持和拥有所有权是特别困难的——尽管总经理戴维·科恩斯是支持的。负责推行质量计划并进行管理的那些人不得不估计管理机构高级人员的实力，以便弄清楚他们之中谁会支持谁不会支持。他们认定，高级经理们对提高质量的计划多数持不冷不热的态度——最支持的是他们低一级的经理。科恩斯说："甲卡德知道，如果一项质量计划对于许多经理说来是没有一定方向的，却要在机构内的某个地方推行，他就势必暂时利用'王子'的支持而不顾'国王'的态度。"

3. 变革的规模——部门、公司还是行业。

变革的规模也需要加以考虑。通常至少在开始阶段，在机构的某个部门先实行变革比在整个机构进行变革要容易些。比尔等人（1990年）对12项主要的变革计划进行研究之后发现，改革的成功时常始于公司外围、远离公司总部的几家工厂和部门。最高层管理部门面临的挑战之一是找到在全公司重复这种变革的方法。然而，所需的变革方式越来越超越个别企业的范围而涉及变革整个行业的经营方法时，则是最困难的。

（三）变革的障碍

客观环境中常常存在着阻碍变革进程的不可预测的因素，其中有些是不受总经理控制的，而有些是可以控制得很好的。变革可能引起一系列负面反应，结果导致抗拒。杰克·韦尔奇回忆他当时学到的东西时说："最大教训之一是变革无人拥护。人们安于现状，他们喜欢过去的方式。当你开始改革时，昔日的美好时光就变得越来越好，你不得不准备面对普遍的抗拒。"

人们时常认为，对于陌生事物的恐惧和受到威胁的感觉时会产生抗拒。在一次对于世界范围内高层经理的调查中，92％的人将"恐惧因素"和"人员的抗拒"列为实施战略性变革的障碍。应付抗拒所需要的技巧不同于分析和发展一项初期变革战略所需要的技巧，在机构变革时期，总经理必须应付那些可能处在感情激动状态的人和那些被动员起来从事党派活动的人。他们也必须小心考虑随着变革过程的开始，本机构的各种群体可能会采取的各种行动。

培养领导魅力的具体建议

我们不得不承认：魅力远胜于权力。优秀的领导才能，特别是个人的魅力和影响力，比提供给下属的职位高低和提供优越的薪资、福利要重要得多。魅力才是领导人真正促使下属发挥最大潜力、实现任何计划和目标的"魔杖"。

◎ 领导魅力是第一要诀

曾经在一个报告会上有一位著名企业家说："在现实世界里，众所皆知的一流领导者无一例外地都具有一种罕见的人格特质，他们处处展现出魅力领袖的风范。他们不但能激发下属们的工作意愿，又具有高超的沟通能力，能够动之以情，晓之以理，浑身散发出热情洋溢的力量，尤其重要的是，他们带领团队屡创佳绩，拥有一连串骄人的辉煌成就。运用奖赏力与强制力来

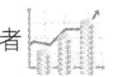

领导，也许有效，但是如果你要提高自己的领导魅力，赢得众人的尊重和喜爱，我建议你们要尽最大的努力以影响和争取下属的心。假如你们之一谁能做到这点，谁就能成为一位成功的领导人，而且也可能完成许多不可能完成的任务。"

一个人为什么为他的主管或组织卖力工作？很重要的原因，就是因为他的主管所拥有的个人魅力像磁铁般征服了他的心，激励他勇往直前。你可能会听到一个下属说："你和他在一起待上一分钟，你就能感受到他浑身散发出来的光和热。我之所以卖命努力，是因为他强大的魅力深深吸引我所致。"

多少年来，有关统御、领导的书籍和研究报告数以千计，讨论的主题涉及组织领导、领导者行为、权力领导，可谓数量众多，内容广泛。这些重要的主题，都包含了许多不错的构想。事实上，就一句话：与其做一位实权在手的主管，不如做一位浑身散发无穷魅力的领导者。就是说主管们需要更多的是令人佩服的魅力，而不是令人生畏的权力。

带人要带心。做一位领导者，除非我们具备了相当程度的魅力与影响力；否则，是很难实现领导统御的第一个课题：赢得下属的信赖和忠心。因此，是否拥有这种魅力，是一个领导或主管能否成功的关键。

◎ 培养魅力需要立即就做

我们常常可以听到成功企业中员工的感受和心声："我觉得我的主管不能没有我，因为他相当重视我，我愿意为他努力工作。""他好像是我的父母、兄长、益友和良师，他比别人更关怀、更爱我，而且他愿意负起100%的成败责任。""我的主管让我感到我很重要，他让我觉得在团体里有归属感。""他让我很明确知道我如何可以成功，他告诉我目标和航向，并说服我一起同舟共济。"

可以看得出，除非激发了一个人的工作动机，否则很难让人愿意追随你。成功的领导者不在于一位主管的职位和权势，而是绝大部分取决他有没有具备迥异于人并足以吸引追随者的魅力。

这种魅力对于领导是如此重要，以至于一旦失去了它，便会给下属产生离心作用，使人心涣散，工作混乱。

一位作者毫不留情地指出：90%的领导人，将工作保障、高薪和福利好（这都是根据主管职位的高低、权力的多寡可以控制的因素）视之为影响员工工作动机的最重要因素，这一点是值得怀疑的。他进一步指出，在员工的心目中，比上述更重要的因素还多得多，意指主管本身要拥有令人信服的领导魅力，才有办法让员工跟着你走。因此，我们更可以确信：人们会不会愿意跟随你，要看你是否有强大的魅力，而非权力。并且要务必牢牢记住：权力并不会自动点燃你的魅力，有权力并不意味着你有某种程度的魅力可以吸引下属追随你。

领导魅力是可以培养和增强的。因此不用过分担忧和怀疑自己有无足够的领导魅力。一位心理学家也说过这么一句鼓舞人心的话："每一个人都有一方魅力的沃土，等待你去开垦。"如果你希望增强自己的领导魅力，就必须努力去学习。

培养魅力从哪里入门呢？要注意哪些基本原则呢？

如果你希望成为一位更具魅力的领导者，你要做的第一件事情，就是赶紧培养发展一项吸引追随者的超凡特质——"跟我来"。要使追随者"跟我来"，你首先必须懂得如何激发他们的追随动机。如果你确实做到以下四点，你便会具有激发下属追随你的魅力。

首先，要使下属感到他们很重要。每个人都希望受到重视，你要设法让下属感到他们很重要，并竭尽所能满足他们的这项需求。其次，要让他们清楚你的远见、目标，并说服下属相信你的目标是值得全心投入的。再次，记住：想要别人怎样待你，你就必须这样对待别人。你想让别人追随你，你要

关心他们，公平对待他们，将他们的福利放在你的眼前。最后，为你自己的行为负责，也要为你下属的行为负责，千万不要将责任推给别人。要提醒自己说："这是我的错，不能怪任何人。"

另外，培养和增进领导魅力，是要讲究方法和技巧的。当你激发了下属的追随动机之后，你还必须确实做到下面三点，才能更进一步展现令人佩服的"魅力"，有效吸引下属为你赴汤蹈火，让他们一辈子永远跟随着你。这三件事就是：扬善惩恶，是非分明；做一个前后一致的人；注意别人，也让别人注意你。

事实显示，有80％的主管很难做到这些，结果造成员工们离心离德，大伙怨声载道，工作成效无法大幅度地提高。这种现象值得注意和警惕。但与其提高警惕，还不如主动完善个人的魅力，使自己获得这种令下属为之倾倒的吸引力。

◎ 脚踏实地也很关键

魅力涉及领导者个人的威信，没有魅力的领导者也不会在下属中间拥有威信。但魅力要一点一点地建立，急躁是不管用的，也是成事不足败事有余的。因此，塑造个人魅力，也得一步一个脚印。

是发号施令使人顺从己意行事好呢，还是追随别人后面听命行事好呢？不用说，当然是前者为佳。话虽如此，"命令"却不是一件简单的事情。命令是一种领导措施，被命令的人必须执行，虽然想往右边走，但是如果上司命令下属"向左走"，下属也必须遵从。若想违背上司向右边走，下属就必须具有足以让上司心服口服的能力才行。

下属是否能正确地理解命令？是否会依照上司的意思行动？若工作进行得不顺利，又该如何……传达命令的人经常会因此而困惑，甚至导致失眠。也有人言不由衷，"我不喜欢命令别人，因为那只会加重责任而已，薪水并不会增加。倒不如平平凡凡地做个基层职员较轻松。"说这种话的人大多是找借口、缺乏自信、装模作样却自以为潇洒的人。所以，最好不要认为那些都是他们的真心话。

人都是想往高处走，但是，当你想要往高处爬时，上面会有推你下去的领导，后面又有企图拉你下来的后辈。经过一番努力，你总算登上现在的位置，领导几名下属。想想自己也是好不容易才坐上这个位置。有人在中途退出，也有人永远无法跳出低层。所以，和他们相比，你应当觉得"自己总算苦尽甘来"，而给予自己一点鼓励。当然也会出现以前的同事个个跑在你前面的情形，但请千万不要气馁。

如果你是忍耐、辛苦地爬到这地位，就更应当鼓励自己了。想想看，为什么你有能力胜任这职务？那是因为公司认同你的能力。或许你会对公司的认同方式有所不满，例如：升迁太晚、偏袒某人、营业方针偏离，你内心这么抱怨是很正常的；但是，公司认同你的能力却也是千真万确的。对此，你应建立信心。不管别人怎么说，现在的职位可是凭自己的能力得到的。也许你不满意现在的地位，记住这是你晋升高层所必经的一步台阶，千万不可焦急。

现在的你，拥有头衔吗？

假设你的头衔是助理，你的发言、盖印，都是代表着助理。它背负着权限与责任，代表公司对你的认同与期待。既然公司对你如此认同，就认真地回报，不要辜负公司的期望。如果你无法完成基本任务，净说些丧气话或埋怨公司，则令人可耻。若你认为"除了头衔之外，其他都没变。不但薪水没有增加，连下属也只有几人"，就更令人无法忍受。如果这只是一时的情绪，尚可原谅。但若是真心的感觉，那你只是在轻视公司，伤害自己而已。不妨试着愉快地抿紧嘴唇，稍微抬起下巴放松心情，调整好心态开始工作。

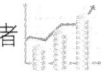

◎ 任何时候，都要展现自己的魅力

领导者吸引员工要从关注外表形象开始。一个人的外部形象如何，常常向人显示他是谁，他的自我感觉如何。

对于领导者来说，外表形象就是他给员工、给上级的第一印象，而第一印象往往能持久。在行走中昂首挺胸、充满自信的领导者往往让他人乐于交往，而怯怯生生、缩头缩脑的领导者则让人鄙夷。衣着怪异、头发凌乱、长期不修剪指甲、领带污迹斑斑、衬衣一角外露的领导者很难培养自己的魅力。衣着随便往往是领导者个性的体现，但是他人却认为此领导者马虎大意，很难思维缜密。对于领导者来说，外表形象不仅是个人形象问题，而且是企业整体形象问题。

领导者魅力更多的时候表现为一种非语言的交流方式。一项研究表明，人的情感沟通能力只有7％通过语言所表现，37％在于话中所强调的词，而有56％与言辞完全无关。也就是说，领导者魅力的建立更多的时候不在于你怎么说，而是在于你怎么做和怎么表现你自己的想法。外表形象无疑是重要的一环。

员工对领导者的第一印象50％以上受到领导者外在形象的影响。企业常常花费数百万元就是为了给它的产品寻找一个合适的包装，以此来吸引顾客的注意。"任何一个做市场的人都会对你说，第一笔生意的成交85％受产品外观的影响，同一产品第二笔生意的成交85％受产品质量和内涵的影响。所以首先是包装，其次才是内在的东西。"

领导者应该培养一种让自己都感觉舒服的外在形象，通过这种外在形象来形成个人风格。这种风格能恰当地表达领导者，而不是表达别人。领导者的个人风格和企业密切相关，它就是企业的象征。

◎ 正确的肢体语言让领导者魅力无穷

领导者要吸引员工必须对自己的肢体语言进行控制。如果领导者的肢体语言表现出缺乏自信，那么他的信誉和专业精神都将受到质疑。

同样，对于领导者来说，肢体语言所传达的信号很可能在几秒钟内决定你的成败。坐立不安的领导者很明显是缺乏信心，谁愿意和缺乏信心的领导者合作呢？而这个形象难题是很难克服的。

研究表明，当领导者不停地摆弄他的手脚，便意味着他想逃离现场，透露出的是胆怯、不安、害怕的信号。因此对于领导者来说在任何时候都要带着"我能控制局面"的自信，让自己的表现放松。在这种状态下，才能够应付一切可能发生的情况。

如果领导者拒绝直视别人的眼睛，就会使人感到那是一种侮辱。一个汇报工作的员工如果发现领导者根本就不看他的眼睛，那么他的心情是可想而知的。

眼神是领导者必须注意的重要方面。一个领导者的魅力很大程度上是通过眼神来表现出来的。富有魅力的领导者都知道如何控制自己的眼神，以便使自己看起来就像是世界上最重要的人物一样。对于领导者来说，将注意力集中在谈话对象的身上是为了表示尊敬，同时也表明他对对方所谈的话题很感兴趣。另外，将注意力集中在谈话对象的身上还是为了表现自信、正直和诚实。

领导者要像重视自己的决策一样重视自己的肢体语言。通过对肢体语言的控制，领导者能更好地吸引员工，增强自己的魅力，更能够促使员工无条件地服从领导决策，实现领导目标。

◎ 微笑的力量不可忽视

微笑，即和善、亲切、不容易动怒。也许你并不知道，微笑也是一种魅力，它能够提升一个人的个人形象。

企业里有仅仅是稍微批评下属即受到众人反抗的上司，亦有一开口便唠唠叨叨地叱责却仍深受下属爱戴的上司。身为上司，为了能使下属发挥所长，并且带动整个团体向上，其先决条件是必须成为受爱戴的上司。这就要做到以下几点：

首先，对于工作要耳熟能详。若下属对你有如此印象：希望接受这位上司的指导，想要跟随他，听从他的话绝对不会错。那么你必然深受尊重。至于邀下属喝酒、送下属礼物的行为，是不必要的。

其次，保持和悦的表情。谁都会想和一位经常面带微笑的上司交谈。这种情况下，即使你并未要求什么，你的下属也会主动地提供情报。你的肢体语言，如姿势、态度所带来的影响亦不容忽视。如果你能永远保持正确的举止，在无形中它将引领你步向成功的大道。若你经常面带笑容，自然而然地，本身也会感到非常愉悦，身心舒畅。有许多的运动选手，都表示类似的看法："我会在重要的比赛之前，想象自己得到胜利的情景。如此，力量立刻如泉水般涌上来。"

再次，仔细倾听下属的意见。尤其是具有建设性的意见，更应予以重视，热心地倾听。若那是一个好主意并且可以付诸实行，则不论下属的建议多么微不足道，亦要具体地采用。这时下属将因为自己的意见被采纳而获得相当大的喜悦，即使这位下属曾经因为其他事件而受到你的责备，他也会毫不在意地对你倍加亲切，产生尊重之情。由于上司对下属的工作提案相当重视，不论成败皆表示高度的关切，下属会感谢这位上司，并觉得一切的劳苦皆获得回报。

最后，不强求完美。上司交代下属任务时说："采取你认为最适当的方法。"即使下属获得的成果并不很完美，上司也能用心地为其改正缺点。通常上司希望能够分配稍微超出下属能力的困难任务给他，因此有能力的下属便会被分配到困难度较高的工作；能力稍显不足的下属便会分配到与其能力相当的工作，若任务未能达成，则不论下属的能力优劣与否，皆须公正地论断。但如果你认为由于分配给他的任务很困难，所以失败了也没办法。那就犯了大错，因为如此一来，你原先信赖他而将较艰难的工作交给他的用意，便显得毫无意义。

这也要求你也必须具备对下属的包容力，不能忽略给予失败的下属适当的肯定。虽然下属的任务失败了，但切勿忽略了下属在进行任务时所付出的努力，并且需要给予适当的评价。这时，对于能力不好的下属有必要予以支援是必不可少的。你若故步自封、裹足不前，整体将可能因为水准低而遭受淘汰的命运。因此，切不可只伫立于原位上。在竞争激烈的社会中，是不允许个人感伤的。

你忠于公司，专心于工作，在全力奋斗之际，若发现下属中有人无法跟上步调时，你急需有所决定。你想尽办法要求他和大家以同样的速度前进，因为期待心切，你才会叱责他、鼓励他，若他仍无法成长，只好将他调至其他部门。这样用心良苦，对他而言是有好处的。

你在通知下属这个决定时，必须简单明了。若你表现得依依不舍并说些多余的话，反而会伤害到他。如果下属能识大体，就毫无问题；若下属因而受到很大的打击，并显得意志消沉，你也不可轻易地付出同情心。此时你应以豁然的态度表明："新工作也许更适合你，拿出精神好好地闯出一片天地！"

你不能与下属纠缠不清，而必须全力往前冲刺。如你听说下属由于职务调动而一直无法振作时，你应该拥有一颗仁慈的心，衷心地祝福他，相信你的诚心他会体会出来的。

总之，微笑可以征服你的下属，而愤怒则不能。

◎ 待人要和蔼可亲，平易近人

感情是人对客观事物好恶倾向的内在反映，人与人之间建立了良好的感情关系，便能产生亲切感。在有了亲切感的人与人之间，相互的吸引力就大，彼此的影响力就大。领导者平时待人和蔼可亲，平易近人，时时体贴关怀员工，和员工的关系相处十分融洽，他的影响力往往比较大。如果领导者与员工关系紧张，时刻都要互相提防，那么势必会造成领导者和被领导者的心理距离。这种心理距离是一种心理对抗力，超过一定限度就会产生极坏的影响。

一个领导者要将他的决策变成员工的自觉行动，单凭职位权力显然是不够的，即使是有能力方面的吸引力，在很多时候也是力不从心的。因为员工已经不再是传统意义上的经济人，而是渴望得到关怀的社会人。因此领导者要想使员工心悦诚服，为其所用，就要保证员工在感情上能和领导者心心相印，忧乐与共，以便领导者发挥感情的影响。对感情影响力的培养最为关键的因素就是要克服官僚主义的领导作风，做到从感情入手，动之以情，以取得彼此感情上的沟通。

人格影响力是指领导者在领导工作中，通过自己的品德素质、心理素质和知识素质在被领导者的身上产生影响的一种力量。其中品德素质是人格影响力的基础。领导者良好的道德、品行、作风往往会对员工产生潜移默化的作用。领导者的心理素质，是人格影响力的关键。在心理素质中，领导者必须具备丰富的情感，对员工充满热忱并关怀备至，这样才具有强大的人格魅力。而知识素质是领导者人格影响力的能源，在领导工作中，知识渊博、业务素质高的领导者自然会形成一股凝聚力，员工自然会信服领导者的领导。

◎ 不断增强自己的感召力

有魅力的领导才有感召力，有感召力的领导往往有魅力，两者是相通的。

领导们应该懂得这样的道理，那就是企业的竞争说到底是人才的竞争。哪一位领导的手下有一班精兵强将，他就具有了市场竞争的实力。在这个意义上，领导如何增强自身在下属中的凝聚力就成为关键。至少，领导在以下几个方面应高度注意。

第一，要注意倾听下属对你反映的目前的业务情况，不要在下属面前表现出高高在上，并知道许多他们不知道的事情。要让下属喜爱接受你讲话，并知道你也喜爱他们向你报告情况。这时要反复告诉下属许多经营规则的制度，不能期望你一言不发，下属就能自觉地自然而然地去遵守。当然，叮嘱之余，你要表现出信任你的下属，相信他们办事的才干。

第二，领导者应该主动听取他人的意见和看法，不能总认为自己永远是对的。其实，下属总希望自己的聪明才智被领导赏识，他们有时讲出来的话并不是信口开河，而是多日思索的结果。毕竟真理常常掌握在群众手里。

第三，领导者不要认为他们拿了薪资，就该为你工作，这是不恰当的，只要有必要，领导也可屈尊去帮助下属，目的只有一个，那就是顺利地达到工作目标。有些领导搞不清楚他的下属们是否都很称职。这种领导常常这样想，干得好干得不好是他们的问题，而不是自己的问题。正确的态度是，领导者应发现谁没有把工作做好，并把它当做自己的工作，帮助下属做出成果。

第四，领导者要清楚下属对他的期望是什么，甚至要了解这些下属的内心世界。这是领导者的分内事。领导者要常常告知下属对他们的期望究竟是什么，也就清楚下属对领导者的期望是什么，这样，双方目标一致，没有误会。同时还要对下属有充分的信心，遇到再大的困难，首先自身不要泄气，

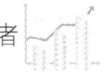

其次要多给下属鼓气，让他们充满信心地去干，共同创造奇迹。

第五，关注下属工作的进程。不要以为下属做好了，就是自己领导有方；下属做得不好，也不是自己的错。其实，下属做得好、做得不好，领导应明明白白地告知他们，他们作出了成绩需要得到认可。他们做错了，也要获得一个改错的机会。不能太重"名"，认为许多工作的成功都是自己的功劳。领导者应虚怀若谷，把业绩看做是群策群力的结果。

第六，常动脑筋想出一种对每个人都好的方法，不要顽固地认为，自己确立的方法就是最好的方法。能适合任何人的方法即是最有效的方法，它能提高每个员工的工作效率，要广纳意见。

最后，一个有感召力的领导、上司，无往不利；而一个没有感召力的领导、上司，则寸步难行。一句话，领导者要有人格魅力！失去人格魅力的领导，跟他的下属没有任何分别，谁还会尊敬他，信服他，听他的号令？美国耶鲁大学卡尔·杰克在《领导驭人的魅力》一书中认为："良好人格本身就是驭人的魅力"，可见，企业领导者应当在下属面前塑造自我形象，完善人格魅力，充分展示聪明才智和领导能力，赢得下属的尊重，切忌用不光彩的东西抹杀自我形象，受到下属的冷落。

◎ 处理事情要公私分明

"公"与"私"分指集体与个人两种价值利益，形成矛盾关系。一般讲，每个人身上都有"公"与"私"两种欲望，关键是要看你如何处理两者的关系：因私害公是错误的，大公无私是正确的；最好的做法是克己（私）奉公。但是由于人本身的需要层次，"公"与"私"常发生尖锐矛盾，常出现因私而害公的现象。从某种意义上说，企业里的公私不分，是检查领导是否称职的尺度之一。如果一名企业领导混淆公私界线，必定会因私而害公，从而违背了"公私分明"的用权戒律。

公私不分、假公济私或欠缺公正的企业领导者在下属的心目中不会具有威信。因此切忌假公济私，而公私分明是一名企业领导用权的标准，唯有如此，才能正己立身，才能管好下属，否则，就会完全掉进私欲的陷阱之中，终不能自拔，给自己造成毁灭性打击。

公私分明，为古已有之的用权戒律。

对一个企业的领导或主管而言，公与私是不能同时满足的，因私必然害公！因私害公的领导或主管，在下属眼中就跟掉了价的大白菜一样，毫无威信可言。人一旦做了主管，常常会莫名其妙地感到自己被忽视，别人一说悄悄话，或在暗中商讨事情，就会觉得很不是滋味，像某信息公司的一位经理就是这样的：

"经理，请你在合同修改书上签字。"

"为什么不事先和我商量？我根本就不知道这件事。"

"可是我现在不是来告诉你了吗？"

"你早就自己决定了！可见你根本就不把我放在眼里，我不能签字了。"

像这种例子，屡见不鲜。的确，未经事先商讨，对经理而言，可能是不太礼貌。但经理也大可不必因此心怀恨意，如此阻碍工作进行，于己何利？

作为主管，"不知道"和"不了解"是自己的过错，不应责怪下属。在平时，主管就应该多做调查，听取下属报告；或巡视各部门的工作现状，以了解他们的实际工作情形。不能掌握下属行事的主管，是一个差劲的主管。同样，作为企业领导者，像这种因私害公的情形最好不要在自己身上出现。

作为一个现代企业的领导者，同样只有无私才能无畏。相信每个人在工作岗位上，都会对下属采取公平的处理。但是，什么是"公平"呢？如何判断自己对待下属是否公平呢？下判断的要诀是无私，即不可考虑自己的利益所在。

比如说，分配任务。当遇到困难的工作，不要想任用之人成功完成任务后自己将得到的奖励或赞誉，也不要因为工作轻松又可获得利益，便想掠夺过来，企图自己做。这样的念头，都会使下属对你的信心大减。因为你的企

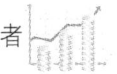

图很容易被下属看穿。因为不论何时，由上往下看，往往不太能知道实情。然而，由下往上看，却大致能正确地了解一切。

就企业的利益而言，你必须从工作的重要性、紧急性来作综合判断，在判断的过程中，绝不可掺杂丝毫的自我利益。只要是从工作大局，从企业的未来发展情况出发，你便可以光明磊落地着手去做。但是，还必须妥善处理组员之间的争执。从这层意义来看，你是选择了艰难的道路。

一个指导下属的领导者，应该经常关怀弱者。然而，付出过多的关怀有时亦于事无补。最好的要诀是做个无私的领导者。

◎ 记住点滴才能成大事

真正的公私分明不仅要求切忌在大事上因私害公，也要求注重细节。因为大局和细节一样，都能体现出一个人的立场原则。领导者在细节上也应严格要求自己。

年轻人对领导的日常事物都非常敏感。在这被不满与怀疑充斥的社会里，做一个企业领导者，只要有一点点不能公开向大家交代的地方，就无法获得下属的心。

有一个例子可以说明以上的观点。利用交际费使事情办起来便利的做法在过去向来很通行，但它也会产生很多问题，比如下属对领导们所拥有的交际费，常常会产生怀疑。领导不管是为了工作还是为了公司的客户，只要一到饭店或酒吧等地出入，下属怀疑的眼光便会集中在他们身上。一旦发觉领导有不廉洁的事，嘴里虽然不说话，却会牢记在心中。他们固然也会认为这种领导很能干，但还是觉得不能太信任他们。以后即使领导跟他说一堆大道理，他也只会在心里反驳或冷笑。而且对领导这种做法怀有反感的年轻人也越来越多。所以这种领导虽然很擅长与外面的人交涉，但是却不能做个好领导。因此，滥用交际费，或者在交易的对象身上花许多钱以达到目的的时代已经过去。今后，诚意和努力将成为交易的通行证。如果想要获得下属的信任，就必须避免太过大方地使用交际费来进行公事上的应酬。

还有一个例子：经济不景气的日子里，一些小企业破产了，但他们的一些同行却安然度过了。这其中的奥秘是什么呢？是因为这些企业一向都严守公私分明的规则，而且上至董事长，下至普通职员，每一个人都力行这种原则。这些企业的领导如此优良，怎么会破产呢？

也就是说，如果普通员工都认为："在我们公司里，每一位都公私分明"，或者"我们经理没有不可告人的账目"，那么这个公司在不景气时，劳资双方便能团结成一体。即使职员被削减薪水或奖金，也会因为相信公司的处境，而不会怀疑有什么"隐私"，反而会更加努力去帮助公司渡过难关。

但另外一种情况却是有的领导会让人家怀疑：他是不是有收取回扣，他是否谎报交际费？虽然没有证据，但是行动可疑，一旦被人蒙上这一层阴影，大家便会对他的好感大打折扣。此外，用公费去交际、喝酒，也是造成表里不一的原因。还有，用公家的电话闲聊私事，或者写私人信件时贴上公家的邮票等，这些小事都能慢慢地使人对你的好印象变坏。

在公司业务处理中，占便宜的想法是绝对行不通的。必须以合理的方式来利己，绝不能占公家的便宜。公司里的同事、领导的眼睛都注视着你，聪明的人是绝不会揩公司的油、占公司便宜的。因此，你一定要让领导、同事和下属都知道你是绝不贪私的人。

也许有人会说："水至清则无鱼。"人太清廉自守，周围的人便不会来亲近你。而且在现代，由于"占便宜"的人很多，"不占便宜便是吃亏"的想法蔓延也很广，因此能坚持维持清廉是很难的。

在现代的社会，用来获得别人信赖的，究竟是什么呢？是手腕吗？是经历吗？是请人家喝一杯吗？这对价值观多元化的下属而言，是很难弄清楚的。但是如果你能保持清廉，便可以赢得别人的信任。

我国自古便强调廉洁的重要。做一个领导者，一定要戒贪，即使只是一

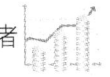

个小小的主管，也仍是领导者。以往的社会，对才能和手腕非常重视，但在日后，清廉自守是更重要的条件。它会带给你意想不到的力量，成为下属对你心服的原动力。所以，"水清无鱼"又何妨？在这个时代，能与众不同地散发出廉洁的芬芳，才是最重要的，也只有这样才能赢得下属的信任。

所以你用的手腕和力量都必须清廉、强固，才会成功。如果不干不净的话，一切都等于零。而你的经历中如果稍有贪私的地方，便会使人觉得你一无是处。

因此，公私分明，应当从小事做起。

◎ **严格要求，培养自己优秀的品格**

领导者的品格是决定领导者自身价值高低的一个重要方面，也是领导者魅力的重要源泉。具有高尚品格的领导者会放射出磁石般的力量，对于追随他的员工来说，他是最终目标的象征，是希望的象征。

领导是一种指挥和控制行为，是领导者对被领导者产生影响的过程。成功的领导者的关键就在于他具有超过一般人的影响力，并能以此来有效地影响被领导者的心理和行为。而影响力主要来自强制性影响和自然性影响。品格是自然性影响的主要来源。一个领导者能不能以及多大程度地受到员工的拥护，在很大程度上取决他的品格修养。

华盛顿是以其完美的品格赢得了美国民众的信任，当上了第一任总统，新美国的第一任领导者。1788年，出席制宪会议的代表皮尔斯·巴特勒在谈到总统权限的规定时说过这样一段话："代表中有许多人选举华盛顿将军担任总统，而且根据他们对华盛顿品格的看法而决定他们应当给予总统多大的权力。"可见良好的品格是造就优秀领导者的基础，而不好的品格往往成为领导者成功的羁绊。良好的品格有助于有效领导的实现，它可以加强企业的整体性，使领导者和被领导者休戚与共、荣辱相依，从而实现企业的经营目标。

◎ 不能做一个伟大的人，也要做一个崇高的人

印度独立后的第一任总理尼赫鲁在政治生涯开始时便追随圣雄甘地，支持甘地所领导的运动。甘地本人对他十分欣赏，寄予厚望。甘地经常和尼赫鲁在各种问题上交换意见，主动提拔他担任领导职务，由于甘地的作用，尼赫鲁在国大党的地位迅速提高。尼赫鲁虽然九次被捕入狱，但是他从未放弃他的政治抱负和理想。更加可贵的是，尼赫鲁并不盲目地追随甘地，他不怕困难，对欧洲进行了考察，在很多问题上的看法早已超越了甘地。他始终走在印度民族解放运动的最前列，提出了印度"完全独立"的政治目标，得到了印度人民的广泛拥护。他所具有的良好品格如对革命的坚定信仰和目光的远大深受印度人民的崇敬和信赖。政治家需要良好的品格，因为他要实现有效的领导，同样领导者也需要实现有效的领导，因此领导者也同样需要良好的品格。

有些政治家对品格不屑一顾，如美国前总统尼克松在他的《领导者》一书中对道德表示轻视。他说："美德不是伟人领袖高于其他人的因素。"但是这种认识从根本上来说是错误的，它将权力等同于权术。权术往往是不择手段的，在不够民主和透明的权力机制下，它有可能发挥作用，但是在民主化和透明度很高的机制下它往往会让领导者寸步难行。尼克松最终因为"水门事件"而下台，正说明了这一点。因此只有道德被认可，才能实现有效的领导，否则一切都是空谈。

领导者必须通过自己的道德品质来吸引员工。员工往往对领导者的能力表示钦佩，进而服从，但是更多的时候是为领导者的道德品质所感动，进而产生无条件地服从和信赖。因此领导者要注重自身道德品质的培养，虽然不能做一个伟大的人，但是一定能做个崇高的人。

◎ 有知识，当然有魅力

一个领导者知识的渊博程度能够影响其魅力。对于一个领导者来说，知识素养是相当重要的。在领导者进行领导的过程中，知识素养不但决定了他的思想观念和思维方式，而且决定了员工对他的信服程度。

我们可以拿历史上著名的亚历山大大帝来说明知识素养如何培养魅力。亚历山大大帝13岁时，父亲为了将这个未来的君王培养成博学多才的人，特意聘请了当时希腊最有学问的亚里士多德来做儿子的老师。在3年的学习过程中，亚历山大和亚里士多德朝夕相处，形影不离。在亚里士多德的教导下，亚历山大迅速成为了那个时代少有的学识渊博的君主。后来他率军横扫欧亚大陆，在远征中仍不忘记读书，并命令士卒返回希腊为他运来许多书籍，这些书涉及面广，包罗百科。渊博的知识赋予了亚历山大非凡的魅力。波斯国是亚历山大一直想征服的庞大帝国，亚历山大以极其友善的态度和有节制的提问使来访的使臣心悦诚服。最后有位使臣说道："这才是伟大的君主，而我们的国王只不过是徒有钱财而已。"在后来的征服中，亚历山大大帝所向披靡，声名留传百世，正是他那渊博的学识塑造了超凡的魅力，吸引了一大批跟随者为其效力。

领导者要想在工作中赢得服从，就必须培养自己超凡的魅力，而超凡魅力的培养，必须注意知识素养的提高，因为知识素养是超凡魅力的重要基础之一。拥有知识的领导者和没有知识的领导者不但在处理业务的能力上有天壤之别，在言谈举止上也差别巨大。因此领导者在造就超凡魅力的同时，一定要注重知识素养的提高，通过提高知识素养来培养超凡魅力。

第3章 激励管理，让员工自己跑起来

如何让激励真正产生作用（一）
——给员工以物质上的满足

随着社会的发展，人们在管理中越来越强调精神激励作用，如丰富的工作、挑战性的工作、更多的安全感与成就感这些内心的收获。但是，一个人即便成了通用公司的老总，他还是离不开衣食住行，还是不能不食人间烟火，这就决定了他必须首先从物质方面满足自己，首先要有基本生活需要的满足。

物质基础，主要是指员工的薪水和福利。员工的薪水，实际上就是员工的所有劳动收入。员工的收入按其性质不同，可以分为基本工资、奖金、津贴和补贴几个部分；除此之外，企业还应当替员工考虑住房、医疗、各种保险等，主要目的便是保证企业的员工在经济上能够没有后顾之忧。

◎ 基本工资

基本工资，是指劳动者在法定的工作时间内和正常的劳动条件下，根据

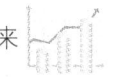

劳动的熟练程度、复杂程度、劳动强度、对企业贡献的大小所获得的报酬。基本工资必须要能维持员工的基本生活需要，在现代社会，还必须能够保障员工的亲人、子女的生活和教育费用的需要。如果这一点实现不了，员工的生活势必不能照常进行，企业也无法维持正常运转。

（一）基本工资的特征

基本工资具有常规性和稳定性的特征。员工完成定量劳动，获取定量报酬。报酬数额在一定时期内应当保持稳定，不同的岗位，不同的级别，不同的职位，不同的工作经历、学历、贡献，都会使不同员工的基本工资具有一定的差别。员工通过一定时期内获取稳定的收入，可以用它来购买生活必需品，满足自己的衣食住行，满足自己最低层次的生理需要，这是基本工资发挥作用的一个最基本的层面。同时，基本工资的稳定性又会使员工有一定的安全感，对可能出现的各种风险有一层心理保障，增强员工对企业的信任感，也使他工作更加专心。

以推销员为例，相同的月收入，有底薪和无底薪便大不相同。有底薪便可以保障他的基本生活，不至于使他在洽谈业务时还想"咋天我又向谁借了三百元钱"或者是"下周又要交房租了，跟谁去借钱呢"。按照我们的说法，人的生理需求是第一位的，如果它没有得到满足，那么它会从各个角度一刻也不停地来打搅你，让你别的事情一件也做不好。

基本工资也可以起到一定的精神激励作用。不同员工由于其工作能力、教育背景、贡献大小不同，基本工资数额也会有所不同。基本工资数额较高，说明其技能水平、工作业绩也较高，在企业中的地位也会较高。这说明企业认可了员工的工作贡献，这种员工会获得心理上的成就感与满足感，会以更多的精力热忱来投入工作。而那些基本工资较低的员工也会以此来督促自己，以获取更多的工资收入。

71 ▶▶

（二）计时工资与计件工资

基本工资的形式按计量形式分，可以分为计时工资和计件工资两种形式。

计时工资是按照员工的劳动时间依据一定的单位时间工资标准来计算支付工资的形式，在实际生活中，有按小时计算（比如家教）、按日计算（比如兼职）、按月计算等形式；也有一些咨询企业是按分钟计算，比如说，有的公关咨询企业参加会议，从会议开始就开始计时，会议结束按照所统计的时间算钱，这种计费方式就是以分钟为单位。计时工资对于一些管理工作、辅助工作、基础研究咨询较为适合，大多数企业用的基本工资都是按月支付的计时工资形式。另外，对于工厂中的工人，计时工资也是一种应用普遍的方法。

计件工资是根据员工完成的工作量或合格产品的数量来计算劳动报酬。对于一些生产过程较为稳定，需要大批量生产而工艺过程又较为简单的产品而言，此种方法尤为适用。比如说，我国的纺织品。纺织品在中国历来是出口强项，属于劳动密集型产品。在沿海广大农村，许许多多的农闲妇女都会做针线活，或者是绣花，或者是对童装进行再加工。她们的任务主要是针对一些机械无法解决的纰漏，进行一些细节上的再加工。按照产品的数量计费，每件从五分钱到几角钱不等，以此来贴补家用。

（三）制定工资水平的原则

在工资水平的制定中，掌握如下原则可以有效调动员工的积极性。

1.劳动者参加工资的制定过程，参与工资水平、标准的制定。

劳动者参加工资的制定过程，可以激发劳动者的主人翁意识。美国有一种协商工资制，员工和管理人员的工资由雇主和员工共同商定，随着时间的推移和劳动力市场变化再相应地加以变化。由于双方是处在彼此协商的立场，地位较为平等，员工倾向于把自己看成是企业的主人，因此他们会从内心深处把自己的劳动与企业联系起来，激发自己的工作热情。

2.工资水平与劳动技能挂钩。

工资水平与劳动技能的挂钩，可以促使员工去自我充电，提高各方面的技能水平。在实际生活中，由于劳动技能的测量标准在短时间内只能以各种证书为凭，员工可能会单纯去追求社会上各种良莠不齐、水分极多的证书。为了避免这一点，工资水平还应当与工作贡献挂钩。

3.工资的变动与企业利润挂钩。

把员工与企业紧密地联系在一起，一荣俱荣，一损俱损，让员工把企业的事情看成是自己的事情，可以大幅度提高员工的工作积极性。

◎ 奖金

奖金是对工资制度的补充，是对员工超额劳动或者是增收节支行为的一种报酬形式。与工资制度相比，它克服了其不能体现超额劳动这一缺陷。工资制度由于其本身的常规性与稳定性，难以灵活、及时、准确地对劳动者的超额劳动给予补偿，结果会引起企业和员工之间的不满与怨言。而奖金制度则可以解决这个问题。

（一）奖金的特点

与基本工资相比，奖金制度具有如下特点。

1.有较强的针对性与灵活性。

可以根据工作需要，有针对性地解决问题。比如企业接了某个项目，任务紧迫，需要员工加班加点；或者是业务旺季，人手不足，都可以利用奖金对付出超额劳动的员工给予补偿。

2.有很强的激励功能。

根据个人的劳动贡献来确定奖金数额，多劳多得，少劳少得，不劳不得，可以最大限度地发挥其激励员工的作用。

3. 将员工的收入、个人贡献和企业的效益联系到了一起。

企业如果取得了很好的效益，员工的总体奖金水平也会随之提高，每个人的奖金额可能并不一样，视个人贡献大小而定，这对于提高整个工作团队的士气都大有好处。

（二）奖金的发放

奖金发放的理由多种多样：有激励员工多劳多得的奖励项目，比如说，针对超额生产的奖金；有激励员工减少成本与消耗的项目，比如说，针对工厂中的原材料消耗节省设立的奖金。可以对某一个或几个人进行奖励，也可以对某一部门小组实行团体奖励。还可以设一些诸如全勤奖、年终奖之类的奖励。

如何发放奖金是一个值得研究的问题。人是一种很复杂的动物，两个人干差不多的活，一个拿得多一个拿得少，后者就会有意见。每个人的价值观不同，如果因为一个人的学历或是某种特殊背景而对其另眼相看，别的员工虽然也得到了奖励，也可能会产生不公平的感觉，这在一定程度上会误导员工的追求目标。目前，在大多数私企和一些著名的跨国公司中，员工的薪酬、红包都是保密的，一定程度上就是为了这个原因。

◎ 津贴、补贴

企业津贴和补贴是为了弥补特殊的工作环境和工作性质对劳动者所造成的伤害所给予的物质补偿。比如说，出差补贴、外派补贴，也包括一些工作中所必然引起的消耗的补偿，比如说，通信费用（手机费、上网费）、交通费用、住房补贴，等等。

补贴乍一看数额不大，但计算起来也算是公司的实际福利制度。合理的补贴有利于增强员工对公司的归属感，而且周到的补贴会使公司显得更富于

人性化，更通情达理。比如说，在大城市工作的外地年轻员工，租房子始终是困扰他们的一个大问题，如果公司能把这个问题完善地解决，会大大地增加公司的吸引力。

◎ 福利制度

企业的福利构成了员工收入的可观部分。有数据显示，美国的企业在1995年福利收入占员工总收入的30％以上，具有举足轻重的地位。员工的福利，是指企业为了调动员工的积极性，保障员工的正常舒适生活，而在工资、奖金之外向员工本身及其家属提供的货币、实物和各种服务。在现代企业中，福利形式多种多样，具体有住房、免费工作餐、带薪假期、集体出游等，交通费补贴、探亲假期、通讯费用补贴、教育培训计划也是员工福利的重要组成部分。企业还会为员工代办医疗保险和养老保险。

（一）住房和交通

住房和交通是影响一个员工工作决策的极大因素。对于真正的人才，公司在这一点上务必含糊不得。在现代的城市，每天倒两班公共汽车去上班实在是一件痛苦的事情，耗时又费力。而如果企业对此不管不顾，员工财力薄弱，单枪匹马，要花费很大的精力和财力才能解决问题。企业出面的话则大大不同，企业有较为充裕的资金，又有信誉担保，解决问题的难度相对要小很多。另外，住房问题如果得到了解决，员工会感到企业确实是真正地为自己考虑，会极大地增强员工的归属感与认同感。

（二）免费工作餐

诸如饮料、工作餐此类，是管理中的细节问题。但细节的疏忽会给人增添无穷的烦恼。对于普通员工而言，每天中午、晚上都去下馆子未免有些太奢侈了。而如果长期吃快餐，对身体的损害则是显而易见的。事实上，把员工的吃喝问题解决好，并不需要耗费多少金钱。事情虽小，但却可以反映一个企业的素质层次，反映企业对员工的尊重关心程度。

（三）带薪假期、旅游

在经过一段时间的紧张工作过后，或者是某一项艰巨任务拿下来了，就应当考虑给员工放几天假，彻底放松一下。可以组织员工集体外出旅游，既可以全体休息一下，恢复精力，又可以增加员工的凝聚力，有助于形成融洽的员工关系，而且这样并不耗费什么钱财。

（四）教育培训计划

应当让员工有业余学习的时间和精力。企业应当考虑到员工充电、提高自我的需要，可能的话为每一位合格的员工都制定一个培养计划。如工作岗位互换，资深人员的传帮带，与名校的合作培训，工作中对员工的放权，等等。要把员工当成一位真正渴求发展的人，让他在企业里每月都有提高，每年都有提高，要让企业成为一所学校，让员工和企业一同成长。

企业的领导者一定要给员工提供充实足够的锻炼机会。因为只有经过一番艰辛的锻炼，才会增长工作的实践能力。也可以给员工补修专业技术课程，或者为其提供一些其他方面的技能培训，只要对工作有利，为企业的员工提供一切可行性机会，这样才会使越来越多的员工成为高素质的劳动者，使企业具有越来越多的人才，其结果必将使员工对企业的忠诚度不断上升。

（五）养老、医疗保险

医疗保险源于医疗费用的高昂。作为个人，一旦不幸遭遇到某种严重疾病或者发生意外事故，很难负担得起高额的医疗费用。养老保险则是为了保

证员工几十年后，丧失劳动能力时能够获得稳定的收入来源。公司在这两者上如果能投入一定的财力，则可以使自己的员工有一个有保障的未来，使员工心里获得安全感，可以增加员工的忠诚度。

◎ 优越的办公环境

处于市区繁华地带的高档写字楼、宽敞的办公场所、安静的环境、各种现代化的办公设备，都会给员工带来心理上的愉悦感。在这一点上，跨国企业、外企做得要比国内企业好得多。国内企业往往在选址、购置设备上较为抠门，能凑合就凑合，能省就省，殊不知这些东西代表了公司的门面，也无形中影响着员工的自我评价。一个手持IBM笔记本电脑办公的人和一个用二手台式机的员工的自我形象会相差很大。在摩天大楼和地下室里办公也肯定是截然不同的感觉。前者会想，我一定要珍惜这里的条件，珍惜这里的机会，争取再升职；而后者多半在转这样的念头，努力、奋斗，干几个月就离开这个鬼地方。

钱要花在刀刃上，办公条件正是刀刃之一。

◎ 经理人的股票期权

怎样让经理人员对公司的未来负责，这是一直困惑着公司所有者的心病。传统的年薪制只能引导经理对公司当年的效益尽力，导致了经理的短期行为，竭泽而渔。实际上，公司的高级管理人员时常需要就公司的经营管理以及战略发展等问题进行决策，诸如公司并购、重组以及长期投资等。这些动作给公司带来的影响往往是长期的，效果要在三五年，甚至10年后才会体现在公司的财务报表上。如果一家公司的薪酬结构完全由基本工资及年底奖金构成，那么出于对个人私利的考虑，高级管理人员可能会倾向于放弃那些短期内会给公司财务状况带来不利影响，而有利于公司长期发展的计划。经理股票期权有可能解决这类问题。它将高级管理人员的薪酬与公司长期利益联系起来，鼓励他们更多地关注公司的长远发展，而不是仅仅将注意力集中在短期财务报表上。

现在，在发达国家，股票期权已经实行得相当普遍。《财富》500强中，89%的公司已在其高级管理人员中实行了这种制度。迪斯尼公司的总裁艾斯纳，其薪水加奖金不过是576万美元，但是股票期权带来的财富，则有近5.7亿美元。在硅谷，平均每天有32个百万富翁产生。同时，这种分配制度显示了巨大的生产力促进效应：在美国，如以无职工股权的公司为比较基准点，定义公司产值平均增长率为100%的话，那么有职工股权的公司产值增长率高达139%。

◎ 员工持股

在今天这样一个"机会"爆炸的时代，公司争夺优秀人才的竞争已白热化。虽然公司文化、公司发展前景等因素在吸引、留住人才上功不可没，但薪酬机制将永远是制胜的关键。股票薪酬更是包含了经济上和事业上的双重成就感，成为争夺和留住人才的最有效手段之一。

从财务角度看，公司许诺员工本公司期权，并可相应降低员工的薪资，从而节省工资成本，减少了对财务资金的占用。对于公司，股票期权的授予不产生账面资金外流；行权时员工出资购买公司股票，公司不掏钱；抛股票套现时，是市场提供了现金，而非公司。所以，运用股票期权，百万富翁是由资本市场创造的，而非由公司薪金创造的。获利者是公司员工，创造的价值是公司利润。股票期权由此被看作效益成本比最高的薪资工具。

在持股计划中，通常公司合同规定：员工得到股票期权后不能即刻行权，必须要等到约定时间后（有些为1年）方可购买公司股票；股票期权行权

后，不能立刻卖出公司股票，需要等待；股票期权不能一次全部行权，必须分若干年定期限额购买公司股票，还是等待。时日漫长是可想而知的，但诱人的利益前景，巨大的利润空间，有可能将人才锁定在公司里。

员工持股可以让员工认为自己是在为自己劳动，可以说是最有效的激励方式。员工持股具有多种形式，其中一种就是本单位的全体员工买下本公司的全部股票，拥有单位全体股权，共同成为企业的所有者来参与企业的经营、管理和利润分配的一种股份制，从它的基本特征来看，它带有典型的合作经济之性质，因而有人将它称为"资本主义集体所有制"。

20世纪50年代中期，路易斯·凯尔索在20世纪初提出的"小额股票""大众持股"的基础上，将他所提倡的小额股票付诸实施，首次成功地将一家股份公司72%的股权，在8年时间内完成了向员工的转移。这一成功的举措，赢得了美国各界广泛的赞扬和支持。1975年，美国的民意测验专家哈特经过调查发现，美国人有66%赞成"员工拥有公司大部分的股份"。1978年，哈里斯的民意测验也表明，美国的员工中有64%的人觉得如果让"所有员工平均分享公司的利润"，那么他们的劳动生产率会更高。截至1991年年底，美国的员工持股公司已发展到15 000个，参与持股的员工达1 200万人，占美国劳动者的10%，员工持股拥有的资产约为1 000亿美元。

员工股份制之所以在美国如此受宠，主要是员工股份制依据的理论假设：当人们为自己劳动时，他们就会更好地工作；而员工为自己劳动的关键是在法律和经济两重意义上拥有所在企业的财产。因此，企业财产关系内部化，全体员工拥有企业的产权会产生更高的效率。

以上主要从基本工资、奖金、福利、办公条件等方面阐述了对员工的物质激励问题。物质是激励员工的必要而有效的手段，但随着社会的发展、科技的进步，员工更多地开始追求自身的满足，此时单纯地靠金钱已经无法真正调动高级人才的创造力了。用我们的话来说，此时员工们追求的不仅仅是生理和安全需要，更多的是尊重、是归属，是自我实现，是发挥自我的潜力。

如何让激励真正产生作用（二）

——给员工以精神上的满足

不管一个员工在公司里的职位或高或低，要想长久地留住人才，就必须能够使他从心理上、从感情上对目前和未来的工作环境，包括与同事、领导的人际关系具有好感。要达到这一点，有赖于对员工的有效的精神激励。

◎ 一个关于精神激励程度的测试

下面是一个简单的测验，目的在于检验作为一个领导是否对员工进行了有效的激励。请按"非常普遍""常常""有时会有""偶尔会有""很少有"或"从来没有"几个答案来回答下列15个问题。

（1）你是否经常因为员工表现出色而给予他们以书面或口头上的表扬？你的赞美是否是发自内心的而不是装模作样的？

（2）你是否经常给予员工以挑战性的任务，使他们能够竭尽所能，充分调动自身最大的潜力？

（3）对于成绩，你是否把出过力的员工的名字一一上报，是否愿意让员工分享你的成就与荣耀？还是霸占别人的心血果实？

（4）你是否邀请员工参加一些重要的会议并鼓励他们在会中发言？是否愿意把员工介绍给公司的高层人员，给员工以露脸的机会？

（5）你是否鼓励员工提出自己的看法，对工作提出批评，甚至鼓励他们提出截然相反的意见？

（6）你是否经常抽空与员工一起午餐、喝咖啡或者是吃夜宵？

（7）你是否愿意和员工聊天，并关心一下他们工作之外的情况，比如

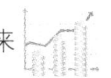

说，他们有什么兴趣爱好，下班后经常做些什么活动？

（8）你是否鼓励员工接受新的任务，是否经常为他合理的工作要求开绿灯呢？

（9）你是否真心地希望自己的员工升职，并经常地尽心尽力地为他们提供培训、晋升的机会呢？

（10）你是否鼓励员工与你讨论他们的目标与理想，并真诚地提出你自己的看法？

（11）你在做一项决定、制定某项任务或被要求作出评价时，是否想过，这样做会不会打击某些同事，能否减弱此举对他们的打击，或另外想法予以补偿？

（12）你是否对每一位员工包括自己都一视同仁地友善、诚实、公正？

（13）你是否经常给公司的员工提供各种有关的组织、社团、报刊杂志或研讨会之类的信息，以帮助提高员工的工作技能、人际关系技巧？

（14）你是否鼓励员工自己为自己确立挑战性的目标，鼓励他们发挥自己的潜能，并协助他们实现理想？

（15）员工如果完成了事先确定的目标，你是否会对他予以奖励？比如说，加薪、奖金、休假，或是赞美、升职等？

现在来计算得分，"非常普遍"得5分，"常常"得4分，"有时会有"得3分，"偶尔会有"得2分，"很少有"得1分，"极少有和从来没有"得0分。

如果得分在70分以上，那么受测公司在精神激励上可以说得上是典范，员工必然不以上班为苦，他们士气高昂，会有很高的心理成就感与满足感；

如果得分在60～69分之间，那么精神激励状况还可以，但仍然可以作一些改进；

如果得分在35～59分之间，受测公司的精神激励就需要注意了，很明显，员工的心理需要被你大大地忽视了，人们或许在私下正抱怨不断；

如果得分在35分以下，员工到你这里来工作仅仅是为了拿钱，他们和你完全是金钱与劳动力的交换关系，公司士气低落，员工们也不思进取，不求有功，但求无过，有才华的员工纷纷跳槽，剩下的也都在谋划退路。

◎ **倾听式激励**

倾听是一门艺术，并不是一件很简单的事情。一个人坐在你面前滔滔不绝，你坐在身边不断点头，心里却在想，"今天晚上和老张再好好谈一谈"或者是"待会儿怎样才能语惊四座，让别人知道我的见识不凡"。此时，你并没有在听别人讲话，你只是在急着等别人讲完，好轮到自己发言。

作为管理人员，善于听别人讲话是一项尤为重要的技巧。有些最好的经理往往也是最善于听人讲话的人。有一位销售经理，对公司的销售业务毫无详细的了解，每当经销人员遇到了问题来征求他的意见时，由于他对业务一无所知，他实在是无可奉告，提不出什么好建议。尽管如此，但他的倾听艺术非常高明，无论这些人问他什么，他总是这样回答："你觉得呢？你认为怎样办最好？"然后，这位下属就会给出一个解决的方案，而他总是会点头同意。下属会满意地离开，而且觉得这位经理真的是很不错，很尊重下属的意见。而下属由于了解实际情况，对问题的解决办法总是能谈个八九不离十，因此问题总是解决得又快又好。

与别人交谈时，你必须全神贯注在对方身上，专心致志地听对方的话，听他的言外之意、弦外之音，还要注意他的动作、手势、眼神与表情。你要使对方觉得在谈话的这一刻，只有你们两位在这个世界上。相反，如果你的眼神只顾盯着女招待的大腿，随着她的走动而飘来飘去，你的谈话对象会想："这个家伙根本没把我放在眼里，女招待的腿要比我讲的话重要得多"，你的谈话算是泡汤了。

人们常常因为谈话中断而坐立不安，他们会赶紧找出新的话题接下去

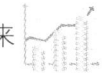

讲，来使交谈进行下去。实际上，片刻的沉默会使双方都有思考回味的机会，会使某一方提供更多的信息，能让双方都有一个休息的机会。连续不断的交谈往往会让人缺少思考的时间。

有许多时候，你跟一个苦闷的员工交谈，并不需要你出主意，提供解决的办法，只需要你耐心地倾听，对方在诉说完自己的苦闷烦恼之后，自然就会找到解决的办法。但有些时候，光靠倾听是不够的，对于一些人，除非你小心翼翼地加以询问，否则你无法知道他们在想些什么。但这里的探问务必要委婉，让对方知道你的本意是关怀而不是窥探隐私是最重要的。

◎ **赞美式激励**

在公开场合赞美员工是激励员工的极佳方式，每一个人在内心深处都渴望别人的赞美与夸奖。"千穿万穿，马屁不穿"，从某种程度上来讲，正是至理名言。每一个人在数千人的注视下，走到领奖台上领取奖章、鲜花或是证书都会有一种很奇妙的感觉。每一个人发现自己的名字出现在本公司刊物里的奖励名单上，都会感觉良好。"原来我也可以很有名的"，这种被大众所承认的感觉要远比几十块的奖金更加激动人心。

赞美在建立一个人的自信上有着神奇的功效。中国的大学生比起高中生来，明显地更有自信，更开朗，做事能力更强。有人由此做过调查，结果发现很重要的一条原因就是大学生在学校里受到的正面的、积极的鼓励要远比在高中时多得多；相对而言，大学的老师更知道赞美的重要性，更多的是把学生当作一个真正的成人看待。

赞美员工每一点小小的成绩都会激发他的自信，员工会更加努力，更有勇气去尝试，如此积累，将来员工能取得很大的成功也不稀奇。在婴儿牙牙学语的阶段，即使他还无法准确发音，可是，他一说"哒—哒—"，做父亲的立刻就自动认定他是在叫"爸—爸—"，这位骄傲的父亲就兴奋地大叫：

"听到了吗？他在喊我爸爸！"然后，他抱起孩子亲他，对他说："聪明孩子！爸爸疼你！"孩子得到了赞美，就会继续学着去讲话，然后如此这般逐渐学会讲话。

作为管理人员应当懂得，每一个员工都需要赞美来保持自信。如果你愿意，你总是可以找出无数的机会，来夸奖你的下属，发自内心地称赞他们，会使他们死心塌地地跟随你。

尊重员工并不仅仅只是口号或者是印在纸上的一句话，它表现在公司活动的方方面面，渗透在高层主管的一言一行。比如说，每个公司都会遇到工作场所里桌椅的摆放、电脑屏幕是正对着门还是应该背对着门等，让员工来挑，肯定是背对着门，说不准什么时候聊个天呢？发一封私人E-mail也感觉心里不安全；让主管来挑，自然是希望电脑屏幕正对着门，现在都网络化时代了，员工在工作时间干自己事情的实在不少，视窗可以切换屏幕，打网络游戏还花公司的上网费，是可忍孰不可忍，那么究竟怎么摆放呢？老板说了算，还是跟员工商量着办。这一点小事就会反映出老板的管理风格。老板可能会觉得，这是芝麻绿豆点的小事，应当由我做主。但员工们不会这样想，一点点小事就有可能让他们感到自己不受尊重，自己用的桌子，自己的办公场所，当然应该自己做主。他们会把这件事上升到对老板评价的高度，会上升到管理者是否尊重员工的高度。

◎ 参与式激励

管理学家罗宾斯把员工参与定义为："通过员工参与影响他们的决策和增加他们的自主性和对工作生活的控制，员工的积极性会更高，对组织更忠诚，生产力水平更高，对他们的工作更满意。"

从决策的方面来说，员工参与往往有以下原因：首先是工作变得越来越复杂，管理者常常不能了解工作的一切，只有亲临第一线的员工才可能做

出针对性很强的决策。其次是由于员工参加了决策的制定，在实施决策时他们必定会把这工作当成自己的事情来做，全力以赴，会自觉自发地向同事们解释为何作出此项决策，而不会采取事不关己的态度。再次是随着科技的发展，现在的员工知识水平、教育程度越来越高，自主意识越来越强，他们也不甘只充当别人的工具，而是要求能够在工作的过程中表达自我、实现自我。员工参与决策，一旦取得成功，他们会想："嗯，这里也有我的一份功劳！"看到自己的想法实现是一件激励人心的事，员工会受到极大的鼓舞，在工作中更投入，会有更高的积极性。

◎ **内部升迁式激励**

建立内部升迁的有效激励机制，公司的绝大多数员工都希望能够通过努力工作来获得领导层的肯定，并以此获得更多的工作权利和责任，从而获得更好的个人发展空间。当这种愿望不可能得到实现时，员工就会寻找新的公司和机会来满足个人发展的需要。公司的领导层应当重视这个不稳定因素，在肯定员工工作的同时，寻找可以满足员工内心需求的新的工作职位，并将这样的职位尽可能多地提供给合适的员工。

◎ **"感谢太太"式激励**

如果工作的各方面让人满意，每一位员工都想长期地拥有这份工作。日本在第二次世界大战以后经济能迅速起飞，来自于员工的高效率，而这其中的一条重要原因便是日本的各大企业实行终身雇佣制，一旦员工进入企业，便终身为该企业服务，颇有"从一而终"之意。员工的未来生活得到了最大限度的保障，员工不必再去操心各种未来的事情，有了极强的心理安全感，减少了诸多不必要的麻烦，心态稳定，无法也无须跳槽，只有踏踏实实地干好本职工作，才有出头之日。不谈终身雇佣制的功过是非，它给予员工以稳定感、安全感，令其安心工作这一条是值得学习的。

值得一提的是对员工配偶的关心。日本麦当劳快餐店的总裁藤田认为：抓住员工妻子的心，记住员工太太和孩子的生日，并赠与一点礼物，绝对有益于公司的向心力。总结他们的做法，藤田说："日本麦当劳店每一个员工的太太过生日时，一定会收到我叫花店送来的鲜花。事实上，这束鲜花的价钱并不昂贵。可是，太太们的心里却很高兴。'连我先生也忘了我的生日，想不到董事长却记得送花来，实在太感激了。'类似这样的感激函，我经常都会收到。"

日本麦当劳除了6月底和年底发奖金之外，每年4月再加发一次奖金。这奖金又称"结算奖金"，并不交给员工，而是发给员工的太太。同时附上一封短信："公司能有这么好的业绩，都是各位太太的协助。虽然直接参与工作的是先生们，可是，如果没有你们这些贤内助，先生们的工作成绩将大打折扣。所以，这笔奖金是你们该得的。"

通常，企业机构慰劳员工时，会忽略了劳苦功高的太太们，而招待男性员工上酒家或餐厅喝酒、放松一番，意义并不是很大；反之，日本麦当劳却打破惯例，邀请员工们的太太一起出席联欢会，以此来提高从业人员的向心力，这也是经营诀窍之一。

日本来岛集团总裁坪内寿夫对员工妻子的关心也表现得很突出。坪内寿夫以自己的名义寄给来岛集团员工的太太"请求协助信"，他说："我每5年都会分送员工及妻子各5万日元奖金，以作为协助金，并附上一封信，请她更多地照顾自己的先生。有许多平常晚起的太太，都会因此亲自送先生出门，这使得先生们的工作情绪高昂。我们做过调查，凡工作情绪不佳的员工，通常妻子的态度都不好。这时我们会设法疏通，要求太太们，为了避免丈夫们因为工作不专心而出事，势必要笑脸送他们出门。最好还能为他们做早餐，晚上也应做好晚餐等他们回来，这样丈夫才不会在外徘徊不归。"

◎ **挑战式激励**

员工每天八小时都在工作，工作是他们生活的主旋律，所以，从工作类型本身着手激励往往卓有成效。现代人本主义管理激励常用的方法主要有两种：一是使简单工作丰富化，二是树立目标使工作更有挑战性。

这两者有许多相通之处，工作丰富化对一位本来从事单一工种的工人来说就是一项挑战。某公司的每位工人原本只负责流水线上的一项工作，他们由于看不到自己工作的成果而显得无精打采。后来老板采取六人至八人一组的方法，让每一位工人有机会从头至尾完成一件成品，体会从开始的毛坯到最后成品的成就感，工作效率因而提高了2～3倍。工人们调换工种，有助于掌握多项技能，也有助于他们寻找最适合于自己的岗位。对于专业人员、高级管理人员而言，他们更希望工作能够提供使用自己技术和能力的机会。

树立各种各样的目标可以使工作更富于挑战性。挑战性过低令人厌烦，挑战性太强会使人产生挫折和失败感，中等程度的挑战性应该比较合适。工作如果具有挑战性，会激发起员工对工作的兴趣。他会以解决工作中的难题为乐而不是以此为苦，一正一反就是天壤之别。你可能上班时间忙碌不堪，精疲力竭，回到家里感觉昏昏沉沉，但此时要是有人找你来玩篮球，你可能会马上变得精神百倍，在球场里拼杀几个小时也不觉厌倦，这便是苦与乐的区别。如果员工喜欢他的工作，就像喜欢打牌、玩电脑游戏一样，那么他废寝忘食、通宵达旦地工作都不会是问题。对于这样的员工来说，加班已经不是苦差，而是一件乐事。一旦乐在其中，什么事都会被做好。

◎ "工作轮换"式激励

工作轮换，是指员工觉得一项工作已不再具有挑战性时，把员工调换到水平层次相近的另一岗位上去。工作轮换可以使员工免受工作枯燥之苦，增强员工工作的积极性。对员工而言，他可以学到更多的技能，更深刻地理解各项工作之间的关系，对组织的整体活动安排也会有更深刻的了解与认识。对公司而言，可以挖掘员工的潜力，并在适应变革、填补职位空缺时，具有更大的灵活性。

◎ "工作丰富化"式激励

工作丰富化主要是指对于工作内容的纵向扩展。让员工从事一件独立而又完整的任务，能增强员工的责任，把各项任务组织起来形成一个新的更完整的任务。让员工独自负责，可以加强员工的"主人翁"意识，觉得自己很重要，工作也是举足轻重，让员工负有更多的责任，可以让员工更好地理解管理人员、具有更多地了解自己工作绩效的机会，这样，他会自我评价，自我激励，自我改进，而无须领导加以提醒。

◎ 培训式激励

无论是管理人员、技术人员还是普通员工，无论他多么能干，他的技能都会随着时间的推移而变得陈旧过时。激烈的竞争、迅猛的技术变革、员工对未来发展的预期都要求管理者增加培训投资。

工程师要学习最新的电子、通讯技术，管理人员要学习如何适应员工知识化、业务技术化的趋势，办公人员要学习使用计算机，技术人员、专业人

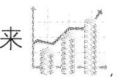

员也要学习如何更好地在团队中工作。每一个人都在接受培训，成千上万的公司都在加大公司的培训投入。

培训员工的技能可从三个方面着手：技术技能、人际关系技能、解决问题的技能。

技术技能是培训中最重要的技能。20多年以前，绝大多数人还不知道台式计算机为何物，但现在PC机、互联网已经风靡全世界，电脑已成为现代化办公不可缺少的工具。10多年前，移动电话在中国还是稀罕物，但现在移动办公是办公的基本条件。技术的飞速进步迫使技术人员不断更新自己的技术储备，管理人员更新自己使用的技术装备。

人际技能是指员工与同事、上司相处的能力。这些人际关系方面的技巧有人与生俱来，有人需要学习培训得来。由于现代化企业更加强调工作中的团队精神，所以，这种技能培训显得尤为重要。值得一提的是，随着跨国公司的普及，同一团队中不同文化背景、不同宗教信仰的员工越来越多，如何认识彼此的这种差异，让员工们和谐共处，也是一个培训的课题。

在IBM德国公司，培训是企业生存延续的法宝。从一家生产性公司转变为一家提供服务的公司。IBM德国公司极好地贯彻了"活到老，学到老"这句格言。1990年，IBM德国公司为员工培训花费了2.7亿马克，平均每个员工"接受教育"13天。他们认为，只有不断学习，不断培训，才能让员工在变化莫测的世界中跟上节奏。

如何让激励真正产生作用（三）
——最佳激励组合

随着时间的推移，环境的变化，此时此地的主导需要和彼时彼地并不见得相同，同一种激励手段所取得的效果也不会相同。不同类型的员工必须相应地采取不同的激励方法。

◎ 按照工作业绩进行分类激励

根据工作业绩，可以把员工分为出类拔萃者、业绩平平者和中间阶层。

出类拔萃者，说明此人能力极强，而且他当前从事的领域比较拿手，他已经找到了一个适合自己的位置。在现代的公司里，评先进已经很少听说，先进更多的是在国企机关里才有的一个称呼。对于出类拔萃者，奖金、加薪、晋升等都是常见的选择，笔记本电脑、车、房的配备，更多的培训机会，更多的休假，多种手段都可以运用，而且这对业绩平平者和中间阶层也是一个不小的鞭策。

业绩平平者和中间阶层，只要员工素质不是特别低下，可能有两种情况：一是时间尚短，他们尚未掌握该工作的基本技能；二是他们压根不适合此项工作。比如说，让一个天性沉静、好钻研的人去搞公司的公关宣传，或是让一个纯文科出身的人去负责产品研发。对于第一种情况，必须加强培训，给员工更多自我锻炼实践的机会。而对于第二种情况，就需要征求员工的意见，与员工进行协商，员工在从事该工作的时候是否会获得成就感？是否感到了挑战性？是否激发了他自身的兴趣，等等。要尊重员工自身的意见，结合实际情况，尽可能地给他以施展才华的机会。倘若员工与工作的种类确实不匹配，应及早加以更换。

◎ 按照年龄和性别选择合适的激励方法

按年龄员工一般可以分为老、中、青三代。由于年纪差异，不同年龄段的生活习惯、价值观念都会有所不同。青年人敢想敢干，有冲劲，勇于开拓，敢于创新，敢于挑战困难和权威。但他们经验阅历较浅，性格相对而言

浮躁、冲动的成分较多，还不够成熟。老年人则有着丰富的工作经验，处事沉稳、老练、踏实，见多识广，社会关系广泛。但相对而言，老年人较为保守，开拓创新不足。中年员工一般地位较高，他们身上集中了青年和老年的优点，正处在自己事业的黄金阶段，一般都追求事业的更大发展。

（一）针对青年人的措施

对于青年人，应当针对他们勇于开拓、兴趣广泛、精力充沛的特点，采取相应的激励措施。

第一，青年人的经济基础一般而言都比较薄弱，所以，优厚的薪水、良好的福利对于青年人有着巨大的诱惑与激励作用。对于企业的青年员工，高薪是一条挽留人才的很好的方法。对于优秀的青年人才，提供行业领先的薪水和福利是值得的，因为公司的长远未来便依赖于他们。

第二，青年员工一般不畏困难，敢于啃硬骨头，而且有开拓性。对此公司可以根据个人的特点，把那些需要超人意志和体力、需要开拓创新精神的工作交给他们，给他们一个宽松的环境，让他们去放手发挥，并辅之以可观的奖金，来充分调动青年员工的内在潜力。

第三，青年员工爱好广泛，求知欲望较强。除了薪水之外，他们更希望能够学到东西增进自己的工作技能，青年人的未来时间还长，他们一般情况下都希望能够发展自己的事业，事业中的发展机会对他们而言尤为重要。如果别的企业有更好的发展机会，他们往往会不顾一切地跳槽，这会让他们本来所在的公司遭受巨大损失。花费了很多金钱和精力，最终竹篮打水一场空。

台湾环隆企业集团创始人蔡长汀，对这种情况有他自己独特的解决办法，每当他看到自己认准并确有才干的人要离开时，就说："别走了，留在环隆重，我给资金，你自己干，成功了企业归你，失败了算是我出的培训费。"结果本来想走的也不走了，企业内部的潜力被最大地激发了出来。环隆的员工看到自己光明的前途，知道只要自己努力便会有所成就，无不全力以赴。蔡长汀的这种高尚的人格，无私的事业追求，也给员工们树立了好榜样，在这种精神的鼓舞下，环隆重1990年的年营业收入净额高达14亿元新台币。

第四，应当尽量调动起青年员工对工作的兴趣。青年人一般而言耐心不足，因此，管理者一定要想办法把要做的工作安排得具有一定趣味性和挑战性，以此激发员工的兴趣和工作精神；否则，员工们会觉得枯燥无味，影响工作效率。一个年轻人是不会仅仅满足于一种简单、单调的工作方法和环境，管理者必须努力地调动起他们的兴趣和积极性，以保持员工的工作热情长久不衰。

随着时代的发展，年轻人的追求目标也与以往有所不同。日本吸引年轻员工号称有三大法宝，"高工资、较多休息日和优厚的福利"。对于青年员工的福利，公司应尽可能地加以改进。安排年轻员工居住两人、三人甚至四人一间的集体宿舍，对于渴望独立的青年人来讲，实在是一件令人厌烦的事情。解决员工的住宿问题是吸引员工的一大筹码，不可轻视。

（二）对于老年员工的激励

老年员工具有丰富的社会经验与人生阅历，正所谓"老马识途"。在生产领域，他们的实践经验可以弥补年龄所引起的各种不足，他们对青年员工可以进行指导，实行"传、帮、带"。虽然退出了生产第一线，他们仍然是企业生产技术的骨干、顾问、智囊团。

当然，老年人随着年龄的增长，在头脑的敏捷、动作的速度、记忆的准确性等方面都会呈现出衰老的迹象，但他们往往又不服老，爱面子要求更强。因此，在同老年员工谈话时，要注意老年员工爱面子的心理，要引导年轻人在生活上、工作上关心照顾老年员工。在对老年员工进行奖励时，不能像对青年员工那样"利"字当头，过分注重物质利益，也不可太张扬地大张

旗鼓地加以宣传，或许老年员工会想"把我当小孩子来表扬了"，会有被轻视的感觉。

"外企的工作压力大，年龄偏大的员工家庭负担较重，干劲自然比不上年轻人！"

"年龄大的人总是偏向保守，要他们在观念上有所突破，简直是缘木求鱼！"

"何必让年龄大的员工接受培训呢，这是吃力不讨好的事！"

"在退休前几年，他们总是想过太平日子，不求有功，但求无过。说得刻薄一点，他们只不过是坐以待'币'。"

听到这样的言辞令人感到遗憾，在人力资源管理盛行的今天，持这些见解的人竟然比比皆是。然而，更令人遗憾的是，不少年龄大的从业人士居然也自暴自弃，认为这些见解不无道理。

对这个问题给与肯定答复的人，所持的理由往往是：年纪越大，其工作潜能及工作意愿越小，因此，他变成公司冗员的可能性越高。其实，这是一种似是而非的见解。

不可否认，一般企业多多少少都供养着一些干不了多少工作却拿高工资的"高龄"员工。之所以存在这样的状态，相当大的程度上是由于企业本身的政策所导致。很多企业管理者固执地认为：年龄偏大会不堪重负，冲劲减小，遂将逾越某一年纪的员工划入冗员行列，不再加以培训，更别提委以重任；这样导致这些员工在失望之余、压力之下，除了力保其既得利益以外，也很难再有所作为。这些员工的表现更加"证实"了企业管理者的偏执想法，遂使企业变本加厉地视高龄的员工如草芥。这种恶性循环导致的结果是：在这类企业里，年轻的接班人与年长的交班人之间有着特别明显的，甚至是十分尖锐的冲突，这种冲突对所有员工士气的打击，也不言而喻。

国内的一些研究发现：在从业人员毕生的工作生涯之中，30岁到40多岁这一阶段的工作绩效是最高的，越过这个阶段，工作绩效将持续递减。这一论点证实了年龄偏大会不堪重负、冲劲减小的见解。但是，另一些研究却指出，从业人员工作绩效的巅峰状态是出现于50岁到60来岁，这类研究又证实了中国人所谓的"大器晚成"的说法。此外，尚有一类研究则指出，从业人员一生之中拥有两个工作绩效的高峰，一个是出现于30几岁时，另一个则出现于50几岁时。尽管以上各类研究结果的代表性尚有可商榷之处，但综合这些研究结果，至少可以发现：工作绩效递减与年纪增大并无必然的联系。

根据心理学家及社会学家的研究发现，工作绩效递减与从业人员的个人素质具有密切相关的联系。这些因素至少包括：智慧、兴趣、需要、目标、上进心以及个性。智慧足以影响一个人对知识与技能的吸收能力与模仿能力；兴趣、需要、目标及上进心足以影响一个人追求理想时的激发力与鞭策力；个性足以影响一个人对变化的适应力。基于上述个人素质的差异，有的人在尚未正式迈入职业生涯之前就已经显露出吃力的迹象，而各方面素质均高于常人的员工，即使是到了60岁，仍然会保持着一颗年轻人的心，有着年轻人的工作效率。

所以说，工作效率低并不一定是因年迈而引起。至于如何减少当前企业内高龄员工工作绩效递减的状况，其最有效的方法莫过于实行"灵活的"退休制度，即实际的退休年龄是取决于员工的工作绩效，而不与固定的年龄挂钩。例如，企业里有一位员工距离传统退休年龄（超过60岁）甚远，但工作效率极低（本人不到50岁），人力资源部门应该在充分的心理辅导、就业辅导和适度的经济补偿之下鼓励其退休。至于超过传统退休年龄甚多的员工，哪怕已经70岁，只要他能维持一定的工作绩效，就应当持续给予返聘重用。

当然，这种加速冗员新陈代谢、促使年长而富有工作绩效的人得以充分发挥潜能的制度现在还只是一个设想，它的推行也会加重人力资源部门的工作负担，但它的好处将使这项负担显得微不足道。

◎ 按照个性类型选择合适的激励方法

管理者可以根据员工不同的个性类型来设计激励措施。

（一）竞争型员工的激励

竞争型的员工在竞赛中表现特别活跃。要激励竞争性强的人，最简单的办法就是很清楚地把获胜的含义告诉他。他们需要各种形式的目标，需要有办法记录成绩，而竞赛则是最有效的方式。有一点经理必须明白，优秀的员工其本身已经具备强大的内在驱动力，这种驱动力可以引导，可以塑造，但却是教不出来的，因而给予他们最佳的激励方式便是巧妙地挑起竞争者之间的竞赛。

（二）成就型员工的激励

成就型的员工是理想的员工，他们自己给自己定目标，而且比别人规定的高。只要整个团队能取得成绩，他们不在乎功劳归谁，是优秀的团队成员。激励成就型员工的方式有好几种：一是要确保他们不断地受到挑战；二是不去管他们，因为成就型的员工他们会自己激励自己，经理只要把大目标给他们锁定，可以随他们怎么干；三是培养他们进入管理层，因为成就型的员工会像经理那样进行战略思考，制定目标并担负责任。

（三）自我欣赏型员工的激励

自我欣赏型的员工突出的特点是他们感到自己很重要，因此，激励这种类型的员工的最佳方式便是让他们如愿以偿，让他们带几个实习生，因为这样能激励他们不断进取，如果新手达到了工作目标，就证明他指导有方；如果他没有业绩做后盾，是不能令新手信服的。

（四）服务型员工的激励

服务型的员工通常花很多时间款待宾客，跟宾客联络，但是他们的个性决定他们的业绩不会很大，因而他们往往不受重视，激励这些默默无闻的员工的一个方式是公开宣传他们的事迹，在大会上表扬他们。

给服务型员工分类很重要，因为不同的激励方式能够激励不同类型的员工。无论什么类型的优秀的员工，他们都有一个共性：不懈地追求。只要激励方式得当，就都能收到预期的效果。

在物质激励方面，以下几种激励方式值得考虑：

（1）建立超额奖金制度。

（2）建立月份或年份评估奖励积分制度。

（3）与绩效增加相联系的激励机制。

在公司内创造一种良好的工作氛围和企业文化，举行一年一度的岗位能手评比活动，给予优胜者以一定的奖金和旅行奖励。

◎ 科技研发人员的激励

科技和管理并称为现代社会发展的两个"轮子"，每一次新技术革命都会给人类社会带来翻天覆地的变化。现代化的生产是建立在高科技基础上的生产，需要利用先进的技术装备，巨大的规模化生产，要掌握这些先进技术装备进行生产，就必须激励科技人员的积极性。现代企业之间的竞争，也是创新的竞争，产品创新、技术创新是企业竞争的重要的组成部分，它同样要依靠企业的研发人员。如何最大限度地激发科研开发人员的积极性，是一个摆在各级管理者面前的重要课题。

（一）科技人员的工作特点

要激励科技人员，必须弄清楚他们工作的特点，对症下药。科技研究开

发人员的工作有如下特点。

1. 劳动强度很大。

脑力工作者，虽然整天只是伏案工作，但是其强度非常大，相当于中等体力劳动的强度。现代高科技企业中经常进行封闭开发，十几个科技人员分成一个小组，找一间屋子，吃喝有人供应，没日没夜地写程序、调试设备，动不动就持续几个月。在这几个月里，周末也不休息，与外界的联系基本上被断绝，每天睡五六个小时，搞一次开发下来人就要瘦一圈。而且由于科研本身的特殊性，深入思考研究一旦进行就是七八个小时不休息，调试程序若是遇到难题简直会让人崩溃。老板如果三天后要求产品成型，你这三天就要拼命工作。夸张点的话，巨大的精神压力和体力消耗往往会把研发人员弄得痛苦不已。

科技人员的劳动，许多时候都是走别人未曾走过的道路，实践着别人没有想到过的想法。比较企业里的其他人员，他们要承受更多的挫折和失败，爱迪生发明电灯所遭受的挫败之多就是一个很好的证明。这对科技人员的心理素质也是一个考验。

2. 创造性与探索性。

企业要发展，要超过其他的企业，就必须不断推陈出新，创造新的理论、新的技术、新的方法、新的工艺。但这种创造和推陈出新并非异想天开，并不是胡编乱造。这种创造，依靠的是科技人员雄厚的知识积累，丰富的实践经验，对市场需求的准确把握和稍纵即逝的天才灵感。以实验的态度提倡一些不同的见解，这是科学家的天职，创造和探索是优秀的科研人员的本质特征。

3. 独立与竞争的特性。

现代化生产强调员工的协作，强调团队的力量，但团队是由集体组成，团队的协作无法代替个人的独立思考。只有每个成员都能做到独立思考，整个团队才谈得上集体智慧，谈得上相互协作。伴随这种独立思考行为的是科研人员的竞争意识。同一个目标，不同的方案，谁的想法较早提出，谁的想法独辟蹊径，谁的意见就有可能被采纳。

在这种协作又竞争的过程中，科技人员形成了自己独特的工作特点。他们不希望在自己工作的过程中有别人来指手画脚，他们希望有较多的自主权。对于自己经过思考才形成的想法，他们希望得到别人的重视，希望上司能尊重他们的劳动，尊重他们的想法，而不是不加慎重考虑便轻易加以否决。

4.复杂性与综合性。

现代的科学知识呈现加速增长的态势。今年的领先技术，明年就有可能被淘汰，这一点在计算机、通信行业尤为明显。计算机行业中的摩尔定律：CPU的主频每18个月翻一番。科技人员必须不断学习，不断更新自己的知识储备，才跟得上科技进步的步伐。他们要花更多的时间、精力、金钱来进行科学知识的更新，这就要求企业提供相应的外部硬件条件和工作时间安排。

（二）科技人员的激励方法

1.对科技人员的激励，首先是创造一个良好的软环境，也就是一个良好的人际关系环境。

科研人员整天钻研的是机器、技术，与人打交道较少，待人接物有时可能会比较生硬，处理人际关系上有时不太协调。对此，企业的领导层应有清醒的认识，把科研人员从人际关系的困境中拯救出来，让他们全心全意地从事科研开发。对科技人员要给予充分的信任，协调好科技人员与财务、与市场部门之间的关系。

2.尽可能多地给科研人员提供观摩、学习、深造的机会。

一次出国学习的机会可能要比一次加薪的吸引力来得大，要尽可能提供各种科技研讨会、科技博览会、新产品展示会的机会。许多跨国公司都有自

己的大学，王安电脑公司有自己的"王安研究生院"，摩托罗拉有"摩托罗拉大学"。科研人员靠自己的技术"吃饭"，一旦技术过时，饭碗也就丢掉了。公司必须让他们不断增加自己的技能，有更多更牢靠的"饭碗"，才能挽留住优秀的科技人才。

3. 尽量提供先进的仪器设备。

中国的理工科大学生对出国留学趋之若鹜，一是因为国外的技术先进，可以掌握学习最前沿的理论与技术。二是因为国外有国内望尘莫及的实验设备、实验条件。在许多时候，先进的实验设备和条件是想法能得以实施的关键原因。每一位员工都希望实现自己的最高理想，但是如果是外界的客观条件制约，科技人员自己无法改变，那么便只有另谋高就了。

◎ 对企业进言者的激励

空谈主人翁十次，不如当家做主一次。

公司应鼓励每一位员工对领导提出批评意见，对公司的生产、经营、管理提出合理化建议。员工们处在生产、销售第一线，最了解现实情况，在制定公司重大决策时，广泛听取员工意见，可以全面、广泛地掌握情况，更完善、更合理地制定决策，减少因决策失误带来的损失。

员工参与决策，决策运行前提出自己的不同意见，可以在不同层次、不同部门之间形成有效的沟通，消除彼此之间的误会，取得相互理解。员工因为自己为公司决策出过一份力，在日常工作中会更加胸有全局，不会因区区小事而影响自己的情绪和工作积极性，不会过分关注于自己的私利。领导如果能虚心听取员工的意见，并努力加以改进，会在整个公司里形成开诚布公的良好气氛。领导的想法能顺利地为员工所理解和接受并不打折扣地执行，员工有了问题可以直接找领导讲明，公司上下一心，团结一致，就可以发挥出最大的潜力。

IBM号称"蓝色巨人"。它生产的"深蓝"与国际象棋大师卡斯帕罗夫一战成名，给人们展示了人工智能的发展前景。总经理托马斯·沃林是一位优秀的领导人物。他允许员工可以直接向总经理倾诉苦衷，设立意见箱，鼓励员工提供改革意见，经过专人审核，如果认为存在可行性便加以采纳，并予进言者以不菲的奖励。通过此项措施，IBM每年可以收到10万张意见卡。

公司如果能够真正尊重员工，实现以人为本的管理，那么员工们心情开朗，会把上司当成朋友而非领导。他们会设身处地地为企业考虑，针对企业的问题提出各种建议。要实现这个目标，管理人员要制定一定的程序，让员工能够畅所欲言。比如设意见箱，设立专门人员管理合理化建议，多与员工进行私下的、非正式的交流，等等。

本田公司的创始人本田宗一郎作为老板，并没有老板的架子，他经常到员工食堂和工人一起就餐，或是到车间跟工人一起干活。由此，本田不仅了解公司员工的情绪，掌握生产情况，还可以获得员工们真实的意见、想法和建议，这些情况和意见经常成为本田对重大问题进行决策的重要条件。

本田公司每个负责一定工作的部门通常有200名职工。经理为每一个部门指定5名代表，他们组成经理处下属的委员会，负责该部门的工作。如果企业中某个成员想提建议，他就填写一张表格，在这张表格上详细阐明自己的计划，或者再附上一张草图并说明理由：简化工作程序、改善劳动条件或增加销售额。表格随后被送到部门的委员会，委员会立即审核此条建议，如果委员会认为这个想法明智可行，就把它提交经理处。一旦意见被采纳，提出者就会按其建议的重要性程度得到一定数量的分。积累到300分，就可以到国外去旅游一次，如果一次就得了300分，便可因此获得特别奖即本田奖。为使竞赛生气勃勃，每个车间都有一块光荣榜。员工们在这里，除了可以满足某种虚荣心外，还可以感受到体育比赛时的激动。

◎ 赋予管理人员以经营地位

如果管理人员本身就是公司的经营者，他为了要确保公司赚大钱，其工作的态度和精神是他人所比不上的。有这种经营地位的管理人员，即使在恶劣的工作环境下，缺乏福利措施，他也仍然会牺牲周末和假日去完成任务。所以，在激励管理人员的诀窍中，经营者务必要使管理人员感觉他就是经营者本人，这样，管理人员就会全力以赴地贡献出他全部的才能和时间。

要使管理人员觉得自己就是经营者，可以从以下五个方面入手。

（一）争取高酬劳的潜能

经营者必须能使管理人员一直有着争取高酬劳的动机。这就是说，管理人员虽然目前已经获得很高的报酬，但是经营者可以让他明白，只要他继续提供更好的工作成绩，就仍然能够继续获得更高的薪酬。

（二）高度的控制权和决策权

经营者必须给予管理人员从人事到财务的充分的控制权，此外，还要有广泛的决策权。年薪相同的外企高级员工和私营企业老板的感觉是大不相同的，但是，必须注意的是，授予更多的决策权与控制权并不等于准予他们采用"独裁式"的领导。

（三）独立地位

小商店的老板拥有绝对的独立地位，也就是他希望何时做事、到何处做事以及如何做事，他具有绝对的自由。经营者如果要使管理人员获得独立的地位，他就必须在公司的规章、细则和标准的范围内，允许管理人员按自己的意愿来决定何时做事、到何处做事以及如何做事。

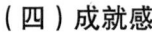

（四）成就感

要让管理人员有经营者地位的感觉，经营者必须随时让管理人员知道公司的业绩和成就，这样可以使他们产生与经营者"同舟共济"的成就感。

（五）所有感

这就是要使管理人员内心有"公司的事就是我的事"的感觉。经营者要做到这一点，除了拆除一切与管理人员有间隔的有形物，改善公司硬件环境以外，还要从内心里尊重每一位管理人员。

◎ 与管理者进行心理沟通

经营者把公司的业务拿出来与管理人员公开讨论，形成两者之间的相互信任，就是心理沟通。一般而言，要获得别人的信任，必须先以开诚布公的态度对待别人。心理沟通就是要经营者将公司要完成的工作、指派的任务、目标的建立以及未来的业绩计划，拿出来与管理人员讨论。这有点类似于"目标管理"。为了做到心理沟通，经营者必须设法去了解管理人员的好恶、态度、能力和耐力。当经营者与管理人员达成协议，共同制定出公司的目标时，管理人员与经营者之间就已经无形地产生相互信任的情感了。此时，管理人员将会尽其所能来完成公司的目标。

在心理沟通的过程中，应当特别注重以下三点。

（1）明晰的目标。

在管理人员心目中，需要达成的目标应当完全明确、清楚，他们内心必须对自己需要完成的任务没有疑问。例如，在月底必须要完成多少工作量，经营者首先要确立起管理人员同意的工作目标，与管理人员在需要达成的目标上取得高度的一致。

（2）规章与政策。

为了便于行动，必须改变官僚式的拖沓作风。许多正常工作下的政策或手续也必须暂时搁置一旁，任何妨碍工作执行的规章、政策都必须废除。换句话说，经营者必须认清，要使管理人员充分发挥他们的潜能，一定要给予他们较多裁决和决策的自由权，不要用一般的规章、政策束缚他们。

（3）个人责任。

让管理人员了解努力的方向，目的在于激发起个人责任的意识，让他们体会到每个人的贡献都是有意义的且是特殊的。如果经营者无法激发起管理人员的个人责任感，他们将会丧失掉管理人员的热心和热诚。

以上两种激励措施（给予经营地位和心理沟通）并不是互相独立、互相排斥的，就实际操作来说，这两项措施是相辅相成的，而其中以心理沟通最为重要。因为，如果心理沟通好了，则管理人员与经营者实际上已经合为一体，也就是名副其实的有经营地位的管理人员。这时他们是在为自己的生活而奋斗。

IBM公司为了激励科技人员的创新欲望，促进创新成功的进程，在公司内部采取了一系列的别出心裁的激励创新人员的制度。该制度规定：对有创新成功经历者，不仅授予"IBM会员资格"，而且对获得这种资格的人，给予5年的时间和必要的物质支持，从而使其有足够的时间和资金进行创新活动。

这是一种非同一般的激励制度，它对于那些优秀的创新者不仅是一种有效的报酬，一种强有力的促进剂，也是一种经济的创新投资手段，它使创新者获取了实物形式的自主权。这种自主权主要表现在：

（1）有选择自己所追求的设想的权利。一个人如果没有充分的时间和资金去追求自己的设想，他就不能自由地选择怎样行动，必须等待公司批准。

（2）有犯错误的权利。没有自己的资金，一个人就要为自己的错误向别人负责，有了自己的资金，他就只须向自己负责。

（3）有把由成功带来的财富向未来投资的权利。

（4）有通过自己的勤奋获得利益的权利。

IBM公司的精明之处在于，采用这种奖励一举数得。它既使创新者追求成功的心理得到满足，也是一种经济奖励，它还可以以此留住人才，并促使他们为公司的投资能得到回报而更加努力地去进行新的创新。

如何让激励真正产生作用（四）
——最佳激励典范

◎ 按照员工喜欢的方式激励他们

现代商业发展出现了这样的局面。一方面，许多人踏进职场；另一方面，其他人却开始挑战新的工作形式。目前在家庭办公的人已达3 400万。公司逐渐精简化，跳槽后退休金可以累积，技能愈益专精，一辈子都有保障的工作愈来愈少。许多年轻人正是在工作机会最不稳定的时刻踏入了职场。他们已经明确知道，一份收入稳定可靠，符合人们期望的工作，如今是愈来愈难求了。年轻人若需要救济，他们的父母却未必有能力在经济上支持他们。因此他们必须自谋生路。

现代年轻人希望拥有安全感，但面临危险时也并不畏缩，因为他们早已习惯照顾自己。他们如此坚强独立，并具创新精神的原因在于，他们能够照顾自己。他们凭着自己的本事解决了无数的问题，找出各种有创意的解决途径。而这些年轻人喜欢的管理方式已成为未来世界发展的趋势：

"我喜欢被管理的方式是：让我有自己作决定的空间，决定我要何时及如何做我的工作。我对自己的工作有责任感，并对工作成果负责任。上面管我管得愈厉害，我愈有理由责怪别人，我会说：'如果照我自己的方法做，可以做得更好，我照着命令做，结果变得那么糟，这是因为你们要我这么做。'我会变得不那么在乎工作，不那么投入了，并会产生太多的依赖性。

相反地，我知道自己需要做什么，何时要完成，我一定会做好分内的事，并负起应负的责任。"

"我上司的管理风格非常自由，他让我去做我自己的事。我喜欢这样，这是某种程度的信任。对我而言，这使我有更强烈的工作动机。"

"我非常希望自己的想法对最后成果有更多影响力，这通常也会改善我的工作。如果我投入更多，我则可能在工作以外的时间也去思考。当我的想法受到重视，我愿意全心全意地为工作付出，这代表我将会付出更多的心血，工作质量会更高。"

"在我的工作中，没有什么比主管说'我信任你的判断'更叫人振奋的了。我需要有一个同时扮演教练和导师角色的主管，他可以指引我，但必须让我用自己的翅膀飞。"

以上的管理趋势正是现代公司发展的目标，相信成功的主管能够从上述职员的心理中看出端倪，从而实施自由的管理风格，使年轻人能够大展鸿图。

◎ 在公司内实施良性竞争

自古竞争就是促进发展的源泉，在现代企业，竞争更能使公司保持鲜活的动力，公司内部良性的竞争有利于促进职员之间的进步，推动公司发展。下面是在公司内部实施良性竞争的两个方法。

（一）委用高业绩的职员

商业是以"结果"定胜负的。业绩高的公司被视为成长的公司而备受称赞，业绩低的公司不管过去有怎样好的光荣历史，也会成为责难攻击的目标。如果业绩出现赤字，则经营者的能力就会受到怀疑。经营者以高业绩为努力的目标，因之招募重视业绩的职员是理所当然的事。

谁都有业绩欲望，但有些人特别强。这种人的存在虽然很重要，但如果要充分灵活运用这种人，则需要充分了解这种欲望。有资料显示，一些业绩欲望颇强的职员，喜欢中等程度的冒险；而业绩欲望薄弱的人，却喜欢极端的冒险。如果目标是极端，则因为谁也无法胜任，所以失败亦不会产生责任感。业绩欲望高的职员之所以喜欢中等程度的冒险，是因为可以用自己的努力、自己的技能和自己的决断力控制成果。两者间之不同在于"对成果的责任感"。业绩欲望强的人总是以业绩为中心，所以不留意别人的想法。工作即是工作，公私分明。朋友就是朋友，如果对业绩没有帮助，即无所谓情面和人情。工作一开始，就热衷其中，绝不会半途而废，遇到困难也不会畏缩。但问题是，这种人不一定有"组织力"。因此，如果从年轻时就看重其能力而让他就任高位，他便无机会学习组织力。因此，要提升这种人之前，有必要让他了解所有的人不一定要都具有如同自己这样的业绩欲望。

（二）让职员遵守竞争的原则

商业社会就是竞争社会。正当的竞争是必要的。但是在竞争中不必加入无谓的争吵。由于人的性格和认识的不同，有时会给自己树立敌人，同时导致一些不应当发生的错误。如果你手下有这样的下属，一定要禁止他们那些多余的行动。

经营者不能对职员的无谓争吵视而不见。一定要告诫他们"这样做太没意义了，不要继续吵下去了"，要时常提醒职员："可以向竞争对手正面挑战，但不要把对方当作仇敌。"

那些爱在公司内部或交易场所树敌的职员很容易犯错误。这种人也很容易失去朋友，变得孤立无援。

自我树敌的职员有以下几种类型：

（1）把对立意识变成敌对意识的人。

（2）无法控制过强的自我意识而树敌的人。

（3）因一点小的误解而树敌的人。

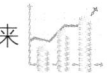

（4）因自卑感与优越感而树敌的人。

（5）因异性关系而树敌的人。

总之，这些人无论何时、何地总爱为自己树敌。

经营者要用正确的竞争规则教育职员。与对手竞争并不等于要去吵架。自古至今的竞争原理都是和气生财。最好把竞争对手的存在，当作是促进自己努力工作的动力。同一公司内部的竞争对手更应当协调一致，共同进步。

◎ 不要"只让一人独得"的激励方式

这里我们先看一个简短的例子，它是发生在美国的一家中型企业的故事。

"最后，"汤姆这样结束了简短的发言，"詹妮当选为部门的季度最佳员工，我知道大家都愿意和我一起向她报以热烈的掌声。"于是大家都鼓掌了。

但过了没多久，当汤姆正在与保罗谈话时，听到南希对埃默里说："她有什么特别的地方？我知道她的工作做得很漂亮，但不见得就比你我强。你不认为她是靠关系吗？"

可就在汤姆同保罗的谈话结束前，詹妮走了过来。看得出来，她有话要跟汤姆说。汤姆明智地结束了同保罗的讨论，然后转向詹妮。

"我真的希望你能在宣布结果之前问一下我的意见，"她结结巴巴地说道，"现在组里的每个人都对我十分恼火，没有他们的帮助，我什么也做不了！"

只有一个人能得到某项奖励或是认可，就意味着其他人都是失败者。偶尔，某个人会比其他人更为突出，这时没有谁会妒嫉他所得到的褒扬。但这种事并不多见。领导如果非要从一批非常出色的员工中挑出一个人来，常常会挫伤其他员工的积极性，并导致他们工作表现的恶化。

许多领导采取轮流得奖的办法来解决这一问题。他们尽可能地使每个人至少在一段时期里都能够得到一定的认可。但如何才能真正解决这个问题呢？

首先，一有良好的工作表现出现，就予以认可。不要等奖励周期。员工就像领导们一样，有时喜欢盛大而耀眼的奖励仪式。但在日常工作中，他们真正看重的是领导能关注到他们的工作，并给予赞赏。他们看重一句恰如其分的表扬，一张表示谢意的便笺，或是其他表示你对他们工作给予了关注的小纪念品。

其次，鼓励员工相互表示对彼此工作的认可。来自同事的认可，其意义与来自领导的认可相当，有时甚至更有作用。当然，两者都有的话是最好不过了。你可能并不想为此建立正式的制度，但要鼓励你所有的员工对其他人的工作表示认可。这样，当看到有员工注意到了别人的工作并表示赞赏的时候，你就已经有了对员工的认可。

再次，可以建立或促使组织建立这样的制度，当有员工达到或超过某一标准时，即予以认可。联合道路单位采用的正是这样的认可制度。做到一定的工作量，或是达到一定的增长率，员工就能得到一些小奖品或是证书。你还能在汽车保险杠上看到这样的标签："我的孩子上了米德兰小学的光荣榜。"上面的例子中，多少人能得到认可并没有受到限制。

你自己都可以建立这样的体制。或许你可以创造一个"光荣圈"。每个月，或者每个季度，所有达到一定标准——这可以由工作群体自己设定——的员工都能走进这个圈子。每个成员都可以为此得到一个咖啡杯，或是一顿免费的午餐。这样，入围的员工就可能负责帮助其他没能进入这个圈子的人在下个季度达到标准。

对特别杰出的员工，你的行为会很恰当。因为这样的员工，员工们公认他是最出色的。有时，你应该把获奖者提名向员工们公布，让员工们也能得到评价的权力。或许员工们还会决定他们认为谁应该获得提名。

但总的看来，在你和你的员工对所有出色的工作都能给予认可前，不要

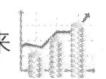

采用这种只让一人独得的奖励手段。说到底，像季度最佳员工一类的奖励充其量不过是一种点缀而已。

不应该鼓励手下的员工互相竞争，"只让一人独得"一类的奖励正好犯了这个大忌。它不能促进合作，相反却很容易使员工拒绝向别人提供帮助。

很多公司对最常见的认可手段——工作评估制定了严格的条件。不知是什么原因，人们认为严格限制得到高分的人数会有好处。这种想法很不现实！你真正应该做的是设定一个需要全力以赴才能达到的高标准，然后尽力使所有的员工都能达到这个标准。这时你就可以说："当然，我的员工个个都非常出色。"

◎ **神奇教练米卢的激励方式**

2001年，米卢带领中国国家足球队首次打入了世界杯，他以自己独特的"点穴术"，化腐朽为神奇，征服了亿万中国球迷的心。球场如战场，团队士气（组织气氛）是最为核心的竞争力。米卢在团队建设上的出色表现是为团队营造一个良好的氛围。

那么，米卢是怎样为团队营造一个良好的氛围的呢？可以从以下几个方面进行了解。

（一）奖励远多于批评

米卢从来不公开批评球员，也绝不吝啬称赞，他让每个人认识到自己的优点，从而激发起他们奋发向上的力量。这一点是多数中国教练都做不到的。在团队中营造一个良好的氛围，才能充分发挥其团队成员应有的水平。

在一次比赛中，当江津的糟糕表现引来阵阵骂声之时，可米卢偏偏逆风而行，而事实也证明：江津的确不错。不因一场比赛的表现否定一个人，救了队员，也救了米卢自己。早在小组预赛的时候，媒体与球迷对马明宇是否能胜任主力位置，提出许多不同看法，而米卢却坚持使用马明宇，相信他的能力。马明宇后来的发挥，是对米卢信任的最好的回报。由此可以看出，在领导与员工之间建立的信任关系，对团队的发展起着重要的作用。

（二）绝不急功近利

缺乏目标的人将一事无成。米卢就像个孤独的长跑者，任身边一群沉不住气的中国人急不可待地变幻节奏，而他依然胸有成竹地按着自己的既定步调顽强地跋涉着。在热身赛中，中国队表现得极为差劲，媒体对米卢的战术也产生了怀疑。在众多媒体的压力下，米卢没有顺从，也没有因一两场的失利而匆忙改变战略。在漫长的过程中，就得要耐得住性子，坚信"笑到最后才是胜者"。优秀的领导在目标明确后，应该持之以恒，任何挫折或风吹草动都不应该妨碍最终目标的实现。

（三）做好情感沟通，关心下属，劳逸结合

米卢来到中国队后，发现国脚们最大的问题就是心态上的不稳定，他采取了"潜移默化"的疏导型心理辅导方式，以此来消除国脚们在心理上的障碍。一些教练总是一脸严肃地从休息室出来直接走到教练席上坐下，可米卢却喜欢和球员一起跑到场中间去踢球。关心团队成员的成长，做好感情沟通，促进团队成员的进步，是营造团队和谐气氛的必要条件。

（四）做到对事负责，而不是对人负责

掩盖或是遮掩冲突的做法对一个团队是没有任何益处的，息事宁人只能是自己骗自己。米卢与媒体、球员闹矛盾的报道有不少，米卢从不掩饰，并坚持将问题或者矛盾表面化。这样，问题的根源更容易找出，以便及时解决。对一些不真实的报道，米卢也能处之泰然。

◎ 三个关于成功的故事带来的启发

有三个关于成功的故事是值得所有领导学习的，同样也值得所有领导将这些故事告诉给他们的员工，来激励员工的成功意识。

第一个是关于梦想的故事：

雷·克洛克是一个推销商，几十年来他推销了很多产品，但很不幸，都不怎么成功。但他从来就没有放弃过成为亿万富翁的梦想。54岁那年，他还在推销纸杯和奶昔机。就在1955年，他发现了一个经营很好的快餐店，立即被这个快餐店给吸引住了。在他的后半生，他都经营着这家快餐店——麦当劳。他最终成为了亿万富翁。

第二个是关于生存状态的故事：

有一个人看见一只没有腿的狐狸生活得非常好，他很惊讶，但很快就发现狐狸是靠动物死尸的碎肉来养活自己的，因为总有动物在它面前被狮子吃掉。于是这个人从此什么事情都不干了，专心地等着真主给他安排食物。过了几天以后，他一粒米都没有等到。就在他饿得就要受不了的时候，有一个声音传来："人应该像雄狮一样有余食给别人吃，为什么要像狐狸一样仰仗别人，食人余食呢？"

第三个是关于理想的故事：

远古的时候，有一种叫做鹏的鸟。有一次，大鹏鸟向南海飞去。它在南海海面上用翅膀击水而行，扇一下就是三千里。它向高空飞去，卷起一股暴风，一下子就飞出去九万里。它飞出去一次，要过半年才飞回南海休息。当它飞向高空的时候，它背靠着青天，而云层却在它的下边。生活在洼地里的小青蛙对大鹏鸟很不理解，它们总想不明白这只鸟飞来飞去究竟是想飞到什么地方。

领导首先应该教导自己的员工产生梦想，然后让他们审视自己的生存状态，最后确定他们的梦想，并为梦想而终生奋斗。

成功的领导必须有成功的意识，并且教导员工培养成功的意识。成功的意识体现在两个方面：

第一个方面是要自己掌握自己的命运。

某人在屋檐下躲雨，看见一个和尚正撑伞走过，于是说："大师，普度一下众生吧，带我一段如何？"和尚说："我在雨里，你在檐下，而檐下无雨，你不需要我度。"这人立刻跳出檐下，站在雨中说道："现在我也在雨中了，该度我了吧？"和尚说："我也在雨中，你也在雨中，我不被淋，因为有伞；而你被淋，因为无伞。所以不是我度自己，而是伞度我。你要不被雨淋，不必找我，请去找伞！"说完便走了。

领导要教导员工不要把自己的命运交给任何人来把握，自己的命运只能自己主宰。

第二个方面是永远保持积极的心态。

雨后，一只蜘蛛艰难地向墙上爬去，由于墙壁潮湿，它爬到一定的高度，就会掉下来，它一次次地向上爬，又一次次地掉下来……第一个人看到了，他说："这只蜘蛛真愚蠢，它从旁边干燥的地方绕一下就能爬上去，我以后可不能像它那样愚蠢。"于是他变得聪明起来；第二个人看到了，他立刻被蜘蛛屡败屡战的精神感动，于是他变得坚强起来；第三个人看到了，深深地叹了一口气，自言自语："我的一生不正如这只蜘蛛吗，忙忙碌碌而无所得。"于是他日渐消沉。

很多时候，你想自己成为怎样的人，你就能成为怎样的人，因此领导必须永远保持积极的心态。

如同任何一位获得成功的人，成功的领导必然在心中存在着一个坚定不移的信念，这种信念让他克服挡在前面的障碍、困难，这个信念让他胜过其他对手。对于做管理的人来说，挫折是领导最忠实的朋友，如何使自己不像其他人那样因为遭到拒绝而改变目标，这取决于你对挫折的态度。

第4章　执行就是硬道理，有效沟通术让员工听你的

沟通力是一种关键能力

面对现代社会日益复杂的社会关系，我们希望自己能够有和谐、融洽、真诚的家庭关系、朋友关系、同事关系以及上下级关系。在市场的激烈竞争中，我们希望自己能够拥有一个上下齐心、团结的企业团队；我们希望自己的企业能够存在于一种良好的外部环境中，能在与顾客、股东、上下游企业、社区、政府以及新闻媒体的交往中，塑造出良好的企业形象，等等。

上述问题的答案可能是由一系列相关的要素所构成的，但是，其中沟通是解决一切问题的基础。沟通不是万能的，但没有沟通却是万万不能的。

沟通甚至可以决定生与死的命运！

1990年1月25日恰恰发生了这样一件事情。那天，由于阿维安卡52航班飞行员与纽约肯尼迪机场航空交通管理员之间的沟通障碍，导致了一场空难事故，机上73名人员全部遇难。

1月25日晚上7点40分，阿维安卡52航班飞行在南新泽西海岸上空11277.7

米的高空。机上的油量可以维持近两个小时的航程，在正常情况下飞机降落至纽约肯尼迪机场仅需不到半小时的时间，这一缓冲保护措施可以说十分安全。然而，此后发生了一系列耽搁。晚上8点整，肯尼迪机场管理人员通知52航班由于严重的交通问题他们必须在机场上空盘旋待命。

晚上8点45分，52航班的副驾驶员向肯尼迪机场报告他们的"燃料快用完了"。管理员收到了这一信息，但在晚上9点24分之前，没有批准飞机降落。在此之间，52航班的飞行员再没有向肯尼迪机场传递任何情况十分危急的信息，但飞机座舱中的机组成员却非常紧张地通知飞行员燃料供给出现了危机。

晚上9点24分，52航班第一次试降失败。由于飞行高度太低以及能见度太差，因而无法保证安全着陆。当肯尼迪机场指示52航班进行第二次试降时，机组成员再次提到他们的燃料将要用尽，但飞行员却告诉管理员新分配的飞行跑道"可行"。晚上9点32分，飞机的两个引擎失灵，1分钟后，另两个也停止了工作，耗尽燃料的飞机于晚上9点34分坠毁于长岛。

当调查人员分析了飞机座舱中的磁带并与当事的管理员交谈之后，他们发现导致这场悲剧的原因是沟通的障碍。为什么一个简单的信息既未被清楚的传递又未被充分的接受呢？下面我们针对这一事件作进一步的分析。

首先，飞行员一直说他们"燃料不足"，交通管理员告诉调查者这是飞行员们经常使用的一句话。当被延误时，管理员认为每架飞机都存在燃料问题。但是，如果飞行员发出"燃料危急"的呼声，管理员有义务优先为其导航，并尽可能迅速地允许其着陆。一位管理员指出，如果飞行员"表明情况十分危急，那么所有的规则程序都可以不顾，我们会尽可能以最快的速度引导其降落的"。遗憾的是，52航班的飞行员从未说过"情况紧急"，所以肯尼迪机场的管理员一直未能理解到飞行员所面对的真正困境。

其次，52航班飞行员的语调也并未向管理员传递燃料紧急的严重信息。许多管理员接受过专门训练，可以在各种情境下捕捉到飞行员声音中极细

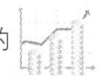

微的语调变化。尽管52航班的机组成员相互之间表现出对燃料问题的极大忧虑，但他们向肯尼迪机场传达信息的语调却是冷静而职业化的。最后，飞行员的文化和传统以及机场的职权也使52航班的飞行员不愿意声明情况紧急。正式报告紧急情况之后，飞行员需要写出大量的书面汇报。另外，如果发现飞行员在计算飞行过程需要多少油量方面疏忽大意，联邦飞行管理局就会吊销其驾驶执照。这些消极因素极大阻碍了飞行员发出紧急呼救。在这种情况下，飞行员的专业技能和荣誉感可以变成赌注。

领导工作离不开沟通

人活在世上，都会与人有关；不管是谁，每人每天都在反复地与人沟通，领导者更是如此。

◎ 沟通在领导中的作用

具体地说，沟通在领导中的重要作用体现在以下几个方面。

（一）良好的组织沟通，尤其是畅通无阻的上下沟通，可以起到振奋员工士气、提高工作效率的作用

随着社会的发展，人们开始了由"经济人"向"社会人""文化人"的角色转换。人们不再是一味追求高薪、高福利等物质待遇，而是要求能积极参与企业的创造性实践，满足自我实现的需求。良好的沟通，使员工能自由地和其他人，尤其是管理人员谈论自己的看法、主张，使他们的参与感得到满足，从而激发他们的工作积极性和创造性。

（二）在有效的人际沟通中，沟通者互相讨论、启发，共同思考、探索，往往能迸发出创意的火花

专家座谈法就是最明显的例子。惠普公司要求工程师们将手中的工作显示在台式机上，供别人探讨——以便大家一起出谋划策，共同解决困难。

员工对于本企业有着深刻的理解，他们往往能最先发现出现的问题和症结所在。有效的沟通机制使企业各阶层能分享他们的想法，并考虑付诸实施的可能性。这是企业创新的重要来源之一。松下的意见箱制度就充分说明了这一点。

（三）沟通的一个重要职能就是沟通信息

顾客需求信息、制造工艺信息、财务信息……都需要准确而有效地传达给相关部门和人员。各部门、人员间必须进行有效的沟通，以获得其所需要的信息。难以想象，如果制造部门不能及时获得研发部门和市场部门的信息，会造成什么样的后果。企业出台任何决策，都需要凭借书面的，或是口头的，正式的或是非正式的沟通方式和渠道传达给适宜的对象。

（四）企业领导可通过信息沟通了解客户的需要、供应商的供应能力、股东的要求及其他外部环境信息

任何一个组织只有通过信息沟通，才能成为一个与其外部环境发生相互作用的开放系统。尤其是在环境日趋复杂、瞬息万变的情况下，与外界保持着良好的沟通状态，及时捕捉商机，避免危机是企业管理人员的一项关键职能，也是关系到企业兴衰的重要工作。

◎ **领导者方式在沟通中的地位**

作为领导者，你必须设法借助他人之臂方可善行其事，这就意味着你管

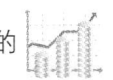

理着你所需要的或赖以完成管理工作的人力资源。我们各自都有自己理想的领导模式，当我们与他人——主要是与职员进行沟通时，领导模式会对沟通的方式产生影响。

然而，迄今为止，还没有哪一种神奇的领导模式能使我们成为有效的领导者，我们应该努力探索，以形成不同的领导模式。但是，由任何一种领导环境所形成的领导模式都必须适合以下三个要素的需要：

（1）你自己，即领导者。

（2）职员。

（3）应完成的任务。

你只有去理解、分析这三个要素才能在任何给定的环境中选择正确的领导模式。

基本的领导模式有以下四种：命令型、指导型、扶持型和委托型（图4-1）。

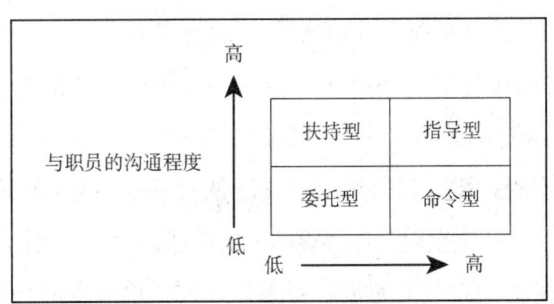

图4-1 四种基本领导模式

以上每一种模式都是可供选择的（但我们都有自己偏爱的模式，很难改用其他模式，即使是有必要改变），应根据具体的环境进行抉择。

1.命令型。

如果你一定要完成一项极其复杂的工作，而你的职员又经验不足，工作也不主动，时间紧迫，但你又必须按时完成，那你最适合选择的是命令型领导模式。你应向大家解释有哪些工作需要去做，告诉他们怎样去做。在这种情况下，你可能会落入过分沟通的陷阱，即过多地解释可能会浪费时间，打乱工作部署。

2.指导型。

如果职员工作比较主动并具有较丰富的工作经验，你适合选择指导型领导模式。你可以花时间去和职员进行沟通，以友好方式向他们比较详细地说明工作，并帮助他们理解工作。

3.扶持型。

如果职员技术娴熟，而你与职员之间的关系又比较密切，你适合选择扶持型领导模式。

4.委托型。

当你与职员的关系十分密切，而且他们完全可以胜任工作，可以放心地让他们干下去，这时，你适合选择委托型领导模式。在这种模式中，管理者和职员的关系融洽，平等友善。尽管如此，你仍需要密切注意职员的工作表现，以保证各项标准的有效实行。

如果你把这四种基本领导模式与职员的特点和工作经验有效地结合起来加以考虑，你就能在特定的环境中确定哪一种领导模式最适用。为了能正确选择切实可行的领导模式，你必须具备以下三个方面的特别技能。

（1）分析技能：评价职员用以完成任务的经验和主动程度。

（2）变通技能：根据对具体环境的分析结果，变更并选择最佳领导模式。

（3）沟通技能：向有关职员解释为什么领导模式要随环境的不同而发生变化。每个人执行某项任务的经验和主动性各不相同。倘若你把领导模式从委托型改为命令型，而你又未能与职员进行有效的沟通，说明改变领导模式的原因，那么职员会对命令型模式作出敌对的反应。他们之所以产生这种不友好的反应，是因为对要求完成的管理工作，他们是完全陌生的。

你所管理的大部分人员，他们的经验和积极性可能属中等水平，因此扶持型或指导型应是你大部分时间所选用的领导模式。但不应长期固守一两种模式。正如一句经验之谈所说："你可以用100％的时间去有效地管理80％的人员或用80％的时间去有效地管理100％的人员，但你不能用100％的时间去

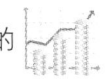

有效地管理100%的人员。"

因此，你需要同时运用四种领导模式实施管理，这就必须具备以下几种沟通技能：

（1）简明扼要地说明任务的性质。

（2）告知职员去做什么，如何去做。

（3）鼓励圆满完成任务的职员。

（4）与职员建立和谐的关系。

（5）与职员一起探讨问题，听取他们的意见，了解他们的感情。

（6）有效地委托职责，了解职员存在哪些问题。

（7）对自己在特定环境中的失常行为作出解释。实际上，你本身就是一个矛盾的统一体。

掌握沟通的类型

通过前面的方法，我们不难理解所谓沟通，其实就是人们在互动过程中通过某种途径或方式将一定的信息从发送者传递给接受者，并获取理解的过程。

沟通是人与人之间转移信息的过程，有时人们也用交往、沟通、意义沟通、信息传达等术语，它是一个人获得他人思想、感情、见解、价值观的一种途径，是人与人之间交往的一座桥梁，通过这座桥梁，人们可以分享彼此的感情和知识，也可以消除误会，增进了解。

而沟通的信息是包罗万象的。在沟通中，我们不仅传递消息，而且还表达赞赏、不快之情，或提出自己的意见观点。这样沟通信息就可分为：事实、情感、价值观、意见和观点。

如果信息接受者对信息类型的理解与发送者不一致，就有可能导致沟通障碍和信息失真。在许多发生误解的问题中，其核心都在于接受人对信息到底是意见观点的叙述还是事实的叙述混淆不清。比如，"小王常常在单位的组织生活会上发言"和"小王爱出风头"是两人对同一现象作出的描述，一个良好的沟通者必须谨慎区别基于推论的信息和基于事实的信息。也许小王真的是爱出风头，也有可能是他关心集体事业，畅所欲言，踊跃地给领导提出合理化建议。另外，沟通者也要完整理解传递来的信息，既获取事实，又分析发送者的价值观、个人态度，这样才能达到有效的沟通。

俗话说"横看成岭侧成峰，远近高低各不同"。在了解沟通力的含义基础上，依据不同的划分标准，可以把沟通分为不同的类型。

◎ 言语沟通的方法

言语沟通建立在语言文字的基础上，又可细分为口头沟通和书面沟通两种形式。人们之间最常见的沟通方式是交谈，也就是口头沟通。常见的口头沟通包括演说、正式的一对一讨论或小组讨论、非正式的讨论以及传闻或小道消息传播。书面沟通包括备忘录、信件、组织内发行的期刊、布告栏及其他任何传递书面文字或符号的手段。

其中，口头信息沟通方式十分灵活多样，它既可以是两人间的娓娓深谈，也可以是群体中的雄辩舌战；既可以是正式的磋商，也可以是非正式的聊天；既可以是有备而来，也可以是即兴发挥。口头信息沟通是所有沟通形式中最直接的方式。它的优点是快速传递和即时反馈。在这种方式下，信息可以在最短时间内被传送，并在最短时间内得到对方回复。如果接受者对信息有疑问，迅速的反馈可使发送者及时检查其中不够明确的地方并进行改正。此外，上级同下属会晤可使下属感到被尊重、受重视。《三国演义》中刘备三顾茅庐，充分表现了自己求贤若渴、礼贤下士的诚恳态度，才终于请出了卧龙先生诸葛亮。

但是，口头信息沟通也有缺陷。信息从发送者出发，一段段接力式传送过程中，存在着巨大的失真的可能性。每个人都以自己的偏好增删信息，以自己的方式诠释信息，当信息经长途跋涉到达终点时，其内容往往与最初的涵义存在重大偏差。如果组织中的重要决策通过口头方式，沿着权力等级链上下传递，则信息失真可能性相当大。而且，这种沟通方式并不是总能省时，官僚主义作风常常会出现许多毫无价值的马拉松式的会议，正如那些参加了毫无结果，甚至也不需要结果的会议的主管所了解的那样，按照时间与费用而论，这些会议代价很大。

而书面信息沟通具有一系列的优点。

首先，书面记录具有有形展示、长期保存、可作为法律保护依据等优点。一般情况下，发送者与接受者双方都拥有沟通记录，沟通的信息可以长期保存下去，便于事后查询。一个新产品的市场推广计划可能需要好几个月的大量工作，以书面的方式记录下来，可以使计划的构思者在整个计划的实施过程中有一个依据。

其次，书面沟通显得更加周密，逻辑性强，条理清楚。书面语言在正式发表之前能够反复修改，直至作者满意。作者所欲表达的信息能被充分、完整地表达出来，减少了情绪、他人观点等因素对信息传达的影响。

再次，书面沟通的内容易于复制、传播，十分有利于大规模传播。

当然，书面沟通也有自己的缺陷。首先，相对于口头沟通而言，书面沟通耗费时间较长。同等时间的沟通，口头比书面所传达的信息要多得多。

此外，书面沟通缺乏内在的反馈机制，不能及时提供信息反馈，其结果是无法确保所发出的信息能被接收到，即使接收到，也无法确保接受者对信息的解释正好是发送者的本意。发送者往往要花费很长的时间来了解信息是否已被接收并被准确地理解。

◎ **非言语沟通的方法**

非言语沟通是指通过某些媒介而不是讲话或文字来传递信息。

一位作风专断的主管一面拍桌子，一面宣称从现在开始实施参与式管理，职员都会觉得言辞并非这位主管的本意。在礼节性拜访中，主人一边说"热烈欢迎"，一边不停地看手表，客人便该知道起身告辞的时间已到。事实上，在言语只是一种烟幕的时候，非言语的信息往往能够非常有力地传达"真正的本质"。扬扬眉毛、有力地耸耸肩头、突然离去，能够传达许多具有价值的信息。书面的会议备忘录（甚至一字不漏的正式文件）使人读起来十分枯燥，因为它们抽去了非言语的线索。美国心理学家艾伯特·梅拉比安经过研究认为：在人们沟通中所发送的全部信息中仅有7%是由言语来表达的，而93%的信息是由非言语来表达的。

非言语沟通内涵十分丰富，为人熟知的领域是身体语言沟通、副语言沟通、物体的操纵等。身体语言沟通是通过动态无声性的目光、表情、手势语言等身体运动或者是静态无声的身体姿势、空间距离及衣着打扮等形式来实现沟通。早在二千多年前，伟大的古希腊哲学家苏格拉底即观察到了身体语言沟通现象，他指出"高贵和尊严，自卑和好强，精明和机敏，傲慢和粗俗，都能从静止或者运动的面部表情和身体姿势上反映出来"。

人们首先可以借由面部表情、手部动作等身体姿态来传达诸如攻击、恐惧、腼腆、傲慢、愉快、愤怒等情绪或意图。举例而言，在你一日最忙碌的时刻里，有位职员来造访，讨论一个问题。你和他把问题解决之后，这位职员却站着不走，并把话题转向社会时事。在你的内心里，很希望立即终止这个讨论而去继续工作，可是在表面上，你却很礼貌、专注地听着，然后，你把椅子往前挪了一下，并坐直了身子且整理你桌上的公文。不管这举动是潜意识的抑或故意的，它们都刻画出你的感觉并暗示这位职员"该是离开的时候了"，除非这位职员没有感觉到或太专注于自己的话题，否则谈话很可能因彼此间的默契，而获得结束。

人与人之间的空间位置关系，也会直接影响个人之间的沟通过程。这一点不仅为大量生活中的事实所说明，严格的社会心理学实验也证明了这一点。国外有关研究证实，学生对于课堂讨论的参与程度直接受到学生座位的影响。在倾向上，以教师讲台为中心，座位居中心位置越近，学生对于课堂讨论的参与比例也越大。沟通中空间位置的不同，还直接导致沟通者具有不同的沟通影响力，有些位置对沟通的影响力较大，有些位置影响力较小。例如，同一种发言，站到讲台上讲，与在台下自由发言所引起的作用是不同的，高高的讲台本身具有某种权威性。

沟通者的服饰往往也扮演着信息发送源的角色。例如，美国前总统克林顿就十分注意在不同场合穿不同的服饰。在外交场合，克林顿穿笔挺的深色西服，扎深色领带；而在会见选民时，他则穿浅色的休闲服，以显示亲民色彩。

副语言沟通是通过非语词的声音，如重音、声调的变化、哭、笑或者停顿等来实现的。

心理学家称非语词的声音信号为副语言。最新的心理学研究成果揭示，副语言在沟通过程中起着十分重要的作用。一句话的含义往往不仅决定于其字面的意义，而且决定于它的弦外之音。语音表达方式的变化，尤其是语调的变化，可以使字面相同的一句话具有完全不同的含义。比如，一句简单的口头语，"真棒"，当音调较低，语气肯定时，"真棒"表示由衷的赞赏。而当音调升高，语气抑扬，说成"真棒"时，则完全变成了刻薄的讥讽和幸灾乐祸。

物体的操纵是人们通过物体的运用和环境布置等手段进行的非言语沟通。例如，历代中国皇帝通过威严神圣的皇宫建筑和以"龙文化"为特征的日常器具，来显示自己是"真龙天子"；而世界各大宗教派别者纷纷凭借自己独具匠心的建筑风格和宗教仪式，来向世人昭示自己的教义；在中国古代，如果主人在会客时端起茶杯却并不去喝茶，便是在暗示送客的时间到了。在今天的企业中，也会经常看到下面的场景：

一位车间主任，他在和工长讲话的时候，心不在焉地拾起一小块碎砖。

他刚一离开，工长就命令全体员工加班半小时，清理车间卫生。实际上车间主任并未提到关于清理卫生的任何一个字，但他的动作却表明了他心中的想法。

 ## 几种常见的沟通障碍及克服方法

现实生活中一些沟通的障碍，常常造成我们对沟通能力的误解，影响我们对沟通能力的掌握。那么如何克服这些障碍呢？有以下几种方法。

◎ 克服沟通的语言障碍

语言是最重要的沟通工具。但语言又是一种极复杂的工具，掌握运用语言的能力绝不是一件轻而易举的事。由于语言方面的原因而引起的沟通麻烦到处可见。

（一）语音差异造成隔阂

中国地域辽阔，是个多民族的大家庭，许多民族有自己独特的民族语言，不同民族间的沟通便面临着语言的障碍。此外，现代汉语又可分北方话、吴语、湘语、赣语、客家话、闽北话、闽南话、粤语八大方言区。而每个地区方言还可分出大体上近似的一些地方方言。如闽南话又有厦门话、漳州话、泉州话之分。四川话中的"鞋子"，在北方人听来颇像"孩子"；广东人说"郊区"，北方人常常听成"娇妻"等，类似的笑话很多。

（二）语义不明造成歧义

语义不明，就不能正确表达思想，不能成功地沟通。例如，某学生给学校领导写信："新学期以来，张老师对自己十分关心，一有进步就表扬自己。"校领导感到纳闷，这究竟是一封表扬信还是一封批评信？因为"自己"一词不

知是指"老师自己"还是"学生自己"？幸好该校领导作风扎实，马上进行询问调查，才弄清这是一封表扬信，其中的"自己"乃是学生本人。

◎ 克服沟通的习俗障碍

习俗即风俗习惯，是在一定文化历史背景下形成的具有固定特点的人际关系的社会因素，如道德习惯、礼节、审美传统等。习俗世代相传，是经长期重复出现而约定俗成的习惯，虽然不具有法一般的强制力，但通过家族、邻里、亲朋的舆论监督，往往迫使人们入乡随俗，即使圣贤也莫能例外。忽视习俗因素而遭致沟通失败的事例屡见不鲜。

（一）不同的礼节习俗带来的误解

一位保加利亚籍的主妇招待美籍丈夫的朋友吃晚饭。在保加利亚，如果女主人没让客人吃饱，那是件很丢脸的事。因此，当客人吃完盘里的食品之后，这位主妇照例要为客人再添一盘。客人里正巧有一位亚洲留学生，在他的国度里，宁可撑死也不能以吃不下去的理由来侮辱女主人。于是，他接受了第二盘，紧接着是第三盘。女主人忧心忡忡地准备了第四盘。结果，在吃这一盘的时候，那位亚洲留学生竟撑得摔倒在地上。

（二）不同的审美习俗带来的冲突

一位英国男青年邀一位中国女青年出游。为了取悦女友，他特地买了一束洁白的菊花带到她家，不料女青年的父亲一见便勃然大怒，结果他被轰了出去，却不知道祸因所在。在英国男青年看来，白色象征纯洁无瑕，他选择白色的花完全是一片好意，他压根也不会想到，在中国，白色的花是吊唁死者用的，只有在那样的场合才能用。现在他将白花送给活人，在中国父亲看来，那是在诅咒他短寿，当然是不能容忍的。

（三）不同的空间习俗带来的麻烦

北美人与拉丁美洲人在交谈时各有不同的空间要求。在北美洲，如果谈话内容是业务联系，那么，双方之间的合适距离大约是两英尺。这种距离在鸡尾酒会那样的社交场合会缩短，但任何时候，如果近到8～10英寸，就会使北美人感觉不舒服。而对拉丁美洲人来说，两英尺距离显得太冷淡、太不友好了。于是，他会主动接近谈话对象，甚至无视北美人设置的"禁区"。拉丁美洲人如果把身子探过桌子与北美人交谈，这样的空间处理方式常常会引起紧张。

又如，北美人与拉丁美洲人对交谈的时间的要求也不同。拉美人不习惯于太严格的准时约会，如果因为某种原因让对方久等了，他们一般不认为有认真解释的必要，只是略带表示一下歉意就心安理得了。而北美人则把迟到看作是靠不住的表现。

◎ 克服沟通的角色障碍

角色一词按其原意是指在戏剧舞台上依剧本所扮演的某一特定人物的专门用语。引进社会学中，是指每个人作为社会一份子，在社会大舞台上都扮演着角色，都得按照社会对这些角色的期待和要求，服从社会行为规范。如果缺乏明智性或陷入盲目性，人们由于扮演不同的社会角色，则往往会因缺少共同语言而引起沟通困难。

社会地位不同的人通常具有不同的意识、价值观念和道德标准，从而造成沟通的困难。不同阶级的成员，对同一信息会有不同的甚至截然相反的认识。政治差别、宗教差别、职业差别等，也都可成为沟通障碍。不同党派的成员对同一政治事件往往持有不同的看法；不同宗教或教派的信徒，其信仰、观点迥异；职业的不同常常造成沟通的鸿沟——"隔行如隔山"；年龄也会构成沟通障碍，所谓"代沟"即为一例。

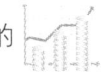

◎ **克服沟通的个性障碍**

这主要指由于人们不同的个性倾向和个性心理特征所造成的沟通障碍。气质、性格、能力、兴趣等不同，会造成人们对同一信息的不同理解，为沟通带来困难。个性的缺陷，也会对沟通产生不良影响。一个虚伪、卑劣、欺骗成性的人传递的信息，往往难以被人接受。

◎ **克服沟通的心理障碍**

现实的沟通活动还常为人的认知、情感、态度等心理因素所左右，有些心理状态常对社会沟通造成障碍。

（一）认知不当导致沟通障碍

1.第一印象。

第一印象是指在人际交往的初期给人留下的印象特别深刻，以后要改变这些印象往往不太容易。这种现象显然是不利于人际关系的。因为我们认识、了解一个人，不是通过一次、两次交往所能完成的，而第一印象又容易限制我们对人的进一步了解。有的人可能给人的第一印象不太好，但进一步交往之后，则会感觉大不一样；有些人给人的第一印象特别好，而以后也许这种印象会逐渐淡漠下去。"路遥知马力，日久见人心"的古训是有一定道理的。在人际交往中，要注意克服第一印象的影响。

2.近因效应。

近因效应是指在与他人沟通时，对初识者形成印象，所依据的事情往往在时间上有一定间隔，因而，事情出现的次序对于形象形成的作用不一样。人们更倾向于根据最新的事情形成印象。

3. 晕轮效应。

是指人们对他人的知觉容易产生偏差倾向。当一个人对另一个人的某些主要品质形成印象以后，那么就认为这个人的一切都很不错。这就像月亮周围的大光环是月亮的扩大一样，所以称为晕轮效应。

4. 定势效应。

是指在人们头脑中存在的关于某一类人的固定形象。当我们认识他人时，常常会用一种有准备的心理状态，按照事物的外部特征对他们进行归类，从而产生定势效应。

5. 社会刻板效应。

是在人际交往中，对某一类人进行简单的概括归类所形成的不正确的印象。比如说，英国人保守，美国人不拘小节，犹太人会做生意，等等。刻板印象使人们在无形之中戴上了涂有偏见色彩的有色眼镜。人们总是不自觉地将人概括分类，比如说到南方人，人们心目中总有一个印象；说到北方人，又会出现另一个概括化的印象。虽然就总体来讲，南方人与北方人在某些方面（风俗习惯、风土人情以及性格特点等）是存在一些差别，但是如果以这种概括化的印象对待具体的人则是完全错误的。而我们的人际交往正好是具体的人与人之间的交往，因此必须防止刻板印象的影响。

（二）情感失控导致沟通障碍

人总是带着某种情感状态参加沟通活动的。在某些情感状态下，人们容易吸收外界的信息。而在另一些情感状态下，信息就很难输送进去。如果不能有效地驾驭情感，就会有碍正常的沟通。

例如，不能摆脱心情压抑状态的人大多数表现出孤僻和不愿与人交往的倾向，在公共场合很少说话，对别人的话不感兴趣，对某些信息甚至有厌恶感。又如，感情冲动时往往不易听进不同意见。再如，情绪偏颇，像骄傲情绪、急躁情绪等也会束缚沟通。

（三）态度欠妥导致沟通障碍

态度是人对某种对象的相对稳定的心理倾向。除认知成分、情感成分外，态度还包括行为成分。凡以恰当的认知、健康的情感支配行为的心理倾向，就是科学的态度；反之，则是非科学的不端正的态度。态度不正确，也达不到理想的沟通效果。例如，迷信权威会带来沟通判断失误；爱面子也会造成判断失误。

深入基层，到处走走

领导工作与一般工作相比，更是一种亲自实践的艺术。"深入基层，到处走走"就是实践与艺术的凝聚体。一个有效沟通的领导者在"深入基层，到处走走"中有许许多多的事情要做，但首要的是做好三件大事："倾听、教育、促进"。

◎ 倾听

"倾听"是接触的基本要素，目的是从供应商、顾客、企业职工那里获得第一手的未被歪曲的真实情况。倾听意见最好到对方那里去，领导深入基层就是为了倾听。然而，即使到了基层，如何听取意见仍然有许多讲究。比较好的方式有以下几种。

（一）把职工召集到一起，用正式会议的形式请他们提出问题或意见，由你作出回答

美国丹纳公司负责人雷恩·麦克费森就常常这样做。他时常召集1 500多名员工在一个大厅开会，到会者都可以自由提问，每个人都可以亲自衡量一下领导的态度：他是不是在哄骗我们？是不是对我们讲真话？

（二）临时召开小型会议

即开会前几分钟才决定有些什么人出席会议。因为精心组织和预先选出的一组职工代表可能会使你只能听到他们的直接上司认为你喜欢听的话。

（三）和职工坐在同一张桌子前

当今国外许多大公司的总裁、经理都养成了在职工餐厅吃中饭或晚饭的习惯。领导者在职工餐厅里和职工一起就餐，谈话以聊天的方式进行，无拘无束。他们谈些什么事情呢？可能海阔天空、漫无边际地无所不聊；也可能什么事情都没谈，但领导坐在职工餐厅本身就表明了他希望倾听职工呼声，和职工保持接触，他要让每一个职工明白自己是这个整体的一员。以餐桌作为每日交换意见的场所，更能生动、坦率和实事求是的了解职工的想法。

（四）深入到各基层单位并设法同销售及维修服务员一起去访问顾客

这样的访问非常有效果，一方面，会让一线职员感受到管理层对一线工作的关注和尊重，他们会乐于和管理层沟通自己对工作的看法和建议。另一方面，也会让顾客感受到公司对销售和维修工作的重视，从而树立起对公司产品和服务的信赖。

◎ 教育

教育是"深入基层，到处走走"的第二件要做好的事。当你深入基层时，你提问的方式以及其中的点滴变化都会受到职工的注意，并被分析、解释，这是毫无疑问的。你所做的每一件事——你的服装、你会见职工的先后顺序、你在提问时强调的重点以及没有强调的地方等，都会引起无穷无尽的猜测和议论。处在这种地位上的你只有两种选择：要么听其自然，不予理睬；要么有意识地寻找机会因势利导。而后一种态度才是可取的。

通过这种方式，你可以教给人们你所想教的道理，宣传你的价值观念。因为教育绝不意味着要直截了当地、严肃地告诉大家应该做什么，不应该做什么。在"深入基层，到处走走"的过程中，你的信息常常可以通过各种非正式的方式传达给大家，所以你必须对你的言谈举止全面负责，万不可随意开玩笑。

◎ 促进

"深入基层，到处走走"的第三个主要作用正是使领导者成为公仆与促进派，保护人们免受官僚主义之害。当你在下面关心地问大家遇到什么问题时，你会发现这些问题很少是大困难，通常只是一些小麻烦。如某个开发小组需要一台计算机，但是必须通过全部基建投资预算审批手续才能获准购买，而你在48小时以内就可以使他们得到。至于某个开发组需250平方米的工作场地制造样机，或某个推销部门需要增拨1 000元的交通费等，你都完全可以当场拍板解决。这对基层各部门工作的顺利展开无疑是有益的。

◎ 注意事项

"深入基层，到处走走"，倾听、教育、促进这三方面的作用往往是同时发挥的，即使你只是顺路到一个小组，一个科室或其他什么地方去上20分钟，也能达到这个目的。

"深入基层，到处走走"，不是一件容易的事，因为这里面至少有上千种因素在起作用。"深入基层"会暴露自己，你倾听意见的能力、你的眼界和抱负、你是否诚实或正直以及你是否表里如一、前后一致，你完全暴露在大家面前，经受那些最严格、最挑剔的观察家们——职工的检验。

提供有效沟通的机会和氛围

丹佛大学斯蒂芬·鄂斯克勒所作的一项研究表明，他所研究的46家公司之所以面对互联网带来的商机行动迟缓，最主要的两个原因就是沟通的缺乏和行政上的混乱。

如何能让员工愿意和你交谈？怎样把你的公司变成一架精干、平衡和适应性强的机器？如果你和人力资源专家及人际沟通专家讨论这个问题，就能总结出以下三个提高沟通水准的必要条件：

（1）使沟通成为你公司里的优先事项，并且让每个员工都知道你重视沟通。

（2）为员工提供和管理层交谈的机会。

（3）建立信任的氛围。没有了信任，员工很可能不愿意和他人分享自己的想法和意见。在如今精简、重组、合并和收购成为主流的时代，员工们常常害怕说出他们的想法。

◎ 使沟通成为优先事项

在你的组织里，如何能有效鼓励双向沟通？很简单，向他们表明，你重视他们的意见。

你需要向员工传递的最重要的信息就是，对任何问题的解决办法，绝不会是单向的信息沟通，而一直都是双向的，让所有人都参与讨论。换句话说，你必须确保员工知道你愿意倾听他们的意见。

鼓励员工和上级沟通，其关键之一是清楚地表达出你希望有这种沟通方式，鼓励这种沟通。在这种沟通出现时，你会重视它，并给予回报。在明尼苏达矿业公司，明确期望员工进行跨组织结构的沟通，新的观点总是受到鼓

励，这都是努力在公司内保持创新精神的措施的一部分。

重视沟通常常需要不同部门的经理采取协作和团队的行动，例如，负责人力资源和内部沟通的部门就需要统一步调。Unisys电子计算机公司人力资源部门的负责人是沟通的积极支持者，而且作出了切实的努力，例如，同参加沟通的人们密切协作，以提高内部沟通水平。由人力资源部门的负责人、公司总经理和参加沟通的员工联合组成的阵营，向员工们充分显示了公司对员工沟通的重视。

◎ 尽力扩充有效沟通渠道

为了有效激励员工参与沟通活动，你需要各种不同的正式和非正式沟通渠道。正式渠道可能包括提出建议的流程、企业内部的网上论坛或者反馈表格等；非正式渠道可能包括部分员工的开会和其他类型的面对面交谈。员工们必须了解正式和非正式的所有沟通渠道。

3M公司的董事会主席兼行政总裁L·D·迪西曼定时在明尼苏达的圣保罗召开会议，这不仅提供了交谈的机会，而且更重要的是提供了聆听的好机会。他安排会议中大多数的时间用来听取员工的意见、了解员工的思想。在每次会议的开始，他总是简明扼要地说明本次会议是"为员工介绍他们可能感兴趣的业务或话题的最新进展情况"。

随后，会议展开，议程主要由员工的提问和管理层的回答构成，讨论主题并非事先设定的，也没有什么规定来限制问题的范围。

然而，员工通常不愿意直接说出他们的想法。即使在最为开放的企业文化中，总有些员工有了好主意，却由于某种原因难以公开表达出来。在这种情况下，这些员工就可以考虑使用允许他们保持匿名的意见反馈系统，使用可靠的意见箱是其中一个选择。而且，现代技术（网络和电子化的沟通手段）为此提供了更多的表达途径。

◎ 建立信任氛围

组织对于员工意见的处理方式，也直接影响到今后能够收到什么类型的反馈信息。如果员工都知道，即使最尖刻的评论也能得到积极、诚实的回应，不会有任何记恨，在员工的心中就会产生信任感。但如果出现相反的情况：他们的反馈被忽视，或组织的对策只是做做表面文章，员工因为说出了自己的看法遭到报复，他们就不再敢于诚实地反馈信息。

Unisys的行政总裁Weinbach正是促使该公司逐步变得充满信任氛围的幕后推动力量。Weinbach在就任第二天通过电视向全体员工发表讲话："嘿，写信给我，我会回答。我想知道你们都在想些什么。"从此开始了改变氛围的计划。Weinbach亲自阅读并坦诚回复每一封收到的电子邮件的消息传开后，他继续收到的反馈信息数量呈指数级增长，几个月内就收到4000多封电子邮件。

促使员工参与或者鼓励员工反馈的唯一途径就是建立信任的氛围，这样人们才知道自己可以自由地发表意见，而不必担心组织的报复。建立信任需要较长的时间。

Peggy Walkush是高科技公司SAIC（互联网内容服务商）负责持股员工之间关系的董事。她始终坚持直接、诚实的双向沟通和对员工反馈信息的开放式回应："我们发现持股员工提出了无数问题，他们是在挑战你的能力。你只能为此做好准备，并且要耐心和乐于回答。"但是Walkush同时认为，建立信任的氛围并不等于允许无理取闹或提出不当的要求。她说："你必须明白底线在哪里。"我们会说："这是我们给你的关于股票价格的信息；你无权查看董事会的决议；那些是你选出来的董事会成员的工作。你必须十分清楚和员工沟通的界限在哪里，哪些事情他们有权过问、哪些无权知晓。"

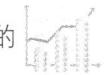

在伊士曼·柯达公司，主管员工沟通的董事Dotty Luebke为信任这一概念增加了新的内容。Luebke常常在重要的沟通活动之前、期间及之后，选择部分员工提供反馈意见。她谈到，在其他组织工作的同僚常常十分惊讶，因为柯达员工常常在公司的重大决定正式宣布之前就已经知道了确切消息，并且还被要求提供反馈信息。即使如此，Luebke在这些沟通中还从未遇到过员工破坏信任、泄露机密的情况。她指出："你应该信任你的员工，与你一起工作的人们，同样希望公司能够成功。"

怎样才能了解增加沟通的努力是否有效？有趣的答案是：如果员工们不那么频繁地和你沟通，就是一种好迹象。当初Perkins就是这样告诉3M的一位经常和员工进行正式和非正式沟通的高级经理的。这位高级经理最近表示："我打算继续和这些人会晤，直到他们不再有问题可以提出为止。"

 ## 视意见为财富

柯达公司曾发生过这样一件事：一名普通工人写了一封建议书给董事长乔治·伊士曼，内容简单得令人吃惊，只是呼吁生产部门"将玻璃擦干净"。事虽不足为道，但伊士曼却认为这是员工积极性的表现，立即公开表彰，发给奖金，并由此建立了柯达建议制度。

迄今，该公司员工已提出建议200多万项，被公司采纳了约有60余万项。该公司员工因提出建议而得到的奖金每年总计都在150万美元以上，而柯达公司从中受益的又何止千万美元呢。

企业最大的财富是人的聪明才智。企业领导人应该鼓励每一个员工积极地提出改进工作的建议；必须使他们知道，他们的建议将会得到认真的研究，并且也真正这样做。如果能像柯达公司那样，在企业中建立起良好的建议制度，凡所提建议能给企业带来效益的，给予重奖。这样必然会促进企业全体员工同心协力，使员工对自己的工作发生兴趣，对自己的工作考虑得更多并总是设法去改进自己的工作，这是领导者激发人们聪明才智的有效手段。

柯达公司对员工提出的每条建议都进行认真审查，一般经过以下过程：员工提出建议后，由各车间委员根据建议的独创性、思索程度、适应性和效果等内容进行评定和选拔，分为特别、优秀、优良、A、B、C和建议7个级别；凡属最后两级建议的提出者，由车间委员会予以表扬；B级以上提交厂小组委员会，在那里再次进行评定和选拔，并对B级和A级的建议提出者给予表扬；特别、优秀、优良三级建议提交厂改进工作委员会审查后进行表扬；特别级建议要征询公司表彰审查委员会的意见。

不拘形式地进行良好的沟通

◎ 全方位、多途径的沟通

"沟通"的特点和用途在优秀公司中的表现明显与其在一般同业中的表现不同。优秀公司是信息和开放式沟通联络的一张庞大网络。其模式和密度，使员工彼此间沟通和联络的特权得以发展。系统内混乱的财产之所以能得到很好的管理，正是沟通的规律性和特性的反映。优秀公司非常注重无拘束的非正式沟通。例如，迪斯尼公司的每名员工都佩戴一个写着自己名字的标签。惠普公司也非常注重员工的名字，此外还实行"门户开放政策"。拥有35万员工的IBM公司绞尽脑汁地推行"门户开放政策"，受到全体员工的推崇。该公司的董事长通过其员工来答复顾客向他提出的所有抱怨。德尔塔航空公司也将其推行得颇具成效；在莱维·斯特劳斯公司，自由沟通甚至被称为"第五种自由"。

使管理不再只是局限于办公室内，是不拘形式沟通意见的另一大创举。

联合航空公司的爱德华·卡尔森称自由沟通为"有形的管理"和"走动管理"，而惠普公司则认为这是"惠普方式"的重要一环。

提供精简的环境设备有助于自由沟通的开展。康宁玻璃公司在新盖的工程大楼内安装升降扶梯，用于增加面对面沟通的机会。3M协助任何申请者组成俱乐部，以便增加午餐时间解决问题的机会。一名花旗银行的职员发现，把意见分歧的不同部门的职员安排在同一幢楼上班后，分歧意见便很自然地被解决了。

是什么导致了这样的结果呢？答案是："全方位、多途径的沟通"。惠普公司所有的金玉良言均与加强沟通有关，即使是惠普的环境设备和精神信条也都更多地强调了沟通。在旧金山PaloAlto附近的公司里，你稍微走动一下，就会看到许多人聚在一起讨论问题。这种专案小组的会议可能都会包括研究发展、制造、工程、市场与销售部门的员工。但是有许多大公司的经理从不与顾客或销售人员谈话，也从不瞧一眼或摸一下产品！一位惠普公司的员工在谈到该公司的核心组织经验时说："我们也不清楚到底哪种组织结构最好，我们唯一明确的就是，先进行无拘无束的自由沟通，这是解决问题的关键所在，我们必须不惜任何代价来坚持！"

3M公司的信条同惠普公司的大同小异，该公司的一位主管说："我们抛开繁文缛节，与每一位员工进行自由的交谈。"以上所有的例子都可以归纳为"无拘无束自由沟通的技巧"。

◎ **餐桌面谈沟通法**

随着企业的发展壮大，企业中的雇员会大为增加，组织机构的设置也会越来越复杂。在这种情况下，经理人颇感头痛的问题就会增多，比如各职能部门之间的协调与沟通问题。随着企业规模的扩大，为了便于管理，需要设立彼此独立的各个部门。但是企业要成为一个有机的整体，部门之间的沟通就显得十分重要。而在实际管理实践中，各部门之间的沟通往往会遇到很多障碍。有一家公司找到了一种极为简便的方法来增进各部门之间的沟通，这就是"餐桌面谈法"。

这家公司是西诺普提克斯通讯公司，专门生产配套计算机系统。在4年的时间内，这家公司的雇员由11人增至425人。企业的规模不断扩大，5个职能部门之间的彼此沟通就显得越来越重要。而在实际中，各部门之间的沟通存在不少的障碍。

有一次，生产部门的主管实在是难以忍受其他部门的不配合，就对组装一种新型电路耗费工时过多连连抱怨。这引起了公司总裁的注意。时任该公司总裁的是安德鲁·拉德威克。他为了解决这位主管的抱怨，专门请来这位主管和一位工程师，和他们一起用餐。在就餐时，让他们就如何加快组装的问题进行协商。两人的协商是很有效的。最终，他们找到了一个简单的加快组装的办法：只需更换一种更小、更便宜的部件，就能大大缩短工时。受这次用餐协商成果的启发，拉德威克想出了"餐桌面谈法"，并认为这是解决实际问题，增进部门间的沟通的非常简便的方法。

每个季度，这家公司都会在总部所在地举行一次午餐会。总部位于加利福尼亚州的蒙顿维尔。在这里，每次摆上5张餐桌，请来两个相关部门的要员共享丰盛的午餐。当然，用餐并不是目的，目的在于让他们找出解决问题的办法，席间，都要提出一些有待解决的特定问题。针对某一特定问题，每位用餐者都要想出自己的解决办法，向大家陈述之后，用餐者就进行评价，直到找出最佳的解决办法。

餐桌面谈法是富有成效的，这家公司已经用它解决了很多复杂的问题。

◎ **"转悠"管理沟通法**

"转悠"管理也称漫游管理或巡回管理，是一些成功企业常采用的管理

方法之一。所谓"转悠"，就是领导到基层去巡视，并在巡视中发现问题，解决问题。

企业界人士都十分重视"转悠"管理，坐在办公室听汇报、打电话、发布文件的企业领导人越来越少。他们把"走出办公室"作为自己的信条，不仅以身作则，常年在外巡视，而且严格要求手下的员工也"走出办公室"，到基层去办公。

阿尔科公司的总裁鲍勃·安德森"转悠"成瘾。他一边"转悠"，一边还要检查手下人是否也在"转悠"。当他"转悠"到某地，向某一个部门打电话时，恰好部门的领导接了电话，他马上就来了气，对这位不下去"转悠"的领导感到失望。

普罗克特—甘布尔公司也十分推崇"转悠"管理。公司一个制造厂的领导人曾这样回忆说："我受到的一次最严厉的训斥，是我早期做管理工作的时候。有一天上午，来自辛辛那提总部的一位上司，转悠到了我那儿，发现我正在办公室里，当时我受到的就不仅仅是责骂了。"

有的公司还对分部经理提出许多"转悠"的具体要求，比如"转悠"的次数、对手下人员了解的程度。达纳公司的负责人麦克弗森就曾干过这样一件事：有一名经理在某部门呆了6年还不能全部说出手下人的姓名，麦克弗森就解雇了他。

美国联合公司董事长埃德·卡尔赫初到任时，联合公司正萎靡不振。卡尔赫刚到任，就直奔现场，向现场工作人员直率地提出许多问题，请他们作详细回答。他没有笔记本，对于调查中发现的问题，他从来就是记在废纸片上，塞进口袋里。他从不命令第一线人员干这干那或搞改革，除非是事关安全的问题。他也不当场纠正他不喜欢的东西。他要依靠正常的管理程序来解决问题。

从现场回到总部之后，他就立即采取行动。他有一种本事，让整个指挥链上的各个环节都很快知道他发现了问题，并且要立即解决。然后，他就与那些在巡视中和他谈过话的一线工作人员通信联系，让一线人员知道公司已经在采取什么措施了。他也与下面的有关员工联系，让他们认真检查，以保证新措施的执行。

惠普公司创造了一种独特的"周游式管理法"，鼓励领导人深入基层，直接接触广大员工，为此目的，惠普的办公室布局采用少见的"敞开式"大房间；即全体人员都在一间敞开的办公室中办公。各部门之间只有矮屏分隔，除少量会议室、会客室外，无论哪级领导都不设单独的办公室。同时不称头衔，即使对董事长也直呼其名。这样有利于上下沟通，创造无拘束和合作的气氛。

各式各样的"转悠"管理都使得高层管理人员切实了解实情，切实发现各种问题和听取意见，切实采取有效措施，并使上下级关系更加密切，因而能够保证企业不偏离"航线"，保证企业目标的实现。

◎ 八大技巧提高你的沟通能力

真正有效的沟通，并非一日之功。以下技巧有助你提高沟通能力，解决沟通中碰到的难题，使你的每次沟通都富有成效。

（一）妥善处理期望值

要想消除双方期望值之间的差异，一种途径是订立业绩协议。员工与企业签订的业绩协议可使双方明确彼此的期望和要求，帮助设计双方都能达到的目标，并且定期评估协议以确保双方的目标和要求都能得到实现。另一种方式是清楚说明你的期望。这样，能否达到你的期望，对方有责任向你说明。这种做法可以使你根据需要对自己的期望做些有效调整，预先消除可能出现的伤害和失望感。

（二）培养有效的聆听习惯

人们之间的沟通充满变数（如自己和别人的谈话及聆听风格等），因而既复杂又具挑战性。设身处地是成功沟通的一个关键因素。

聆听，但不要受别人情感的感染。别人有难处时，应设身处地理解别人，但不能被这种情感左右。必须为自己留点精力去做自己的事。记住，不要做一块海绵，什么都予以吸收。

（三）认真积极听取，积极给予反馈

一般来说，反馈是事实和情感因素的结合。沟通中的实质信息和关系信息很容易带来误解，招致不满。因此，在提供反馈意见时，应强调成长进步，不要妄做评判或横加指责。听取别人的反馈时，则要抓住其中对自己有价值的东西，不要计较对方的身份和沟通的方式，做到"言者无罪，闻者足戒"。

（四）坚持诚实

有时，实话实说的确伤人。但诚实最终能增加建立稳固长久关系的机会。因此，诚实非常重要。如果有什么事烦扰你，尽量直接说出来，以免小事变大更难处理。

（五）平息对方的怒火

对方怒气冲冲时，如何冷静处之，使对方平息下来？在此向你介绍几种方式：

（1）让对方的怒火发泄出来；

（2）表示体谅对方的感受；

（3）询问是否需要帮助；

（4）针对问题谈问题，也就是就事论事。

一般情况下，最正常的反应是，找惹人发怒的人谈谈，然后逐一解决问题。

（六）有创意地正面交锋

所有其他方式都行不通时，唯有正面交锋。这也是摆平各方、理顺头绪的一个机会。如果不愿正面对垒，不要因为害怕而逃避，要理直气壮。当然有的时候，借故避开不失为最明智之举。

（七）果断决策

如果你疲惫不堪、心中烦恼或忙得无法分身，坦然地说出来。另找一个时间，使自己处于最佳状态来处理局势和有关人员的事。

如果优柔寡断、迟疑不决，可采用以下步骤予以补救：回顾所有事实；反复过滤各种可行方案；选择最佳方式，哪怕这意味着你要多受点委屈；一旦决策，立即行动。

（八）对失误不必耿耿于怀

沟通中出现失误，让你失望或受到伤害，不要放在心上。不妨自问一下，想不想背上这包袱？自己能从中得到什么？一旦尽心尽力地澄清了沟通中出现的失误，就要为自己付出的努力骄傲，该过去的就让它过去。一番心血没有白费，心中巨石落地，该高兴才是！

第5章　培养正能量团队，你就不必自己累

三种类型的团队

根据团队的存在目的，可以对团队进行分类。在组织中，有三种类型的团队比较常见：问题解决型团队，自我管理型团队，多功能型团队。

（一）问题解决型团队

20世纪团队工作方式刚刚盛行时，大多数团队的形式很相似。这些团队一般由来自同一个部门的5~12个工人组成，他们每周用几个小时的时间见面，讨论如何提高产品质量、生产效率和改善工作环境。我们把这种团队称为问题解决型团队。

在问题解决型团队里，成员就如何调整工作程序和工作方法互相交换看法或提供建议，但是，这些团队几乎没有权力根据这些建议单方面采取行动。

20世纪80年代，应用最广泛的一种问题解决型团队是"质量圈"。这种工作团队由职责范围部分重叠的员工及主管人员组成，人数一般为8~10人，

他们定期相聚，来讨论他们面临的质量问题，调查问题的原因，提出解决问题的建议，并采取有效的行动。

（二）自我管理型团队

问题解决型团队的做法行之有效，但在调动员工参与决策过程的积极性方面尚有不足。这种欠缺导致现代企业努力建立新型团队，这种新型团队是真正独立自主的团队，它们不仅注意问题的解决，而且执行解决问题的方案，并对工作结果承担全部责任。

自我管理型团队通常由10~15人组成，他们承担着以前自己的主管所承担的一些责任。一般来说，他们的责任范围包括控制工作节奏、决定工作任务的分配、安排工间休息。彻底的自我管理型团队甚至可以挑选自己的成员。通过让成员相互进行绩效评估，主管人员的重要性就下降了，甚至可以被取消。例如，设在宾夕法尼亚州的通用电气公司机车发动机厂大约有100个团队，他们负责进行工厂的大多数决策：有权安排检修工作、决定工作日程、常规性地控制设备采购，如果一个团队不打报告就花掉200万美元，工厂经理也不会担惊受怕。

在实施这种管理方式的工厂里，整个工厂是由瞬息万变的自我管理型团队经营的。他们制定自己的工作日程表，自己轮换工作，设置生产目标，建立与能力相关的薪资标准，解雇同事，聘用员工。

施乐公司、通用汽车公司、百事可乐公司、惠普公司是推行自我管理型工作团队的几个典型代表。目前在美国，有40%～50%的美国工人可以通过这种团队形式来管理自己。

但是不可否认的是，有些采用了自我管理型团队的组织结果也会令人失望。例如，麦道航空公司的员工在面临大规模的解雇形势时，就曾集合起来反对公司采用自我管理型团队形式。对自我管理型工作团队效果的总体研究表明，实行这种团队形式并不一定带来积极效果。比如，在自我管理型团队

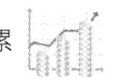

中，员工的满意度的确有所提高，但是，与传统的工作组织形式相比，自我管理型团队成员的缺勤率和流动率偏高。

（三）多功能型团队

多功能型团队是由来自同一等级、不同工作领域的员工组成，他们来到一起的目的是完成一项任务。

许多组织采用这种跨越横向部门界线的形式已有多年。例如，在20世纪60年代，IBM公司为了开发卓有成效的360系统，组织了一个大型的任务攻坚队，攻坚队成员来自于公司的多个部门。任务攻坚队其实就是一个临时性的多功能型团队。同样由来自多个部门的员工组成的委员会是多功能型团队的另一个例子。

但多功能型团队的兴盛是在20世纪80年代，当时，所有主要的汽车制造公司——包括丰田、尼桑、本田、宝马、通用汽车、福特、克莱斯勒都采用了多功能型团队来协调完成复杂的项目。

摩托罗拉公司在实施"铱星项目"时论证了为什么如此众多的公司采用多功能型团队形式。这个项目就是开发一个能够容纳66颗卫星的大型网络。"一开始我们就认识到，要以传统形式来完善规模如此巨大、工程如此复杂的项目，并能准时完成任务是不可能的。"项目总经理说，在项目的第一年一直到项目进行到一半时，由20个摩托罗拉员工组成的多功能团队每天早晨聚会一次。后来，这个团队的成员扩展到包括其他十几个公司的专家，如通用电气公司的专家、亚特兰大科技公司的专家、俄罗斯克兰尼切夫公司的专家，等等。

总之，多功能型团队是一种有效的方法，它能使组织内甚至组织之间不同领域的员工之间交换信息，激发新的观点，解决面临的问题，协调复杂的项目。当然，多功能型团队的管理不是管理野餐会，在其形成的早期阶段往往要消耗大量的时间，因为团队成员需要学会处理复杂多样的工作任务。在成员之间，尤其是在那些背景不同、经历和观点不同的成员之间，建立信任并能真正地合作也需要一定时间。

最好的工作团队规模一般比较小，如果团队成员多于12人，他们就很难顺利开展工作。他们在相互交流时会遇到许多障碍，也很难在讨论问题时达成一致。一般来说，如果团队成员很多，就难以形成凝聚力、忠诚感和相互信赖感，而这些却是高绩效团队所不可缺少的。所以，管理人员要塑造富有成效的团队，就应该把团队成员人数控制在12人之内。如果一个自然工作单位本身较大，而你又希望达到团队的效果，那么，可以考虑把工作群体分成几个小的工作团队。

工作团队的成员角色

要想有效地运作一个团队，需要三种不同技能类型的人。

（1）有技术专长的成员。

（2）有解决问题和决策技能，能够发现问题，提出解决问题的建议，并权衡这些建议，然后作出有效选择的成员。

（3）善于聆听、反馈、解决冲突及擅长处理人际关系的成员。

如果一个团队不具备以上三类成员，就不可能充分发挥其绩效潜能。对具备不同技能的人进行合理搭配是极其重要的。一种类型的人过多，另外两种类型的人自然减少，团队绩效就会降低，但在团队形成之初，并不需要以上三方面的成员全部具备。在必要时，一个或多个成员去学习团队缺乏的某种技能，从而使团队充分发挥其潜能的事情并不少见。

一般而言，如果成员的工作性质与其人格特点一致，其绩效水平容易提高。工作团队内成员的位置分配正确，也可以达到这样的效果。团队有不同的需求，挑选团队成员时，应该以员工的人格特点和个人偏好为基础。

高绩效团队能够给员工适当地分配不同的角色。例如，长期使球队保持赢球的篮球教练知道如何挑选富有前途的队员，能识别他们的优势与劣势，并把他们安排到最适合他们才能的位置上，使他们能为球队作出最大贡献。这种教练们能够认识到，一个取胜的球队需要有多种技能的球员，如控球手、强力得分手、3分球手、投篮阻挡手，等等。成功的球队具有能够胜任关键位置的球员，并能在了解球员和爱好的基础上，把他们配置到各个位置上。

一系列研究已经证明，在团队中人们喜欢扮演九种潜在团队的角色。现在我们就来简要描述这九种角色位置，并考察它们对于塑造高绩效团队的意义。

（一）创造、革新者：产生创新思想

一般来说，这种人富有想象力，善于提出新观点或新概念。他们独立性较强，喜欢自己安排工作时间，按照自己的方式和节奏进行工作。

（二）探索、倡导者：倡导和拥护所产生的新思想

他们乐意接受、支持新观念，在创造、革新者提出新创意之后，他们擅长利用这些新创意，并找到资源支持新创意。这种人的主要弱点是，他们不一定总是有耐心和控制才能来使别人追随新创意。

（三）评价、开发者：分析决策方案

他们有很高的分析技能，在决策前，如果让他们去评估、分析几种不同方案的优劣，是再适合不过了。

（四）推动、组织者：提供结构

他们喜欢制定操作程序，以使新创意成为现实。他们会设定目标、制定计划、组织人力、建立起各种制度，以保证按时完成任务。

（五）总结、生产者：提供指导并坚持到底

与推动、组织者相似，他们也关心产品成果。但他们的着眼点主要在于：坚持必须按时完成任务，保证所有的承诺都能兑现。他们引以为荣的事情是：自己生产的产品合乎标准。

（六）控制、检查者：检查具体细节

这种人最关心的事情是规章制度的建立和贯彻执行，他们善于核实细节，并保证避免出现任何差错。他们希望核查所有事实和数据，希望保证不出现一点纰漏。

（七）支持、维护者：处理外部冲突和矛盾

这种人对做事的行为方式有强烈的信念，他们在支持团队内部成员的同时会积极地保护团队不受外来者的侵害。他们对团队而言非常重要，因为他们能够增强团队的稳定性。

（八）汇报、建议者：寻求全面的信息

他们是很好的听众，而且不愿把自己的观点强加于人，他们愿意在作出决策之前得到全面的信息。因此，他们鼓励团队作出决策之前充分搜集信息，而不是匆忙于决策，对团队起着非常重要的作用。

（九）联络、合作者：综合协调

最后一种角色与其他角色有重叠，上述八种角色中的任何一种都具有承担这种角色的智能。联络者倾向于了解所有人的看法，他们是协调者，是调查研究者。他们不喜欢走极端，而是尽力在所有团队成员之间建立起合作关系。他们认识到，其他团队成员可以为提高团队绩效作出各种不同的贡献。尽管成员之间可能存在差异，他们会努力调节使工作做得更好。

　　如果强迫人们去承担以上各种角色，大多数人能够承担得起任何一种角色，但人们非常愿意承担的通常只有两种。管理人员有必要了解个体能够给团队带来贡献的个人优势，根据这一原则来选择团队成员，并使工作任务分配与团队成员偏好的风格相一致。通过把个人的偏好与团队的角色要求适当匹配，团队成员就可能和睦共处。发明这种框架的研究者认为，团队不成功的原因在于具有不同才能的人搭配不当，导致在某些领域投入过多，而在另一些领域投入不够。

团队成功的注意事项

　　在团队中需要注意的问题有以下几方面。

（一）对于共同目的的承诺

　　是否每个团队都有全体成员渴望实现的有意义的目的呢？这种目的是一种远见，比具体目标要宽泛。有效的团队具有一个大家共同追求的、有意义的目标，它能够为团队成员指引方向，提供推动力，让团体成员愿意为它贡献力量。

　　成功团队的成员通常会用大量的时间和精力来讨论、修改和改善一个在集体层次上和个人层次上都被大家接受的目的，这种共同目的一旦为团队所接受，就像航海学知识对船长一样——在任何情况下，都能起到指引方向的作用。

（二）建立具体目标

　　成功的团队会把他们的共同目的转变为具体的、可以衡量的、现实可行的绩效目标。目标会使个体提高绩效水平，目标也能使群体充满能力。具体的目标可以促进明确的沟通，它们有助于团队把自己的精力放在达成有效的结果上。

（三）领导与结构

目标决定了团队最终要达成的结果，但高绩效团队还需要领导和结构来指明方向和要点。例如，确定一种大家认同的方式，就能保证在达到目标的手段、方向上团结一致。

在团队中，对于谁做什么和保证所有的成员承担相同的工作负荷问题，团队成员必须取得一致意见。另外，团队需要决定的问题有：如何安排工作日程，需要开发什么技能，如何解决冲突，如何作出决策和修改决策，决定成员具体的工作任务内容，并使工作任务适应团队成员个人的技能水平。所有这些，都需要团队的领导和团队结构发挥作用。有时，这些事情可以由管理人员直接来做，也可以由团队成员通过扮演探索者、推动者、总结者、联络者等角色自己来做。

（四）社会化和责任心

个人的成绩可能会被埋没于群体中，在集体努力的基础上，个人可能只被看成集体的一员，个人贡献无法直接衡量。

高绩效团队通过使其成员在集体层次和个人层次上都承担责任来消除这种倾向。

成功的团队能够使成员各自和共同为团队的目的、目标和行动方式承担责任。团队成员很清楚，哪些是个人的责任，哪些是大家的共同责任。

（五）适当的绩效评估与奖酬体系

怎样才能使团队成员在集体和个人两个层次上都具有责任心呢？传统的以个人导向为基础的评估与奖酬体系必须进行变革，才能充分地衡量团队绩效。

个人绩效评估、固定的小时工资、个人激励等与高绩效团队的考核是不一致的，因此，除了要根据个体的贡献进行评估和奖励之外，管理人员还应该考虑以群体为基础进行绩效评估、利润分享、小群体激励及其他方面的变革，以此来强化团队的奋进精神和承诺。

如何化解团队中的冲突

在团队的内部，成员之间会因为各种原因发生矛盾甚至是争执，这是不可避免的。当团队内出现矛盾甚至闹得不可开交时，团队的领导人都负有解决矛盾、迅速"熄火"的责任。而最有效的方法是遵循人类心理规律，通过心理疏导，唤起理智感，让矛盾双方自己解决矛盾，并实行自我教育，"化干戈为玉帛"，维护团队内部的"人和"环境，理顺成员的情绪、化解各种冲突在执行中是十分重要的。

心理学认为，冲突是人类不可避免的心理体验，是两种目标的互不相容和互相排斥。冲突是一种心理经历，有一个酝酿情绪—刺激突发—情绪宣泄—理性控制—复归平衡的过程。为了解决冲突，应摆脱消极情绪对心理趋向的左右，在相融的气氛中和平地解决冲突。

索尼公司创造的"五房间熄火法"就是一种饶有趣味的化解冲突之法。当员工间发生矛盾时，闹矛盾的员工需要先后进入五个房间。

房间一："哈哈镜室"。

满脸怒容的员工进入后，先照哈哈镜，看到哈哈镜中扭曲变形而又怪模怪样的自我，他会忍不住笑起来，一笑解千愁，在笑声中他们自然消了些气，脸色开始有所缓和。

房间二："傲慢像室"。

里面有一个橡皮造的塑像斜看着你，表示蔑视和看不起你。这时工作人员让闹意见的员工拿橡皮榔头去打那个傲慢像。尽情宣泄还未消尽的气，以达到心理的平衡。

房间三："弹力球室"。

墙上绑着一个球体，连着强力橡皮筋。先让闹意见者使劲拉开球后放开，球打在墙上马上会弹回来，击中闹意见者的身体，旁边工作人员会问："你痛不痛？""为什么会痛？"然后告诉闹意见者，这叫"牛顿定律"，有作用力就有反作用力，你去惹人家，人家就会报复你。让员工冷静想一想这其中的道理。

房间四："劳资—劳工"关系展览室。

让闹意见者认真观看过去资方怎样关心员工以及员工之间怎样互相友爱的实例，以加强对闹意见员工心理的触动，引导他们反思自己的言行。经过上述四个房间后，经理在第五个房间等候。

房间五："思想恳谈室"。

管理人员征求闹意见者双方的意见，看矛盾如何解决。经历了前四个房间的员工，这时大多已冷静下来，双方一般情况下自然会主动解决矛盾，心平气和地接受批评和做自我批评。妥善解决了员工之间的矛盾后，管理人员对两人还要勉励一番，并给予物质奖励。

这种"人和房间"的措施，无非是为了维护团队的和睦，不仅发挥出每个成员的力量，而且凝聚这些力量。在执行过程中，如果发生内讧，必将极大地削弱执行的力量，很难保证执行的效果。"攘外必先安内"是很有实际意义的。维护执行团队的"人和"环境，化解各种冲突和矛盾，让每个成员的力量得到有效的发挥，凝聚所有人员的力量，保证执行的有效进行。

构建优秀团队的指导思想和行事技巧

一个团队的成功与否、执行得有效与否很大程度上取决于团队的指导思想和行事技巧，看看这些在你的执行团队构建中是否充分领略并实施了。

（一）更多参与

让人人参与并不是从相邻的隔间或办公室里哪个人开始的，它就是从你开始的。告诉你的下属，你需要他的帮助，让他帮你出谋划策。

保证让每个人都觉得可以自由表达意见：为了吸纳每个人的智慧，必须让团队里的所有成员都感觉到，可以很舒服地大声讲出自己的见解。

建议召开一个非正式的集思广益的会议，有些人害怕正式会议。建议大家一起吃一顿自带饭菜的午餐，告诉他们来的时候至少准备一个改进企业工作方式的构想。

（二）容人，容可容之人

为了能够更容易地捕获食物，野驴和狮子缔结了互助条约，野驴跑得快，负责寻找食物，狮子有力量，负责捕捉食物，两者结合在一起共同发挥作用。果然，它们很快就捕到了一份肥美的食物，由狮子来实施分配方案，它将食物分成三份，说："我拿第一份，因为我是百兽之王；第二份也应该归我，因为这是我们合作我所应得的，至于第三份嘛，我们可以公平竞争，不过你要是不赶紧滚开，把它让给我，你恐怕就要大祸临头，成为我的第四份美味了。"结果狮子把野驴赶跑了，以后它再也没有找到肥美的食物了。

狮子和野驴的团队应该说是具有强大的力量的，如果狮子不是那么贪得无厌，能够容忍野驴从战利品中分得一杯羹的话，那么它们的合作还可以继续。否则，团队必然土崩瓦解。

（三）因事设人

执行团队是一个整体，是一盘棋，上上下下都是棋子，如何让这些棋子都能起到自己的作用，这是执行的领导人员、指挥人员指挥策略中的重点。要想把每个棋子激活，就要让每个人都肩负着使命，这就必须做到因事设人。因事设人的具体做法如下：

各就其位。事业为本，人才为重，人事两宜是用人的重要原则。人事两宜有两个含义：一是按照需要，量才使用；二是要了解人，而且要彻底地了解，量才适用，适才所用。

尽其所长。高明的管理人，总是根据人才的潜能、特长和品德合理地使用他们，分配给人才使用的权力必须足够使其发挥作用。

因人而异。用人需要根据人才的条件进行安排，人才发挥作用，建功立业也同样需要有客观条件，条件不具备时，人才就是再有才能也是英雄无用武之地。

（四）提供成长的机会

如果你交付一项任务，先确定接手的下属会相互信任且彼此尊重。信任会产生有效率的集体行动，朝向一致的目标努力。要了解团队成员彼此的关系，使团队反馈对扮演决定性角色的人员的看法。

"在高盛，团队就是一切，"全球五大会计师事务所之一的高盛公司前CEO费弗这样说，"所以每个人必须了解朝夕相处的同事的观点。"为了促进了解，高盛采取一套同事评鉴系统，让每位资深主管知道同事如何看待自己。

团队合作的想法不是对每个执行团队都很容易的。飞利浦董事长提默认为这应该归咎于领导者。

"我们需要学习在团队中工作，越来越多新一代的年轻人很容易习惯一起工作，他们较少顾虑权力与职位，想要实际投入，反而是老板把他们往回拉。"根据提默的说法："我们需要学习给他们更多的空间。"

柏西迪也同意提默的判断。他曾说："多数年长的主管因为称职地完成任务而爬上现在的职位。美国公司的层级严明，有才华的独行侠可在组织中拾级而上。"尽管许多执行的领导人员感叹高处不胜寒，但他们的确喜欢这样的结构，柏西迪说因为这套体系使他们能够凭借头脑和辛勤工作来出人头地。但他强调这样的组织是过时的。事实上，他断然拒绝这类独行侠行径，因为它有害执行的有效进行，而且不再值得奖励，"无论它完成了多么令人印象深刻的任务"。

（五）珍惜多样化的观点

团队成员的多样化背景与专长是无比珍贵的。当领导者提出一个问题，要设法确定有一个多元化的团队来评估新计划并讨论提案。麦肯锡咨询公司的管理顾问约翰·诺德史卓姆建议："倾听，倾听，再倾听。"领导者要了解其他执行人员根据不同经验与认知所产生的观点，同时"尽可能地了解并信任他们"。

还有，要鼓励公开讨论，"我痛苦地发觉，如果某人有问题未解决，或许有适当的理由，"诺德史卓姆说，"我想要了解他的想法来自何处。一旦我明白了，我或许会不同意并告诉他'我们不打算这么做。'但至少原来未说出口的问题摊到了桌面上。"

诺德史卓姆指出："这些人知道他们在做些什么，即使他们看起来好像在做疯狂的事情。我让他们放手处理，事后发现，他们通常是对的。"

（六）选择对的人

提默相信团队成员必须被鼓励积极行事、勇于冒险并承担责任。他同时认为领导者必须支持每个执行人员，即使他们犯了错误，毕竟每个人都会犯错。

当你交付一项任务，你要确定执行的人员了解你想要他们作出最佳的处理方式，就算是与现存政策相反，或比平常冒更大风险。如果执行中惩罚冒险并奖励规矩的表现，团队成员只会继续逃避责任，不会达到最佳状态。最重要的是，每个成员要能得到机会以发挥他们的技巧和知识。领导者也要鼓励团队成员解决问题的好奇心，激励第一线执行人员独立思考与行动。

如果你真的对员工吹毛求疵，执行速度就会迅速减慢。如果团队的成员会因提出建议而被批评得遍体鳞伤，他们恐怕不会再提出建议。每个成员需要感觉底下有个安全网，才会往外探测。领导者必须容许他们犯错并从中学习，继续为执行作出"最佳个人表现"。毕竟，有错误才会有进步。这并不是说团队成员可以不顾后果而乱作决定。当某个成员的态度过于草率，领导者必须决定是否停止这种恶性循环，如同领导者必须明白指出，拒绝承担责任的人是在糟蹋自己的事业前途。领导者显然是走在支持团队成员与维持秩序之间的细微界限上。领导者也许想帮某个成员增强信心，为他提供独立做事的空间，支持他冒险，却发现很难打破传统保守的价值观。许多执行团队仍存在着旧有的阶层型、命令与控制型、躲避风险的环境；没有领导者鼓励责任感，也就没有人会去承担责任。

在这种情况下，换人或许是唯一的解决之道。费弗直言："要清掉'枯枝'，雇佣你认为更好的人，训练他们并给他们回馈。确定你的评估和升迁标准符合你定出的道德和价值观。"麦肯锡总经理山森也说："我们需要雇佣那些不需要权威就能领导的人。团队成员会失败，是因为我们用错了人。更糟的是，一个不胜任的领导者会使四项计划的工作效率降低28%。"

实现团队结构优化

领导班子结构，就是领导班子的构成方式及其成员在领导班子内部的排

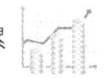

列组合情况。根据领导班子职能的需要，领导班子的结构必须实现科学化。也就是说，必须有一个科学的、合理的结构，才能充分发挥其领导效能。这个结构包括：

（1）由德才兼备的老年、中年和青年管理者组成的、呈梯队状态的年龄结构。

（2）由多方面、多领域的知识构成的相互补充的知识结构。

（3）由领导班子职能需要的各类专家合理搭配而成的专业结构。

（4）由主导型、开拓型、执行型、协调型、智囊型综合而成的智能结构。

（5）由粗细、刚柔等各类气质相容相济而成的气质结构。

只有这样，领导班子才能形成内聚力大、摩擦小，向心力大、离心力小，合力大、分力小的多功能、高效能的战斗集体。

实现领导班子的优化要重点关注以下几个方面。

（一）要先设计结构后考虑具体人选

这就是说，要先从总体需要上考虑问题。组建伊始，首先确定这个领导班子的职能是什么（不同部门、不同地区、不同层次的领导班子，其职能不同）。然后，根据它的职能，来设计这个班子的结构，分别从年龄、知识、专业、智能、气质等各个方面，看看都需要一些什么样类型的管理者，每类管理者的比例各占多少，怎样搭配更合理，对主要领导和一般成员分别提出不同的具体标准和要求。结构设计好之后，再按这个要求去选择领导成员，合则用，不合则去。这和搞建筑一样，首先明确建的是俱乐部、图书馆，还是厂房、宿舍；然后再设计；最后，再选材和施工，而不能把顺序颠倒过来。这样，不仅能做到个体优化，整体也优化，而且能够把目前的"因人设事"转变为"因事设人"，对于革除用人制度的弊端大有益处。

（二）不要只重视个人素质

在很多单位调整领导班子的过程，常常可以看到这样的情况：一个新组建的领导班子，从其成员的个体素质上看，都是不错的，但是工作起来，却很不协调，干不好事业，打不开局面。其中一个很重要的原因，就是没有从结构角度考虑问题，班子成员之间组合得不科学，结构不合理，结果必然出现"1+1<2"的局面。这是有历史原因的。多年来，许多单位在组建领导班子时，只重视管理者个人的能力，即个人素质的好坏，很少从结构上考虑问题。也就是说，常常脱离领导群体，孤立地考虑其能力大小，而没有把个人放在领导班子这个系统里面考虑问题，不大注意个体与整体的关系、每个人与其他成员之间的关系，以及他在这个系统中所处的位置和作用，最多也只是估计一下班子成员之间能否团结共事，很少有人注意群体的结构与效能。事实证明，仅仅成员个体优化，结构不优化，这样的班子是不会有出色的工作的。只有既重视个人素质，又用心研究如何科学组合，再合理搭配，才会组建出一个高效能的领导班子。

（三）积极主动地进行自我调节

过去有些单位调整领导班子往往是被动的、不自觉的。上面有布置有要求的时候，就来郑重其事地动一番"手术"，平时则很少考虑结构是否合理，这种状况是不正常的。从系统理论的观点看，领导班子是一个动态的开放系统，应当在动态中实现平衡；从结构理论的角度看，领导班子是一个"耗散结构"（活结构），需要不断与外界交换能量，才能保持其稳定和有序的状态。随着领导班子职能的改变、成员年龄的变化，其结构也在变化之中，不能一劳永逸。所以，每当发现领导班子的哪一方面结构不适应的时候，就应当及时地进行调整。这种调整，既包括人员上的变动，也包括知识的更新、业务的提高和智能、气质上的协调。一个好的领导班子，应当有这种自我调节的功能。不要等问题成了堆，严重影响工作的时候，再来动"大

手术"。那样，既不利于稳定，也不利于工作上的连续性，更不利于新管理者成长和资深管理者发挥作用，有百弊而无一利，实在应当改一改。

（四）要多方面考虑统筹兼顾

过去在调整领导班子时，缺乏系统的观点，不注意年龄结构、知识结构、专业结构、智能结构、气质结构五个方面之间的内在联系，不注意子结构与总结构之间的联系，往往孤立地、片面地强调某一个方面，忽视其他方面。班子结构是由这五个方面构成的有机统一体，它们之间互相依赖，互相促进，互相制约，不能把它们割裂开来，各自孤立起来。必须统筹兼顾，全面安排，既要从各个侧面去考虑，更要从总体上去把握。

（五）要由一个模式变为多种模式

事物是有差别的，所以做事情也要有区别，没有区别就没有政策。领导班子是分类型、分层次、分行业的，其职能各有不同。要树立多模式化的观念，按照不同类型班子所担负的不同职能，来设计不同特点的科学结构。

正职与副职之间如何形成默契

◎ 如何看待正职与副职的关系

正职与几名副职构成领导班子的核心。如何处理好正、副职之间的关系，对于提高管理能力、建立良好的工作秩序，乃至对于一个单位的兴衰关系极大。

正、副职之间容易产生的矛盾主要有以下几种。

（一）会上决定与临时处置之间的矛盾

现在，一般大都实行集体领导、分工负责的领导方式。凡属单位的重大问题，均经过集体讨论作出决定，然后分头去组织实施。在实施中会遇到许多会上意想不到的复杂情况。这就要求根据具体情况随机处理。结果，就会有人同意，有人可能不同意；有人认为这是小事一桩，用不着集体讨论；有人则认为是重大问题，应该再经集体研究才能处理。这样领导层内部意见就不一致了。

（二）听取意见全面与片面之间的矛盾

副手们在工作中，难免会与下属发生矛盾。这样下属就可能找正职反映情况，甚至"诉苦""告状"。这时对正职来说，就有一个全面听取意见还是偏听偏信的问题。如果先入为主，听的意见不全面，就去着手处理，那就不仅无助于问题的解决，还很可能使矛盾进一步激化。

（三）全局与局部利益之间的矛盾

一般来说，正职是负责全面管理工作的，而副手则往往负责分管一个方面的工作。以工厂为例，厂长负责全厂的全面工作。他考虑问题要从全局出发，而副厂长是各管一摊的，就容易从自己负责的这一局部出发考虑问题。如制定年度计划，厂长根据市场需求，对设备要求多运行、多生产，而负责设备的副厂长为了保证设备的完好率，要求多备车、多维修，这样就会发生矛盾。其他如产量与质量的矛盾、品种与利润的矛盾等，也都不可避免地会使全局与某一局部产生矛盾。

（四）处置功过不当引起的矛盾

如果正职见功劳就抢，或是副职见错就推，都会引起相互不满而产生矛盾。

（五）调解副手们之间的纠纷时产生的矛盾

副手们都各负责一个局部工作，容易从本位出发考虑问题，也会出现一

些矛盾。正职如果协调不及时或者调解不公正，也会产生矛盾。

◎ 正职要处理好与副职之间的关系

正职与副职之间的矛盾是客观存在的。如何正确处理好正副职间的矛盾，协调好关系呢？可以从以下几点着手。

（一）要尽可能较全面了解副手，这是协调人际关系的基础

正职对副手们的能力、品德、专长、爱好、性格、家庭、经历等各方面的情况都要比较熟悉。这样当问题发生，矛盾出现的时候，才有可能对副手应负的责任作出准确的判断。

（二）要引导副手们树立整体观念

在与副手们研究工作时，要经常提醒副手们树立全局观念和系统观点。一个地区、一个部门、一个单位都是一个系统，一个整体。系统内各要素之间、各部门之间，关系错综复杂，相互关联、相互牵制，只有把每一个局部都放到全局中来考虑，才能走活一盘棋，取得较好的整体效益。

（三）支持副手们的工作，不在背后说长论短

人各有缺点，下属对副手们难免会说三道四。正职对于下属的议论，需要加以引导，但不能下令禁止。如有人在正职面前议论某副手的短处，正职千万不能随声附和，自己更不能带头议论；否则，副手便无法开展工作。即使下属的意见是正确的，也只能先耐心听取，然后通过与副手交换意见后再予答复。对副手们的缺点和不足，要和他们当面交谈，在下属的面前则应多讲他们的长处。

（四）及时与副手们交流思想也很重要

正职对工作有什么新的想法，想干什么，在下面听到什么反映，只要不是属于不该公开的话，都应及时地向副手们说出来。是自己的想法，与他们进行讨论；是下属的意见，与副手们进行交流；看到某人有什么缺点，及时帮助指出，以引起注意。正职和副手们经常交流思想，有助于加深彼此之间的感情。

（五）坚持原则，不徇私情

有位管理者说过："当我把所有的人都得罪了，我就谁也不得罪了。"因此对于副手们之间的矛盾，正职要敢于正视，分清是非，秉公处理。既不能遇到矛盾绕道走，睁只眼、闭只眼，装作不知道，也不能各打五十大板。那样做从表面看来，好像谁也不得罪，其实由于"和稀泥"弄得是非不清、责任不明，人家口不说而心不服，矛盾也并未解决。

（六）闻过则喜，有错就改

正职如果没有"闻过则喜"的精神，而是"闻过即怒"，就难以协调好同副手之间的关系。只有"闻过则喜"，副手们才敢亲近你，愿意向你倾吐肺腑之言，你才能心明眼亮，看到自己的不足，谦虚待人，摆正自己与副手们之间的位置；才能在与副手们发生矛盾时客观地估计自己应当承担的责任，使副手心悦诚服。

（七）注意层次，分清主次

正职在整个管理层集体中的作用是很重要的，但主次有时是相对的，全局上你是主，但在某一局部上你是次。集体管理、分工负责，各有各的职责范围。不能因为自己是正职，就什么都管。属于副手职权范围内的事情，就要授权让他们去办。如果干预过多，副手们可能产生误会，认为你不信任

他，这样就会影响正、副职之间的正常关系。

（八）要有谦虚谨慎、虚心求教的精神

正职应该在业务等方面有比较全面的修养。可是再能干的领导者也不可能是"十项全能"，总有不懂的东西。正职如果在工作中碰到不懂的问题，应抱着"知之为知之，不知为不知"的态度，一开始就向副手们声明：我不懂，请你们拿出意见和办法。这样做，比明知自己不懂，却不好意思说出来，让副手们去揣摸要好得多。

◎ 副职要正确处理好与正职的关系

副职在领导班子中占据着重要位置。他既是管理者，又是执行者；既能制人，又受制于人；既主动，又被动。处在这个位置上的管理者，怎样才能处理好与正职的关系呢？可以参考以下的几种方法。

（一）摆正关系，主动配合正职

副职只有和正职相互信赖、相互补充、相互支持，才能共同完成领导班子承担的使命。所以，副职要出以公心，以大局为重，破除名利思想和虚荣心，坚决维护正职的威信和地位，积极主动地支持和配合正职工作，甘心当好助手。正职一时考虑不周的事情，副职要主动给予提醒；正职在决策遇到困难时，副职要帮助分析其中的利弊，使其减少失误；正职面临困境时，副职要挺身而出，为其排忧解难。

（二）以事业为重，切忌争权夺利

切忌争权夺利，这是每个副职的必备品质。副职若能出以公心，不争职务高低，不争权夺利，领导班子就能形成拳头，从而开创新局面，干出新业

绩。副职如果利欲熏心，个人野心膨胀，时刻想着升职，管理层必然是一盘散沙，工作肯定搞不好。

（三）大胆负责，做好本职工作

现在的副职有两怕：一怕工作中拿不准，一旦错了承担不起责任，因而过于小心谨慎，事无巨细都先请示汇报，把自己的手脚捆得紧紧的；二怕出力不讨好，担心别人说自己越位，因而工作缺乏主动性，推一推，动一动，什么事情都要等正职表态。这样，一方面给正职造成了许多不应有的麻烦，使正职忙于应付，影响全局工作；同时，也削弱了自己的管理职权。其实，按照管理科学中的层次管理的理论，副职负责某一方面工作，也应有一定的决策权。因此，副职只要看准拿稳的事情就可以拍板定案、大胆实施，起到独当一面或几面的作用，使正职有充裕的时间和精力去抓全局性的工作，作战略上的宏观安排和部署。这就是对正职的最大支持和最有力的配合。

（四）气魄宽宏，具有容人之量

从某种程度上讲，副职要比正职难当。因为副职能遇到正职所遇不到的好多情况。如副职经过深入调查研究提出一项方案，结果被正职给否决了；有个别正职属于"武大郎"式的人物，不容许副职的才干和功绩超过他。这就要求副职有坦荡的胸怀、宽宏的气量，学会理解人、原谅人，对于鸡毛蒜皮的小事，坦然一笑，不存芥蒂。如果你的提案被否决了，要回头检验一下自己的设计是否合乎实际，如切实可行，应说服正职；一时说不通，就暂缓一下，在适当的时候再提出来。无论在工作中受了委屈，还是在极其艰难复杂的环境里，都要从容不迫，襟怀坦荡，妥善处之。

（五）顾全大局，注意横向协调

副职虽然分管一摊或几摊工作，但离不开领导班子集体的作用和力量，绝不可过分强调自己分管的工作而排斥或贬低其他方面的工作，也不可为此而不顾全局利益，给正职制造难处。另外，副职还要与不属自己分管的部门加强联系、互通信息、搞好配合，而不可和其他部门在工作上弄得很僵。

如何提高团队解决问题的效率

一个部门和单位工作的效率如何，关键在领导班子。如果有一个能够和谐、高效地研究和解决问题的领导班子，就没有克服不了的困难，没有解决不了的问题，工作上也就一定能够出成绩。那么，怎样才能使领导班子和谐、高效地研究和解决问题呢？主要应该注意这样几点。

（一）意见要尽量表达得清晰明白

为了使领导班子中的每一个成员都能很好地理解你所提出的意见，表达要力求不用繁琐的语言，就能把复杂的事物、观点表达清楚。说话要单刀直入，一开头就有吸引力，不啰嗦、不重复，主要论点要精益求精。这样，既可以避免别人对你的意见的误解，又有助于别人了解你整个意见的中心意思，可以使问题更明确，意见更集中，讨论更顺利。

（二）集体讨论前做好准备工作

凡是需要领导班子集体讨论和解决的问题，讨论之前要做好周详的准备。要责成有关的部门和人员拿出初步的意见和方案，可以把几种意见和多种方案同时拿出来交给班子成员，给他们一段思考和研究的时间，然后初步了解一下他们对这些对策有什么意见和看法，在哪些方面比较一致，在意见分歧比较大的地方进行初步的沟通。在讨论之前，再根据他们的意见，修改一下对策方案，然后再拿到集体会议上进行讨论。这样的周详准备可以使成员对所要解决的问题心中有数，也可以给他们一种印象，这个问题是经过深思熟虑后才提出来的，引起他们的重视和认真的思考，慎重地发表自己的意见。

（三）善于发问

发问是领导班子成员平等协商的有效方法，它既可以发掘问题，开阔思路，同时也是对不赞成或表示怀疑的最好表达方式，既可以防止过激的言词，又可以避免直接的反对意见造成某些人心中的不悦。

（四）及时作出全面评价

及时作出全面评价对于领导班子中的主要成员来说是十分重要的。主要成员应该懂得，在讨论和研究问题时，一种有倾向性的决议，或者多数人赞同的意见的形成，总是源于各种不同意见的相互启迪。因此，在问题讨论中，不管每一位成员发表的意见是否被采纳，主要成员在最后的综合、归纳中，都应当婉转地给予评价。这样做能够形成一种民主气氛；否则，以后就会有一些人对问题的讨论和研究不感兴趣。

（五）创造轻松、和谐的气氛

领导班子讨论和研究的问题往往多是非常规性的，又由于各自所站的角度和所管辖的领域不一样，认识、看法有分歧是难免的。每个成员都应该有一种幽默感，当讨论中出现紧张的气氛时，往往能及时地用一个笑话或一个小插曲来解除大家的紧张感，从而使大家能够继续平心静气地、轻松地讨论问题。

（六）抓住问题的关键

要保证领导班子研究和解决问题的效率，就必须注意抓住问题的关键进行研究讨论，不要在细枝末节上争来争去。只要在大的方面、在关键环节上取得一致就可以了，不要企求在所有的方面、每一细节上都一致。

（七）服从多数

当领导班子多数人的意见占上风时，就应当服从多数人的意见，而不能总是考虑照顾主要成员的情面。切记，领导班子中最基本的前提就是牺牲个人的利益，来完成组织的目标。服从多数本身，已经包含了保留本人意见，用不着再三声明。

第6章　识人、用人、育人、留人，管理中的黄金法则

选用人才应持有的正确观念

在领导选用人才过程中，应当清楚地认识到能力、人格等方面的因素。这在某些时候比专业知识和学历更为重要，因此要想招聘到理想的人才还需要灵活把握选人的标准。

◎ 以适用为原则

早在20世纪50年代，松下幸之助就认识到，公司应招聘适用的人才，程度过高，不见得就合用。各公司的情况有所不同，"适用"这两个字是很重要的。

20世纪60年代，盛田昭夫的《让学历见鬼去吧》可谓一鸣惊人。因为，当时的日本还沉浸在一种过于重视文凭的氛围中，盛田昭夫的这一创新使得索尼人才济济。

索尼公司不仅拥有众多的科技人才，同时，还特别重视选拔和配备具

有高度创新精神的经理班子。在选拔高级领导人员这个问题上，索尼从不录用那些仅仅能胜任某一个具体职位的人，而是乐于起用那些拥有多种不同经历、喜欢标新立异的实干家。索尼公司也从不把人固定在一个岗位上，而是让他们不断地合理流动，为他们能够最大限度地发挥个人的聪明才智提供机会。在这样的环境中，索尼公司的员工特别乐于承担那些具有挑战性的工作，人人积极进取，人人奋勇争先，整个企业始终充满了生机和活力。几十年来的辉煌历程清晰地表明，索尼之所以取得巨大成功，正是源于索尼的用人原则。

◎ 能力比知识更重要

汽车大王亨利·福特曾经说过这么一句话："越好的技术人员，越不敢活用知识。"福特是在企业经营上屡次发明增产方法的人。他为了增产的事和他的技术人员研商时，他的技师往往会说："董事长，那太难了，没有办法的，从理论上讲，也是行不通的。"

技术越好的人，越有这种消极的个性。经常令福特大伤脑筋。

在面对一个工作时，一个人如果对有关知识了解不深，他会说："做做看。"于是着手埋头苦干，拼命地下工夫，结果往往能完成相当困难的工作。但是有知识的人，常会一开头就说："这是困难的，看起来无法做。"这实在是画地自限且不能自拔的现象。

今天的年轻人，很多受过高等教育，所以有相当的学问和知识。由于现代社会的变迁，分工很细，新知识、新技术层出不穷，年轻人在学校中所学的知识、技能远远满足不了实际工作的需要，这就要求在平时的实践中不断积累经验和新知识，掌握新技能。尤其是刚从学校毕业的年轻人，最容易被知识所限制，所以要十分留心这一点，尽可能将所学知识充分发挥出来。

在实际工作中常常可以发现，一些工程技术人员虽然学历不高，却往往

169

具有较深的专业知识和较强的实际工作能力；相反，一些高学历人员，虽然各方面都表现不错，却没有突出的特点，与他们谈话留下的印象不深。一个人实际工作能力的高低，并不能单从学历或应聘时的笔试、面试成绩，就可以看得出来的。具有了实际工作经验，也不见得能力就强，创新能力就强。20世纪90年代初，日本在人员招聘中提出要注重实际能力，特别是选拔事业开发型人才时主要看他的综合基础能力，就像挑选运动员苗子一样，关键看他是不是一块好材料，有没有发展潜力。所以，高学历不等于高能力。在招聘过程中更应注重招聘那些高能力的人才。

◎ 不可忽视心理素质和工作态度

现代经济社会的竞争是激烈与残酷的，而这势必给每一个企业每一个员工造成强大的压力。企业是否能顶着压力前行，是否能在竞争中脱颖而出，不仅看员工的技术水平和工作能力，还要看其是否具备良好的心理素质。在招聘新员工时，我们是否考虑过这些问题：新招进来的员工是否具有创新才能和创新精神？是否能领导和训练他人？他是否能在团队中工作？他是否能随机应变并善于学习？他是否具有工作热情和紧迫感？他在重压之下能否履行职责……在一些发达国家或地区，如美国、日本、英国等越来越重视对员工心理素质的考察，并通过一系列心理素质测定来判定招聘对象心理素质的好与差。他们认为，这是一个可以减少冒险，促进做出完美决定的过程。其实，目的只有一个：就是要找到心理素质较好的人才。

一个真正意义上的人才应是德才兼备的。才，无可置疑，就是反映在工作能力和心理素质上；而德，一般来说就是从工作态度中体现出来。良好的工作态度，往往能为本人带来工作激情和动力，从而提高工作效率。当然我们不能将工作态度简单地和工作绩效联系在一起，还必须考虑到企业环境的各种具体条件的影响，这是企业在日常经营领导时所应该考虑和处理好的客

观因素，而在进行人员招聘时，应聘者所持有的工作态度，却是我们不得不考虑的主要因素。由此为本企业选拔到具有良好工作态度的人才，必将能使以后的经营领导工作事半功倍。

识别人才的心理法则

◎ 只有长时间的观察，才能真正了解下属的心

用人先要学会观察人。善于观察你的下属这是很有必要的，这能够促使管理者洞悉下属的心理、想法、欲求，能够真正发现下属潜在的特质，抓住这一点，就能够比较好地用好下属。因此，观察下属是管理者给下属定位的方法之一，不可疏忽。

当你在管理岗位上超过两年或以上，如果仍未看清下属的本领，你这管理者就算是白当了。

不要以为身为管理阶层，就以为下属便要看你的脸色行事。事实上，许多人拥有优厚的潜能，只是性格上有些缺点。如果身为上司的你能适当地安排，使他的缺点变成优点，就可以充分发挥他的潜能。

忽略下属的性格，勉强他们做不适合的差事，结果受挫折的将是管理者。有些人以为定下的原则，如钢铁般不容下属破坏，更不容许他们以任何理由拒绝。这实属呆板的做法，因为原则是死的，人是活的。

许多老一辈的管理阶层不易被下属接受，多是因为那些上司喜欢被下属奉承，却永不去了解下属，以致出现一面倒的情况。

你的下属每天均留意你的表现。你的笑容、严肃、皱眉，都显示你当天的情绪。你必须进行双轨沟通法，意思是你被下属了解的同时，也要对下属进行长时间的观察和了解。

要学会观察人。有些人的自尊心特别强，一部分是源于潜意识的自卑感。这种复杂的情绪构成反叛性格，面对上司时，依然摆出一副"不易屈服"的态度。如果上司与下属各持本身性格，不愿稍作迁就，结果造成双方关系僵持。这对于身处高位的管理阶层绝非好事，这只会显示出管理方法失败。

那么该如何观察下属呢？请先看这样一个故事。

大多数的同事都很兴奋，因为单位里调来了一位新主管，据说是个能人，专门被派来整顿业务。可是，日子一天天过去，新主管却毫无作为，每天进办公室后，便在里面难得出门。那些紧张得要死的坏份子，现在反而更猖獗了，认为他哪里是个能人，根本就是个老好人，比以前的主管更容易唬弄。

4个月过去了，新主管却发威了，坏份子一律被开除，能者则获得提升。下手之快，断事之准，与4个月前表现保守的他，简直是换了一个人。年终聚餐时，新主管在酒后致辞：相信大家对我新上任后的表现和后来的大刀阔斧，一定感到不解。现在听我说个故事，各位就明白了。

我有位朋友，买了栋带着院子的房子，他一搬进去，就对院子全面整顿，杂草杂树一律清除，改种自己新买的花卉。某日，原先的房主回访，进门大吃一惊地问，那株名贵的牡丹哪里去了？我这位朋友才发现，他居然把牡丹当草给割了。后来他又买了一栋房子，虽然院子比之前那个更杂乱，他却是按兵不动，果然在冬天以为是杂树的植物，春天里繁花似锦；春天以为是野草的，夏天却是花团锦簇；半年都没有动静的小树，秋天居然红了叶。直到暮秋，他才认清哪些是无用的植物而大力铲除，使所有珍贵的草木得以保存。

说到这儿，主管举起杯来说，"让我敬在座的每一位！如果这个办公室是个花园，你们就是其间的珍木，珍木不可能一年到头开花结果，只有经过长期的观察才认得出啊。"

"路遥知马力，日久见人心"，一个员工的价值高低绝不能凭我们管理者一时的观察或是只看他表面的现象。要真正了解一个人，需要长时间的、

持续的观察。只有通过了细致彻底的观察，才能正确评估出一个人的价值并给他合适的工作。

花匠总是勤于给花草施肥浇水，如果它们茁壮成长，就会有一个美丽的花园，如果它们不成材，则把它们剪掉。

◎ 不经意的小事往往是人的心理体现

水滴虽小，却能折射出太阳的光辉。谚语说见一叶落而知秋之将至也，因为从一叶飘落这一小的现象就可以知道大的事件——秋天快到了，识人也是如此。一个人的品性、志向和好恶都体现在平时生活中的小事中，只要仔细观察就可发现许多有用的东西。

看过《世说新语》的人都知道管宁与华歆的故事，本来他们算是不错的一对好朋友。后来管宁与华歆割席分坐，断绝来往，不过是因两件小事。一件是在两人锄地的时候，一块金子光灿灿地从地里露出来，管宁视如瓦石，挥锄如故；华歆却乐得心花怒放，拿着金子舍不得放下。另外一件事发生在他们读书时，一位高官的车队威风凛凛地从门外经过，管宁充耳不闻，华歆却撂下书带着几分贪恋跑去看热闹了。待他看后回来，管宁已把席子一分为二了。

察人于微，从小事上可以看出华歆的人生取向，管宁的眼光确实了得，后人把管宁割席载之于书，说明是赞成其做法的。

无独有偶，美国的一位管理学家曾受聘于一个大老板，在几次用餐时，他发现老板盛饭不是多了吃不下，就是盛少了不够吃。他想，一个连自己吃多少东西都把握不准的人，值得再为他效力吗？便辞了职。果不其然，那个老板的公司后来因决策失误真的倒闭了。

基辛格在外交上的盖世才华是举世公认的。在他初入哈佛大学拜访学界泰斗艾略特的时候，艾略特并不热情，碍于情面，他只是给基辛格开了一张书目，那上面列了25本必读书的篇名，让基辛格通读之后写出一篇读书报告，比较一下德国哲学家康德的两本专著《纯粹理性批判》和《实践理性批判》。艾略特嘱咐基辛格在完成读书报告前不要再来找他。3个月后，基辛格把读书报告交给了艾略特，当天下午艾略特把电话打到了学生宿舍，要基辛格去见他。

作为一名学者，艾略特的目光是很挑剔的。但读过基辛格的读书报告，他得出的是这两点：在基辛格之前，从来没有一名学生真正认真读完这25本书；也没有人写出过条理这样清楚的读书报告。对一名导师来说，要了解一名学生，看过学生的一篇读书报告就足够了。

蚁穴虽小，却能使黄河决堤、一溃千里。可见，小处虽小，但却能见大。一个大的灾害并不全是偶然而降的，它多是因为平时的毛病未被人知晓而一点一滴的积累而来；而成功也并不是一日之功，同样是平时注意自己言行从而得到的。故要找失败的原因，应多看看自己平时的所为；要成功，就应时时注意，从生活中的点点滴滴做起。那么，要识人以促成自己事业的成功，就应从小处识人，从人的小的言行之中看到他大的才能的方面。

这就如同从蛛丝马迹中发现一个大的阴谋或是知道一个宝藏的所在。有一位母亲的话对我们应有启示，她告诫自己的儿子说："如果有一个女孩跟你去吃西餐，点了'全餐'，起初上来的开胃菜、面包、汤、沙拉，她全都吃光了，等到后面的主菜和甜点，已经撑不下去，你可别怪她。她绝不是浪费，只是不会点西餐，甚至可能没吃过'全餐'。但你要是哪天遇见一位小姐点了全餐，而且从头到尾，每道菜只碰一点点，可就该小心了。那真是太浪费，只怕你将来养不起。"这位母亲的话可谓真有见地。人生的经验使她学会了从小处识人，而小伙子们生性豁达又被罩于情网之中，哪能想得那么深那么远呢！这点又不得不使人联想起"当局者迷，旁观者清"这句名言来。

国外一位著名银行家的经历应该对我们识才有所认识。他早年工作极不顺利，好几次都没有应聘成功，当他带着一颗受伤的心走进一家银行，不幸的是，他又被拒绝。默默地，他走向了大厅的出口，不经意间，他发现地上有一枚闪亮的图钉，就蹲下身去把他拾了起来。这时银行的董事长恰巧从这经过，看到了这细小而又平常的一幕，但董事长却别具慧眼，认为这种人正是银行所需的，任用他的话一定会把银行的事办好。第二天，他就接到了银行的聘任书。此后，他努力工作，并把银行管理得井井有条，董事长死后由他接任，最后成为世界著名的银行大王。这位银行大王的产生得益于那位董事长慧眼识人。如果董事长稍微粗心一点，或者是虽然看到这感人的一幕却没有思考一番，那么这粒闪亮的"金子"还会继续埋在沙堆里。

用人是领导成功的关键，而用人之前提是要识人。领导者能以小识人，可见其与众不同。

◎ 言语、举止是心理的根本反映

一个人的才能志向往往在不加留心的细节之中，这细节不时地反映在一个人言行举止当中。

男人们常说女人的美丽动人之处就在不经意的一瞥之中，这话不无道理。如果借用到识人上，就可以说一个人的才能志向往往在不加留心的细节之中，这细节不时地反映在一个人的言行举止当中。知人言行而后识人是管理者识人的一个重要手段。

清朝的曾国藩具有异乎寻常的识人术，尤擅长于通过人的身体语言来判断对方的品质、性格、情绪、经历，并对其前途作出准确的预言。

某天，有新来的三位幕僚来拜见曾国藩，见面寒暄之后退出大帐。有人问曾国藩对此三人的看法。

曾国藩说："第一人，态度温顺，目光低垂，拘谨有余，小心翼翼，乃一小心谨慎之人，是适于做文书工作的。第二人，能言善辩，目光灵动，但说话时左顾右盼，神色不端，乃属机巧狡诈之辈，不可重用。唯有这第三人，气宇轩昂，声若洪钟，目光凛然，有不可侵犯之气，乃一忠直勇毅的君子，有大将的风度，其将来的成就不可限量，只是性格过于刚直，有偏激暴躁的倾向，如不注意，可能会在战场上遭到不测的命运。"

这第三人便是日后立下赫赫战功的大将罗泽南，后来他果然在一次战斗中中弹而亡。

曾国藩任两江总督时，有人向幕府推荐了陈兰彬、刘锡鸿两人。他们都颇富文采，下笔千言，善谈天下事，并负盛名。接见后，曾国藩对陈、刘两人作了评价："刘生满腔不平之气，恐不保令终。陈生沉实一点，官可至三四名，但不会有大作为。"

不久，刘锡鸿作为副使，随郭嵩焘出使西洋，两人意见不和，常常闹出笑话。刘写信给清政府，说郭嵩焘带妾出国，与外国人往来密切，"辱国实甚"。郭嵩焘也写信说刘锡鸿偷了外国人的手表。当时主政的是李鸿章，倾向于郭嵩焘，将刘撤回，以后不再设副使。刘对此十分怨恨，上疏列举李鸿章有十大可杀之罪。当时清政府倚重李鸿章办外交，上疏留中不发。刘锡鸿气愤难平，常常出语不逊，同乡皆敬而远之。刘锡鸿设席请客，无一人赴宴，不久他忧郁而卒。

陈兰彬于同治八年（1869年）经许振炜推荐，进入曾国藩幕府，并出使各国。其为人不肯随俗浮沉，志端而气不勇，终无大建树。

因此，在企业用人中，高明的管理者要懂得从下属的言行举止间识别一个人的才干和品行。

◎ 工作表现是心理状态的直接体现

作为上司，也许你眼中的下属仍旧都和往日一样神采奕奕，笑容满面，工作起来也格外地投入。但你要意识到这可能是一种虚假状态，也许其中有人正在努力保持自己的笑容，但他们并不是以最佳状态进行工作。如果你能

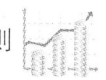

经过仔细观察，对处于状态低谷的下属给予理解和爱护，那么对方今后会以十二分努力来回报。

许多国家的生命科学家都对人的机理状态进行研究，认为人的精神状态周期大多是1个月。这就是说如果你觉得今天的情绪非常糟，即使没有纷繁复杂的工作来打扰。你也要仔细对待1个月的这几天。

有效的管理的关键是应该根据下属不同的状态，被称为员工准备度，及时地确定或改变自己的管理风格，来适应下属的状态。

下属的状态取决于其在某一特定工作或活动上的知识、技能与经验，能否支持其干好某项工作，表现为下属对自己的直接行为负责任的能力与意愿，它包括能力准备度和意愿准备度。

1. 不能 / 不愿意或不能 / 无把握。

如果下属在工作时表现为毫无相关知识与技能，而且没有兴趣学习。在现实中，他们原本是很称职的员工，但因为变化，使得他们与组织格格不入，变得消极，或缺乏信心。

管理者在这一阶段应采取"指令式的管理风格"，通过命令和严格的监督来引导并指示下属。

2. 不能 / 但愿意或不能 / 有信心。

如果下属的技能仍不能达到要求，但因为已经有了第一阶段的工作经历，具备了一定的自信，有信心和渴望学习，或者想学并相信自己有能力学好。

管理者在这一阶段应采取"教练式的管理风格"，指导、支持和激励下属尽快地提高技能与知识。

3. 有能力 / 不愿意或有能力 / 无把握。

在管理者的指导帮助下，下属的技能与知识已足以完成工作，但如果他们面临更具挑战性的工作，有可能在自信上再次出现问题，不愿意或者因为某种原因而缺乏内在驱动力。

管理者在这一阶段应采取"团队式的管理风格",来激励下属并帮助他们解决问题。

4.有能力／愿意或有能力／有信心。

下属在管理者的激励、指导和开发下,一步步走向成熟,在能力和意愿方面都能够适应工作。

管理者在这一阶段应采取"授权式的管理风格",将工作交给下属,管理者只需做监控和考察的工作。

在不同的阶段,下属的状态是不同的,即使是在相同的阶段,下属因不同的工作,其状态也会不同。一个成功的管理者,当你面对下属时,你要了解他们,管理他们,与他们一起成功。一个成功的管理者,要准确地把握下属的状态,及时地确定与改变自己的管理风格。

任用人才的一般原则

◎ 做分配工作的内行

上司如果能干,定能将员工之工作分配得极为妥当,激发员工的工作意念,否则员工会有反抗的心理。

所谓善于分配工作的好上司如下列所述:

第一,经常检讨个人负责的工作内容,适当地估计工作的质与量,以求分配平均。

第二,考虑到某份工作量所需完成的时间。

第三,若派予其他员工,会先由员工本身工作进行的状况而定。

工作分配如果不妥当,就易造成不满的情绪。分配工作虽是小事,却与从业人员的士气大有关系,千万不可忽略。

◎ 才能与职位要相称

管子曰："君之所审者三，一曰德不当其位，二曰功不当其禄，三曰能不当其官，此三本者，治乱之原也。"可见，能当其位是任人的重要原则，是判断领导者任人是否正确的首要标准。

在任人时，领导者对人才一定要量体裁衣，既不能让统御千军的将帅之才去做伙头军，也不能让县衙之才去当宰相；既不能让温文尔雅坐谈天下大事的文官去战场上驰骋，也不能让叱咤风云金戈铁马的武将成天呆在官廷内议事。而应该辨清各自的特长，派其到相符的地方或授予其相应的职位。

不当其位，大材小用或者小材大用都是任人失败之处。不当其位，当然就无法发挥人才的长处，空得满腹经纶却无处施展；大材小用造成人才的极大浪费，必挫伤人才的积极性，使其远走高飞，另谋高就；小材大用只会把原来的局面越弄越糟，成为专业发展路上的绊脚石。"用人必考其终，授任必求其当"，古人已经给现代领导们作出了榜样。

狄仁杰就是一位善于任人的官史。有一天，武则天问狄仁杰："朕欲得一贤士，你看谁能行呢？"狄仁杰说："不知陛下欲要什么样的人才？"武则天说："朕欲用将相之才。"狄仁杰说："文学之士，有苏味道、李峤，都可以选用；如果要选用卓异奇才，荆州长史张柬之是大才，可以任用。"武则天于是提升张柬之为洛州司马。过了几天，武则天又问贤，狄仁杰说："臣已推荐张柬之，怎么没任用？"武则天说："朕已提拔他做洛州司马。"狄仁杰说："臣向陛下推荐的是宰相之才，而非司马之才！"武则天于是又把张柬之升迁为侍郎，后来又任他为宰相。事实证明，张柬之没有辜负重任。可见狄仁杰多么懂得任人应当其位的道理！

在考虑能当其位的过程中，领导不能仅仅以人才能力的高低来衡量，还得考虑人才的性格、品行。如果此人性格懦弱、不善言辞，则不宜让他担任公关和推销方面的任务；如果他处事较随意，且常出一些小错，不拘小节，就不应任用他做财务方面的工作；如果品行不太端正，爱占小便宜，且比较自私，对这种人尤其要小心任用，最好不要委以重任或实权，使其处于众人的监督之下，不至于危害大局，一旦发现其恶劣行为，立即严惩不怠，绝不心慈手软，以防"一颗老鼠屎搅坏一锅汤"。所以，作为领导，在任命时一定要就人才的能力、性格和品行等方面综合考虑，再授予其一个适当的位置。

此外，领导者还需考虑一个重要因素，即年龄。一些工作岗位可能有两人可以胜任，一个年轻，一个年长。对此，领导者就应该考虑年轻人和中老年人在性格上的差异：年轻人热情奔放，充满活力，且敢拼敢闯，创造力强；中老年人沉稳、冷静、忍耐力强且经验丰富、老到。年轻人缺乏的是经验，中年人缺乏的是闯劲。了解到这些，领导就可以根据该项工作的特征确定合适的人选。

同时，领导还不能忽视年龄层次问题，机关部门、事业单位的年龄层次可以适当偏大一些，姜毕竟还是老的辣。而企业的年龄层次宜年轻化一些。对企业领导，如果发现有几人都能胜任某一项工作时，可尽量任用年轻人，因为年轻人精力充沛、后劲十足，工作年限还很长，而年纪较大的人可能即将离任。这样就避免企业出现人才断层，有利于企业持续快速发展。

◎ 正确处理统与分的关系

领导用人，其目的就是让人才为我所用，食我之禄，为我分忧。因此在具体实践中，领导者应注意统一领导与分工授权的关系。

统一领导经常表现为一种集权，使领导者陷入事无巨细、事必躬亲的误区。但统一领导又是不可或缺的，只有实现统一的领导，才能有统一的意志、目标、方向、步调，才能朝统一的目标迈进。为了解决统一领导中这一暗含的矛盾，就必须实现分工授权。

分工授权又可称为分层领导、分级领导。是指按照一定的规划和程序，

将领导纵向分为若干层次，分级排列，上级向其下级逐级负责，其管辖范围随级别下降而缩小，形成上下对应的领导与被领导的从属关系，一级抓一级，一级管一级，使组织成为朝着共同目标前进的统一整体。

能否实现有效的领导，其要素之一就要看他会不会实现层次分级领导。不进行统分结合的领导，是不可能取得成功的领导的。过细的领导，只能使其被一些琐事包围，一叶障目而不见泰山，成了小事清楚，大事糊涂。正确的领导方式应当是在统一领导的大方向下，实现有效的分工授权，做到小事糊涂，大事不糊涂。三国时代蜀相诸葛亮，虽然是一代名相，但由于忽视层次领导，事必躬亲，结果积劳成疾，英年早逝，给人留下"出师未捷身先死，长使英雄泪满襟"之憾。

据史书记载，他在军中事无巨细，都要亲自过问，甚至连粮草消耗这种小事都要亲自操劳。显然，他那种鞠躬尽瘁死而后已的精神是值得后人弘扬的，但他那事无巨细、事必躬亲、越俎代庖的工作方法并不足取。

现在有些领导人，头脑中也缺乏这种分工授权的观念，在工作中分工不授权，反而大包大揽，弄得单位里形成了"领导忙得团团转，下属悠闲没事干"的反常局面。领导怨天尤人，埋怨下属没有积极性，不能替自己排忧解难。岂不知，之所以造成这种局面，就是由于领导者不懂得分工授权而一手造成的。

领导干部要干领导的事，要围绕着提高领导干部效能，集中精力干那些必须由领导人亲自去干的重要工作。无论何时何地，都不能忘记自己的身份和职责，不能颠倒工作的主次，尤其注意不能搞包办代替，不随意越权代理下属的工作。要保证使分工负责每项工作的人都有职、有权、有责，以防止分工负责的人难以行使职权，造成不应有的混乱。

◎ **坚持宁缺勿滥的原则**

宁缺勿滥要求领导者在任人时选用精兵良将，不多用一人，也不闲置一人，使人事保持相对稳定，不闲则已，闲则必责。如果在当时没有找到合适的人选，宁可让职位空缺，也不滥竽充数。

（一）"官不必备"

古人曰："官不必备，唯其人。"用人之多少，应根据工作需要而定。在确保工作质量的情况下，再合理安排职位和人数，然后再根据一人一职的原则任用人员，既不可备位，也不可备人，更不能在找不到合格人选的情况下随便以人顶替。否则，就会影响整体效率和质量。

古人对任人时宁缺勿滥的原则也早有认识，并采取过不少有利措施加以防范，制止这种情况的发生。唐太宗就提出"官在得人，不在员多"，李德裕曾强调"省事不如省官"。西魏苏绰在其《六条诏书·擢贤良》中极力主张裁减官吏以避免人浮于事的弊端，他说："官省，则善人易充，则事无不理；官烦，则必杂不善之人，杂不善之人，则政必有得失。"北宋包拯坚持用"勤"，不用"冗"。他针对北宋冗员众多的情况，向仁宗皇帝指出："欲救其弊，当治其源，在乎减冗杂而节用度。"他主张"留神省察"，对于占着位子又无所事事的官员坚决予以清除。他在知谏院时，曾经上书弹劾做了七年宰相而又毫无建树的宋庠，并且连续三次弹劾罢免了温成皇后的伯父张尧佐的"三司使"的要职。可见，"官不必备，唯其人"古往今来就是用人任人的一条重要准则。这对今天的领导者们仍有重要的借鉴价值。

（二）任人以专

一个人能力再高，在短时期内都是难以做出重大成绩的。人才聪明才智的发挥需要一定的时间，因此其能力和功绩须在较长时间内才能体现出来。领导者在任人时一定不能急功近利，急于求成；经常更换人事，这样做会适得其反，离自己所要求的目标越来越远。正确的做法应该是一旦确定了人选，就给予其充足的时间，让其潜心研究，放手去做，反而容易作出显著成绩。举个例

子，美国科学家的科研水平乃世界一流，但如果美国政府要求他们在短期内将人类送上月球并在上面正常生活显然是不可能的。如果美国政府因此而将科学家们撤职查办，那岂不成了天大的笑话。再如一家企业久病成痨，历年来亏损负债上亿元，企业领导任命一名新总经理，令其一年半载扭亏为盈，否则就再次换人，这能证明的仅仅是该领导水平低下，不懂任人以专的基本常识，而丝毫不能证明新任总经理能力低下。可见，任人以专的效果明显地比经常更换人好。

北宋王安石曾特别强调任人必须"任人以专""久于其任"。他主张一旦确定合适的人选，就让其多干几年，给其充分展示才华的时间，则"智能才力之士，则得尽其智以赴功，而不患其事之不终，其功之不就也"。古人尚且如此，今天的领导们更应理解其内涵。经常更换人不仅对事情本身于事无补，而且常弄得人心惶惶，纪律涣散。

法国经济学家亨利·法约尔对人员任期问题有一段深刻的解释。他说："人员任期稳定是一个均衡问题。雇员适应新的工作和很好地完成工作任务都需要时间，即使是假设他有相应的能力。如果在他已经适应工作或在适应之前又被调离，那么他将没有时间提供良好的服务。如果这种情况无休止地重复下去，那么工作就永远无法圆满完成。……因此，人们常常发现，一个能力一般但留下来的管理人比一个刚来就是杰出的管理人更受欢迎。"这段话虽然是针对企业而言的，但同样适用于其他组织和机构。它深刻地告诉领导者们任人以专的重要意义。

当然，任人以专并不是任期越长越好，它并不排斥工作人员的正常变动，只是强调要给人以充分展示才华和成绩的时间，同时保持人员的相对稳定，以利于事业的发展。

◎ **因事用人**

在一些企业里，人多而杂，加上效率低下，于是一些人更无事可干了，但他们又担心这样闲赋下去会被领导解职，于是就要求领导给他们安排事情，以显示他们还能干，还在努力工作。在此过程中，一些领导可谓大感头痛，本来没什么事干，却要找事干，于是便挖空心思列出一些毫无实际意义的工作，让每个人都占据一个位置或挂上一个头衔。而这些虚假的、徒劳无益的工作对企业一点好处都没有，反而造成人员繁多，机构臃肿，既增了负担，又降低了效率，还浪费了人才，有百弊而无一利。

之所以出现这种情况，就在于领导者在任人时因人设事的做法。这种任人方法的意思是有什么人，就去办什么事，即使没事可干了，但如果还剩下一些人，就凭空想出一些事情，把剩余的人员安排好，其弊端前已阐述。这样的任人方法根本无法适应市场经济条件下的领导者们，现在需要的是因事设人的方法，即领导者根据工作需要，有什么事要办，就安排什么人去办，有什么职位安排什么人，一切以促进公司的发展，提高效率为出发点，绝不能因人设事，没事找事，做一些无用的工作。对于剩余的人员，领导者应果断地下岗分流。

因事用人除了考虑人员的数量与工作需要的关系之外，还要考虑人员素质与工作要求的关系。如公司因管理和技术工作要求，就招一批知识水平较高的人去担当此任。若公司需要一些文秘、财会人员，领导就不能招体力劳动者顶替。概括地说，一切因事而异。事情多，就多安排人数；事情少，就相应减少人数。事情难办，文化要提高，就提高人员的素质；反之，就可以适当降低要求，用普通人员即可。

◎ 坚持平等的原则

某些单位领导人不屑于与下属平起平坐，把等级观念看得很重，认为决策权是自己地位的象征，不想与下属共同决策，这种带封建色彩的管理思想早就过时了。

也有的领导者认为自己了解的情况，比下属全面，自己的能力、水平也

比下属强，下属提不出比自己更高明的计策来。这是许多领导共同的误区。应该承认，这些人成为单位最高领导人，的确是因为有过人的才干，但往往正是这些能力强的领导者自恃才高，不愿听下属看似愚蠢的意见，独断专行。有人说：精英管理是独裁管理，道理也就在这里。

其实，领导者的想法再高明，下属不接受，那也是一厢情愿、废纸一张。领导者要想办法使自己的决策，变成是下属的想法。能诱导下属自己提出来，让他们认为这是他们自己提出来的，这样的领导者才是最高明的。

当然，参与决策的人越多，企业机密被泄露的可能性也越大。而且，参与的人越多，所花费的时间也越长，决策的执行也可能因此而受到延误。

尽管有这些不利因素，但这样做是值得的，因为让人们参与对他们有影响的决策变革是非常重要的。如果领导者要得到下属全力以赴的支持，就必须让他们共同参与行动，而且越快这样做越好。

一旦在相同的目的之下，充分发挥相辅相成的作用和机能，就越容易成功。急躁的上司配以稳重的下属，胆大的领导配以心细的员工……任何成就的造就都会变得容易、迅速得多。

有　次，美国玛丽·凯公司的竞争对手的助理副总裁向玛丽·凯求职。他很伤心地对她说："我已经无路可走了，我们公司已经无法再继续发展，再待下去我也没有前途可言。"

他们谈了一会之后，玛丽·凯发现了他抱怨该公司的真正理由。那家公司正在修订行销策略，而这位助理副总裁没有被列入策略修改委员会的一员，而正如他所说的，凡是这个委员会的成员都被视为"高级干部"。因此，他对该委员会提出的任何改革政策都极力反对。所以，玛丽·凯不得不下这个结论：假如他也成为委员会的一员，他就会采取支持的态度。他是一位聪明的年轻人，如果能参与这项工作，一定能对该公司有所贡献；相反的，正因为他无法参与，他的反对态度甚至促使他辞职而去。归结来说，就是一个优秀的工作人员的自尊心受到了伤害。

只有合理分工才能使下属心情舒畅

知人善任，对下属进行合理分工，可以使下属心情舒畅，充分发挥积极性和创造性。作为上司，其主要精力应该花在计划、组织、监督和指导上面。如果事必躬亲，必将因小失大，一方面，自己的时间和精力大部分被琐碎的事务占去，势必影响宏观调控的功能；而另一方面，又会使下属束手束脚、觉得无事可干，丧失工作的积极性和创造性，不能人尽其用、人尽其才。这样即使你干得筋疲力尽，也难取得优越的成绩。

管理者必须根据发展状况和实际需要，认真研究企业对人才的需求，什么岗位要什么样的人才，要做到心中有数。同时要清楚了解员工的能力与特长情况，尤其要善于发现那些默默无闻的人才。要根据人才的专长，扬长避短，合理使用人才，千万不要将有能力的人才闲置。管理者在用人的过程中必须牢牢记住一点：用人不疑。

公元1683年6月，施琅奉康熙帝的命令率水师两万余人，战船两百余艘，自铜山出发，进击台湾，经过几天奋战大败澎湖守军。守军主力悉数被歼，结果军心涣散。施琅占据澎湖，居高临下，对郑军进行招抚。郑氏统治者见大势已去，遂同意归附清廷，实现和平统一。台湾和祖国大陆和平统一在清初是一件大事，施琅为此立了大功。在统一的过程中，施琅固然功不可没，但是如果没有康熙帝的用人不疑，施琅恐怕也很难施展抱负。在当时，正当施琅雄心勃勃希望以武力征服台湾时，主抚派在当时占了上风，部分朝臣对施琅不信任。因为他不仅是明朝的降将，而且在1664年前后两次率兵征台未果。最后康熙帝仍然果断地任用施琅，终于使得台湾得以统一。

管理者一定要有正确的用人态度，要有清醒的用人意识，要有坚定的用人信心。企业可以有各种监督、考核手段，但这并不是要在其职权范围内横

加干涉。要表里如一，让员工安心工作，而不必花费精力来对付管理者。通过建立科学的选拔和用人机制，创新人才才会脱颖而出。

作为管理者，在对下属进行任务分工时也应根据下属的能力和特长进行合理分配，而不能"乱点鸳鸯谱"，否则会造成下属的不满情绪，影响上下级之间的交往，不利于工作的完成。

中国有句俗话：用人不疑，疑人不用。这也是知人善任的一项原则。你应该对你的下属毫无猜疑地信任，这样才能使他们忠实真诚地为你效力，才能使他们负起应负的责任。

要做到信任下属，还应该多听取他们的建议，让他们知道，他们也在参与管理，而不仅仅是被管理。管理者要记住：请教别人或征求他们的意见，总会使他们感到高兴。

人只有做符合自己秉性的事才会更积极

管理的任务简单地说，就是找到合适的人，摆在合适的地方做一件事，然后鼓励他们用自己的创意完成手头的工作。管理者要想说服下属，让他们依照你的意思行事，就必须摸清下属的性格，对不同的人采用不同的方法，既不能千篇一律，也不能"牛不吃草强按头"。摸透下属的秉性，必须对下属有全面、细致的了解，对下属的情况知道得越多，越能理解他们的观点和存在的问题。作为管理者，应该尽一切力量去认识和理解下属的全部情况。下属们的工作态度、习惯不只影响其自身的工作效率，也会影响到其他下属的士气和工作效率。身为领导者不能忽视下属的性格问题，只有了解了他们的性格，才能采取正确的对策，以理服人。

三国时期，诸葛亮作为领导，对下属的性格可谓了解得极其透彻，他能针对不同的下属而采取不同的对策，所以能让所有下属都心服口服。关羽骄傲自大，诸葛亮在华容道之战前，利用他的自大、自傲，使其立下军令状。其后，关羽果然是如诸葛亮所料，放走了曹操。他也从此对军师诸葛亮更加信服。

而张飞，性格鲁莽、脾气暴躁。诸葛亮对这一莽汉则采取激将的办法，往往激得张飞不惜生命南征北战，从而取得胜利。事后，张飞对诸葛亮也是心服口服。孟获有少数民族的特点，他淳朴但又奇猛无比。对待这样的人，诸葛亮则采用了攻心战术。七擒孟获，使孟获由衷地佩服诸葛亮，并从此对诸葛亮、对蜀国死心塌地。

对于不同的下属，你一定要先把握他们的性格，才能够据此采取不同的对策，让他们信服。

对于那些事事悲观，对新观念不抱希望的下属，他们的这种性格使他们不想面对现实，阻碍了整体的前进。对于有这种性格的下属，在他们面前一定要保持一种乐观进取的态度，让他们有所放松，并多多鼓励他们积极进取。

对于那些脾气暴躁的下属，他们的性格或许会令企业永无宁日。对待这些下属，应当在他们心平气和时，让他们知道乱发脾气是不恰当的。并强调企业是个整体，不容许个别人破坏纪律，也不会姑息乱发脾气的行为。当他们情绪激动的时候，最好先不要发言，听他们诉说心中的不平。一个愤怒的人，通常会有很复杂的情绪，细心地聆听可以令他感觉到你在注意他，并会对你慢慢地有好感。

对于一些个性极强的下属，则不能放任自流，要及时地制止他们的行为，让他明白不能无视企业的纪律，以直接劝告来达到说服他的目的。

作为管理者，面对有着不同秉性的下属，要懂得去了解他们的性格，把不同性格和具有不同特长的下属放在不同的位置上以充分发挥他们的才能。

用人与信任
——用人不疑，疑人不用

企业的成功不是来自于组织的正式系统，而是来自于支撑这个组织的"精神"。很多管理者会把自己放在首位，放在组织需要和其他员工最大利益之上。他们其中一些人会过分地留心员工的言行，过分地调查公司内的传言。这种心态使得他们无法做到充分信任下属，表现在三方面。

表现之一：一位下属抱怨说："有些事情是不需要经过那些官僚程序、分析和一道道关卡的，我常常觉得主管刻意想制造一些障碍，不得不和他坐在一起仔细地研究每个细节。"

还有下属说："这位主管总是在我面前不断地提出不客气的批评，对已经进行的工作叫停，对细节吹毛求疵，他影响到了我的工作。有几次计划已经完成，执行主任也批准了，这位主管还提出一大堆建议，坚持要我们照要着他的方式去做。我的计划被迫停止。"

表现之二："我和主管相处往往很不愉快，因为他对我的工作无论大小事情都要管理。他很难想象设计小组的每个成员对自己的专业领域比他懂得更多。他不断对我们的工作放'马后炮'。"一位员工如此报怨。

表现之三：另一位员工说："我的主管希望我随侍在侧，好像我是他的连体婴儿似的。他接了一个电话后，会马上跑出来问我说某某文件放在哪里了，或者是他现在要去哪儿哪儿，马上就要这个或那个。我根本没有时间做自己的工作，因为我的主管寸步不离地紧盯着我。"

所有这些不信任的表现都将影响组织的效益，更为重要的是，这样的不信任将严重影响组织目标的实现。只有信任员工，并且让员工觉得你信任他，从而他对你才会产生信任感。

我们常常见到的是管理者不能充分信任下属，但是过度信任下属的情形也并不是没有。与上面的几种表现相反的是，他们过于相信下属，因此走进了另一个极端——放任。

从某个角度讲，信任下属，是管理者对下属品质、能力的充分肯定。但这绝不意味着让那些不具备良好品质和突出能力的下属任意所为，以至于破坏企业形象。因此，信任是一种理解和信赖，放任则是一种散漫和纵容。作为管理者，你应当记住这一点，切忌混淆两者的关系。信任下属是必要的，但不要过分，以致走上另一个极端——放任。

信任不是放任，信任是把事情做好，放任则能把事情毁坏。作为管理者一定要明白这一点。否则，你只能自惭形秽地面对责任和良心，失去管理者的形象。

真正的信任是：你相信你的下属会把事情办得再完美不过，同时你也相信他们会遵循你的原则。

在你着手建立合作和信任时，要牢记的是：鲍雷夫法则。即在我们的语言中：

最重要的八个字是：我承认我犯过错误；

最重要的七个字是：你干了一件好事；

最重要的六个字是：你的看法如何；

最重要的五个字是：我们一起干；

最重要的四个字是：不妨试试；

最重要的三个字是：谢谢您；

最重要的二个字是：我们；

最重要的一个字是：您。

产生信任是管理者的重要特质，管理者必须正确地传达他们所关心的事物，他们必须被认为是值得信任的人。信任下属，在很大程度上是指信任下属会尽力做事，也会正确地做完，通常下属们是不会辜负管理者的期望

的。但是，在处于指挥、控制、监视的工作环境里，是不太可能激发信任和尊重的。

不信任下属是最不实际、最没有效率、最浪费时间的管理方式。在正常的情况下，管理是将工作目标划分成适当的责任范围，使得员工能发挥最大的潜力。但是，许多管理者狂妄自大，他们以为只有自己有能力完成工作，从不信任他人，又对自己有效管理他们的能力没有信心。他们总是事必躬亲，三番五次地检查、作改动，这对生产力大大不利。结果，这种管理作风让他们自食恶果。

如果你对信任员工这种理论还是有点糊涂的话，请看看下面这个实例。

克里斯公司的管理层因为信任员工而深受员工尊重。在他们新买下一家商店后，管理层决定拿掉店中的打卡钟。管理层认为：我们何必用打卡钟来贬低他们呢？他们是成年人，他们知道什么时候应该上班，他们知道自己应该尽到的本分。管理层以实际行动表明他们相信和自己共事的人是值得信赖的，而且是有重要地位的。依照克里斯公司的说法，是把人当人看，日子会好过些。

克里斯公司里的员工餐厅完全以荣誉制来经营，贩卖机不上锁，也没有收银机，付账时，自行将钱放入一个敞开的钱箱里。克里斯公司认为："你要么信任他们，要么不要信任。你若信任他们，就不需要上锁的收银机、打卡钟，外加几十个管理员。你若不信任他们，那就不要录用他们。"

还有一点我们须知道就是，没有人愿做一个看起来无能的人的下属。信任来源于公正大方，但要想长久维系信任，只有依赖于人们对有能力的管理者的崇拜和尊重。

要值得信任，管理者还必须做到公平、公正，偏袒、虚伪、错误的观念和行为、不道德的举止，这些会极大地破坏信任。

用人以长，容人之短

任何一个组织都是众人的集合，有才华出众者，有泛泛如众者，有八面玲珑者，有谨小慎微者等。真可谓各色人等，长短不一。用人问题的关键在于，要用人之长，这是管理者用人的眼光和魄力之所在。现代管理科学的管理理念是，一个人的短处是相对存在的，只要善于激活他某一方面的长处，那么这个人则可能修正自我，爆发出惊人的工作潜能。

其实在高明的管理者眼里，没有废人，正如武功高手，不需名贵宝剑，摘花飞叶即可伤人，关键看如何运用。

在一次宴会上，唐太宗对王珪说："你善于鉴别人才，尤其善于评论。你不妨从房玄龄等人开始，都一一做些评论，评一下他们的优缺点，同时和他们互相比较一下，你在哪些方面比他们优秀？"王珪回答说："孜孜不倦地办公，一心为国操劳，凡所知道的事没有不尽心尽力去做，在这方面我比不上房玄龄。常常留心于向皇上直言建议，认为皇上能力德行比不上尧舜很丢面子，这方面我比不上魏征。文武全才，既可以在外带兵打仗做将军，又可以进入朝廷搞管理担任宰相，在这方面，我比不上李靖。向皇上报告国家公务，详细明了，宣布皇上的命令或者转达下属官员的汇报，能坚持做到公平公正，在这方面我不如温彦博。处理繁重的事务，解决难题，办事井井有条，这方面我也比不上戴胄。至于批评贪官污吏，表扬清正廉洁，疾恶如仇，好善乐施，这方面比起其他几位能人来说，我也有一日之长。"唐太宗非常赞同他的话，而大臣们也认为王珪完全道出了他们的心声，都说这些评论是正确的。

从王珪的评论可以看出唐太宗的团队中，每个人各有所长；但更重要的是唐太宗能将这些人才依其专长运用到最适当的职位，使其能够发挥自己所

长，进而让整个国家繁荣强盛。

未来企业的发展是不可能只依靠一种固定组织的形态而运作，必须视企业经营管理的需要而有不同的团队。所以，每一个管理者必须学会如何组织团队，如何掌握及管理团队。管理者应以每个下属的专长为思考点，安排适当的位置，并依照下属的优缺点，做机动性调整，让团队发挥最大的效能。最糟糕的管理者就是漠视下属的短处，随意任用，结果就会使下属不能克服短处而恣意妄为。也就是说，一位不能够明白下属短处的管理者，也不能够明白下属的长处，这是善于洞察下属的管理者力戒的用人误区。如果说，只看到下属的短处而将他抛弃的管理者好比瞎了一只眼睛的盲人，那么只使用下属的短处的管理者则好比瞎了两只眼睛的盲人——成了一个真正的瞎子！

人心各异，方法有别

所谓性格，是指人对客观现实的稳固态度以及与之相适应的惯常的行为方式中表现出的个性心理特征。性格是一个人个性的核心，它直接影响到人的行为方式，进而影响到人际关系及工作效率。因此，在管理过程中，根据人的不同性格采用不同的管理方式是提高管理水平的重要手段。俗话说，"人心不同，各如其面"。人与人之间性格差异很大。一般来说，有几类人的性格较为突出，也比较难管理，下面分别做出介绍，为管理者提供借鉴。

（一）脾气暴躁、常与人结怨者

某君自卑感很重。他在工作中表现很认真，也很执著，但不顺利时，他总认为是其他人故意刁难他，为此经常大发雷霆，甚至到领导那里"投诉"，造成办公室人际关系紧张，直接影响了其他人的工作情绪。

当这类情绪激动、怒气冲冲的员工跑到你办公室"投诉"时，你首先应让他们坐下来，然后仔细聆听他们的讲话，不要发言，因为他们在激动时所说的话往往是杂乱无章的、未经组织的，让他们把事情的经过说完，或者在一定程度上说，是让他们宣泄完愤怒的情绪，相对冷静下来之后，再来谈你的处理方法。你不必试图改变一个脾气暴躁的人，也不要敷衍他们，更不能从中转换话题。虽然任何一个公司的纪律都不会要求改变员工的不良性格，但你必须告诉他们，动辄发脾气的人感情上通常不够成熟，要教会他们学习控制自己的情绪，并强调公司不赞成以乱发脾气的方式来解决问题。也可以尝试着给他们安排一些多见文件少见人的工作，鼓励他们多参与同事间的活动，让他们知道他们是跟大伙同一阵线的，没人愿意也没有人能阻碍他们的工作。

（二）自尊心极重、感情脆弱者

这类人多是一些职位较低的年轻女性，她们大部分刚踏出校门，对纷繁复杂、竞争激烈的社会不太适应。管理者几句提醒她们的话，听在她们耳中，就像被老师当众责骂，心中极为不安，无形中产生了一股压力，对工作丧失信心和兴趣，甚至产生跳槽的念头和行动。

具有这类性格的员工，一般表现比较拘谨，她们总喜欢绷着脸，紧张地工作，遇到困难时诚惶诚恐，对上级说话时语调总是战战兢兢。对待此类员工，说话时措辞要小心谨慎，尽量避免从个人角度出发，多强调"我们"和"公司"。在批评她们工作中的问题时，必须多顾及她们的自尊心。一丝温和的笑容，一句关切的问候，都会增加她们的安全感和自信心。在平时例行的工作中，不妨把握机会称赞她们的表现。再三的鼓励或许让你都感到自己唠叨，但对她们来说却是很受用的，而且有种被重视的感觉。同时，应该让她们明白，在工作中发生错误时，可能是多种原因造成的，不一定与个人能力有关。因此，不必为此感到沮丧和丧失信心。

（三）消极悲观、缺乏自信者

公司召开会议、讨论某项新建议时，有人提出反对是正常的。但你可能会发现，在你的公司里有这样一类人，他们不管提出的建议是什么，从不进行深入的思考，总是一味地阻挠和反对，这不仅会阻碍公司的变革，而且破坏了公司创新的氛围。因此，你必须深入分析他们反对的真正原因。有些人只是因为他们消极悲观、缺乏信心、担心失败。如果你发现某位员工一贯努力工作，对公司忠心耿耿，而且还颇有业绩，只是有些缺乏信心，你可以给他机会，培养他的自信心。例如，你可以找他谈谈你的新计划，让他负责实施。起初，他可能犹犹豫豫，面露难色。此时，你可以请他不要对任何事都采取否定的态度，应该提出积极而且有建设性的意见。如果他怀疑该项计划的可行性时，你就鼓励他找出可行的方法，并且全力帮助他实施，让他体验变革的乐趣及由此获得的成就感。当然，你不要企图使消极、悲观的人一下子变得积极、乐观。你只能让他了解你是个乐观进取、凡事采取积极态度的人，尤其是接洽一项艰巨的工作时，更应以肯定且乐观的态度对待。如果他一向尊重你，多少也会被你感染而产生信心。

（四）溜须拍马、阿谀奉承者

在许多地方，常可见到溜须拍马、阿谀奉承者，他们经常称赞你，且附和你所说的每一句话。如果有这种员工，就必然有爱戴高帽子的管理者。尽管各位管理者都会表白自己明智、有自知之明和不介意员工批评，但人们总是喜欢被表扬。有些管理者认为，只要自己不为他们的吹捧而迷惑，他们的表现也不差，就可以任由他们继续奉承下去。但事实上，你的态度，会使他们感觉你默认了这种吹捧，不仅会强化他们的这种行为，还会使他们轻视你，降低了对你的尊重。对待这种员工，在与他们沟通时，无须太严肃地拒绝他们的奉承，也不要任由他们随意夸张。当他们向你卖弄奉承的本领时，你可以说："你最好给自己留一点时间，考虑新的计划和建议，下次开会每个人都要谈自己的意见。"

（五）善于表现、急功近利者

员工中，总不乏雄心万丈、积极进取之人，甚至你能感觉到他的目标直指你的职位，许多管理者因此而忌才。但是，对待这些急功近利者却不能忽视。因为这种人往往为了个人利益不择手段，影响其他员工的工作情绪和进度，造成人际关系紧张。与急于表现自己的员工沟通，切忌使用单刀直入式，免得让他产生你忌才的错觉，而不接受你提出的任何建议。你可以认真聆听他的建议，适当称赞他的表现，表示你对他有某种程度的赞赏。得到你的称赞，他一定会进一步表现自己，那时你可以漫不经心地告诉他："凡事都得按部就班，这样才会对其他员工比较公平，如果其他人比你更急时，你能否容忍他像你现在这样牵着别人鼻子走吗？"你的语调要像平常说笑般轻松，既不伤害他的自尊心，也让他设身处地为其他人想一想。

（六）郁郁寡欢、以为怀才不遇者

这种员工常为自己的才华不能受到重视而终日叹息，缺乏工作热情和积极性。对待这种员工，千万别用类似的打击性语言："你有多少才华呢？像你这样的人，随便可以找到。"这种语言会使他们感到被轻视，变得更加郁郁寡欢。平日对他们要热情，这样会使他们有被尊重、重视的感觉。交代给他们的任务，事后一定要认真过问，如果做得好，别忘记称赞两句。尽管他们在公司里只不过是些小角色，但也可以偶尔邀请他们参加重大会议，鼓励他们勇于发言，并经常给他们提供参与的机会。如果他们同时感觉到机会面前人人均等，他们会更加努力工作。

总之，虽与有"问题"的员工在沟通和相处方面都会有困难，但作为管理者，必须在可能的范围内，尝试了解他们的性格，并进行因人而异的管

理，而且要牢记这项工作是非常需要时间和讲究方法的，不可操之过急，否则，将会适得其反。

放手让下属去干，会有意想不到的成就

《吕氏春秋》记载，孔子的弟子宓子贱，奉鲁国君主之命要到亶父去做地方官。但是，宓子贱担心鲁君听信小人谗言，从上面干预，使自己难以放开手脚工作，充分行使职权，发挥才干。于是，在临行前，主动要求鲁君派两个身边近臣随他一起去亶父上任。

到任后，宓子贱命令那两个近臣写报告，他自己却在旁边不时去摇动两人的胳膊肘，捣乱使得字体写得不工整。于是，宓子贱就对他们发火，两人又恼又怕，请求回去。

两人回去之后，向鲁君抱怨无法为宓子贱做事。鲁君问为什么，两人说：“他叫我们写字，又不停地摇晃我们的胳膊。字写歪了，他却怪罪我们，大发雷霆。我们没法再干下去了，只好回来。”

鲁君听后长叹道：“这是宓子贱劝诫我不要扰乱他的正常工作，使他无法施展聪明才干呀。”于是，鲁君就派他最信任的人到亶父对宓子贱传达他的旨意：从今以后，凡是有利于亶父的事，你就自决自为吧。5年以后，再向我报告要点。宓子贱郑重受命，从此得以正常行使职权，发挥才干，亶父得到了良好的治理。这就是著名的“掣肘”典故。古人对此事赞许道：“此鲁君之贤也。”

古今道理一样。管理者在用人时，要做到既然给了下属职务，就应该同时给予与其职务相称的权力，不能大搞“扶上马，不撒缰”，处处干预，只给职位不给权力。

在这方面做的最出色的是齐桓公的“凡事问管仲”。

有一次，晋国派使者晋见齐桓公，负责接待的官员向齐桓公请示接待的规格。

齐桓公只说了一句话："问管仲。"

接着，又来一位官员向齐桓公请示政务，他还是那句话："问管仲。"

在一旁侍候的人看到这种情形，笑着说："凡事都去问管仲，照这么看来，当君主蛮轻松的吗？"

齐桓公说："像你这样的小人物懂什么呢？当君主的辛辛苦苦网罗人才，就是为了运用人才。如果凡事都由君主一个人亲自去做，一则不可能做得了，二则糟蹋了苦心找来的人才了。"

"我花那么多的心血找到的人才，"齐桓公接着说，"让管仲当我的臣下。既然交付给他处理，齐国安泰，我就不应该随便插手。"

网罗人才是一件很辛苦又费力的事，得到真正的人才不易。一旦得到贤良而忠心的人才辅佐，国家就会兴旺安泰。要放手让人才去发挥自己的才干，身为管理者，就不要随便插手干预。正是因为齐桓公的贤明，再加上管仲的大力辅佐，不久之后，齐国就跃居春秋五霸之首。

无论是鲁君，还是齐桓公，他们的话都很值得细细品味。管理者用人只给职不给权，事无巨细都由自己定调、拍板，实际上是对下属的不尊重、不信任。这样，不仅使下属失去独立负责的责任心，还会严重挫伤他们的积极性，难以使其尽职尽力，到头来工作做不好的责任还得由管理者来承担。

所以，放手让你的下属去施展才华吧，只有当他确实违背了工作的主旨时，你再出手干预，将他引上正轨。只有将下属的积极性全部调动起来，你的事业才能迅速地获得成功。

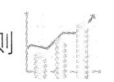

 多方面的心理抵触导致人才流失

　　人才流失是令人痛惜的，管理者们在交流的时候，常常抱怨他们在网罗优秀人才的时候是如何的不易，而失去他们却又如同秋风吹落叶一样难以挽回。是同甘共苦之后期权的诱惑突然失效了吗？还是公司的薪资水平已经不再具有市场竞争力？或者公司的管理结构出现了某种可怕的惰性？或者公司的业务方向发生严重偏离以致前景堪忧？当优秀人才提出辞职时，企业领导人既感到突然，又会在脑袋里闪现出很多的问题，但是每个问题都不能确定。优秀人才的流失的确是令人痛惜的，但也促使管理者进行反省。如果能够弄清楚优秀人才出走的真正原因，或许是这种事件发生后的最大收获。优秀人才为什么选择离开？当优秀人才提出辞职后，和他进行一次促膝交心式的会谈，是十分必要和有益的。通过交流，可以了解他们为什么离开以便采取相应对策及时挽留。即使未能留住，也可以帮助管理者发现公司许多隐藏的问题。

　　优秀人才选择离开，一般可能有以下几种原因。

（一）对薪资的心理抵触

　　对薪资待遇不满意。对更高水平薪资待遇的追求，是优秀人才跳槽很常见的原因。这种情况的发生一方面可能是由于疏于薪资水平的市场调查，以致公司整体薪资水平失去竞争力。另一方面也可能公司内部人才评核机制出现问题，不能有效地根据员工的个人能力及所承担工作的性质作出适应的薪资安排。

（二）对工作的心理抵触

对所承担的工作有兴趣是最好的工作动力，具有挑战性并且能够充分发挥潜力，是众多优秀人才择业时重点考虑的因素之一。相反，一份枯燥乏味的工作，或者与兴趣相左的工作只能桎梏人的创造能力和消磨人的斗志，无论对公司还是对个人都是一种重大损失。如果薪水可观，或许有些人还能忍受下去，但是大多数人会毫不犹豫地选择离开。

（三）对管理方式的心理抵触

对管理方式不满。公司的管理结构和管理方式是公司文化的重要组成成分。一个好的管理文化，不应该压制员工的创造性，而应该鼓励员工去做新的尝试；一个好的管理文化，不应该禁止员工自主决策，而应该强调效率；一个好的管理文化，不应该对员工的成绩视而不见，而应该对这种成绩适时给予鼓励。但是大多数企业往往并非如此，它们机构设置复杂，工作人浮于事，官僚习气十足，办事效率低下。在这种环境下，一个优秀的人才是很难有展现才华的机会的，也不能得到经常的肯定。等待晋升的过程是如此的漫长，他们只好选择离开。

（四）对企业目标的心理抵触

对公司的目标缺乏认同。发展良好的公司应该具有非常清晰的短期与长期的目标，并且经常安排高层和普通员工参加聚会，以便通过这种交流，公司上下能够达成一致目标，并且逐渐取得共识，从而拧成一股绳齐头并进。一个商业目标不确定的公司是很难留住人才的，除非它有足够的资金和实力，并且允许优秀人才参与制定公司的发展战略。

（五）对个人发展的心理抵触

缺乏个人成就感也是很多优秀员工辞职的原因之一，他们不能容忍总是

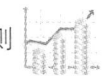

默默耕耘却没有任何荣誉回报。荣誉对于每一个优秀员工来说，既是必要的酬劳，更是有效的激励，可以使他们以及他们的同事做得更好更出色。个人成就感可以来自很多方面，有晋职上的荣耀，有办公条件的优越感，也有业务上的开创性和领先性，还有良好的社会反馈以及个人能力的逐步提升。常年从事单一的工作，或者总是为他人作嫁衣，缺乏与外界的交流，这种工作往往会使人们烦躁和情绪低落，从而萌生去意。

让员工产生归宿感是留住人才的根本方法

对于大多数管理者来说，留住人才是他们的重要任务之一。但对于员工来说，有时金钱并不是作出选择的唯一条件，工作环境的温馨，工作伙伴的熟悉，工作配合的默契，都对一个人的工作心理状态有影响。其实，每一个人都需要归宿感，让员工拥有归宿感是留住人才的重要原则之一，下面让我们来看看微软、美国西南航空和丰田的做法吧。

美国微软公司是IT行业的精英人才库，它的成功固然有多方面的经验可以总结，但就其对内部员工的民主化和人性化管理来说，一个不同于其他企业的特色是公司为了方便员工之间以及上下级之间的沟通，专门建立了公司的"内部电子邮件系统"，每个员工都有自己独立的电子信箱，上至比尔·盖茨，下到每一个员工的邮箱代码都是公开的，无一例外。

作为微软的员工，无论你在什么地方、什么时间，根本用不着秘书的安排，就可以通过这一"内部电子邮件系统"和在世界任何一个地方的包括比尔·盖茨在内的任何一个成员进行联系与交谈。这个系统使员工深深体验到一种真正的民主氛围。

微软的员工认为，"内部电子邮件系统"是一种最直接、最方便、最迅速、也最能体现尊重人性的工作沟通方式。通过"内部电子邮件系统"，除了上层对下层布置工作任务，员工们彼此之间相互沟通，传递消息外，最重要的是员工可以方便地使用它对公司上层，甚至最高当局提出个人的意见和建议。

微软的"内部电子邮件系统"为公司员工和上下级的交流提供了最大的方便，为消除彼此间的隔阂，保持人际关系的和谐畅通了渠道，为拴住人心、留住人才发挥了极大的作用。

美国西南航空公司在激烈的人才争夺战中，用独树一帜的"最佳雇主品牌形象"吸引和留住了符合企业核心价值观的员工。

"最佳雇主品牌形象"是公司对员工作出的一种价值承诺，一种与客户服务品牌同等重要的内部品牌。在2000年，美国西南航空公司的每一位员工都收到了一份包括保健、财务保障、学习与发展、变革、旅行、联络、工作与休闲、娱乐共八项的自由"个人飞行计划"。该计划将"最佳雇主品牌形象"通过警句的形式传达给广大员工："西南航空，自由从我开始"。

美国西南航空公司认为每一位员工都是实现自由承诺的要素。他们通过建立"最佳雇主"的内部品牌来激励员工，为员工提供充分的自由，不仅使员工与公司之间产生了强大的亲和力，而且有效地激发了员工创造优质客户服务品牌的热情。该公司员工福利与薪酬总监说："我们希望通过自由承诺进一步加强优秀人才的敬业精神，'优秀雇主'这一称号使我们在吸引和留用优秀人才方面获得了更大的竞争优势。"

丰田公司的信条是："员工总是那些忠诚于自己公司的人"。为了表明公司命运与员工命运的紧密相系、不可分割，公司以"没有许诺的终身雇佣"向员工表明对他们的忠诚。一方面，公司文件和经理的谈话中不断地提到终身雇佣。比如团队成员手册中就写到："终身雇佣是我们的目标——你和公司共同努力以确保丰田成功的结果。我们相信工作保障是激励员工积极工作的关键。"

但在事实上，双方并没有签订什么保证书。在团队成员手册中同时清

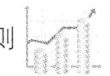

楚地写到："所有员工同丰田的劳动关系是基于就业自愿原则的。这意味着无论是丰田还是公司员工，在任何时候，因为任何理由都可以炒对方的鱿鱼。"但是丰田公司的员工都相信他们的工作是有保障的。

有位员工在接受香港记者采访时说："公司是永远不会将我们解雇的。即使不景气的时候，我们也将被留在这里，和公司一起渡过难关。"这种自信并非是盲目的。公司总裁多次公开表示，在公司困难的时候，不会裁员，而是将劳动力"重新配置"。"我们将利用这个机会来进一步培训我们的团队成员——我们这样称呼我们的员工。团队成员将利用这个机会来继续提高，而这是他们在繁忙的工作岗位上做不到的。"

丰田公司的一个部门主管说，他已经在这个岗位上干了20多年。他说在这里待这么长时间的主要原因并不是丰厚的酬赏，更为重要的是在这些年的工作时间里，已经建立了自己的威信，确实不想再到别的公司去从头做起了。他感觉他已经在很多情况下对公司作出了影响并且也得到了认可。对他来说，这些事情是比金钱更重要的事情。

他的这段话，真切地反映了人们在基本物质生活得到满足的情况下，将不再把金钱作为主要的工作动机，对大多数人来说，"个人价值的实现""受人尊重"远比金钱更重要。

因此，高薪酬并不能买得员工的永久性忠诚，唯有情感的投入才能让员工无法抗拒企业巨大的磁力。

优秀企业的培训经验

◎ 佳都：无处不在的培训

佳都国际（集团）有限公司自1992年建立以来，已在中国大陆设立了十家分公司，并在中国香港、美国设立了分支机构，是中国大陆发展最迅速、最具活力的IT企业之一。

在这十几年中，人才的开发、利用及管理对佳都国际的发展起着至关重要的作用。佳都国际尤其强调对员工的培训，在人力资源管理中，佳都把培训放在首位。

（一）无处不在的"培训"

佳都国际每个部门的职责明确，即使这样，组织如此庞大的员工队伍的培训也不是件容易的事，并不是所有的培训都由培训经理来完成，佳都国际首先把专业培训分到各个部门。比如销售人员有自己的销售任务，产品经理要想帮助销售人员完成销售任务、达到目标，就要对他的成员进行销售技能的传授，这个过程就是个培训的过程，所以这个部门经理就是培训师。而培训经理主要负责员工的入门培训、企业文化的传播等大的方面，同时对整个培训进行统筹、协调、实施、跟进、评估。因此，佳都国际要求每个管理者都要成为培训师，从这个意义来讲，佳都国际的培训无处不在。

（二）完备的"外训"系统

佳都国际已经建立了一套完善的外训系统，这主要表现在两个方面。

首先，佳都国际会定时请一些高级培训师来授课，比如对员工的企业忠诚度、职业操守、领导的艺术等的培训。这种"请进来"的方式效果显著，尤其对企业难以解决的一些内部矛盾很有帮助，因为，企业管理者在不少时候都是"当局者迷"的。

其次，公司会根据员工的需要送员工到外面的培训机构去进行专门的培训，比如去进行短期的课程培训或是到大学接受再教育等，这种切合员工需求的培训是最受员工欢迎的。

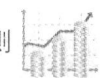

（三）培训的艺术

员工最好的培训师就是他的直接上司。国外有一分钟的管理艺术之说，它包括一分钟目标、一分钟批评、一分钟表扬，这其实比任何一种培训都重要。举个简单的例子，员工完成了一项方案，作为他们的上司能立即给予表扬，这样员工不仅知道了这件事该这样做，而且下次做得会更有热情；如果方案不完善，上司的提醒会使他改进，从而改变错误的行为方式，这种方法在培训中是最直接有效的。不管是内训还是外训，佳都国际的最终目标都是使每一位员工都能在这种培训下成为行业里最棒的。

（四）培训的价值

企业是否成功是以百年来算的，世界前五百强企业都超过了一百年。俗话说"十年树木，百年树人"，那么以人为本的企业不也得用百年来建立吗？由此，一个企业如果想做"百年老店"，对员工的培养是绝对不能忽视的。

从管理者的角度讲，一个管理者是否成功，要看他的存在是否能使企业一如既往地朝良性方向发展下去。朝好的方向发展靠什么呢？就是靠对企业员工的培养和训练。就是基于这样的认识，佳都国际才如此重视对员工的培训。

◎ IBM：做完美的IBM人

IBM是信息产业中有代表性的企业，人们称它为"教育产业"。这是一个自员工进企业到离开企业都要经常反复进行教育的企业。其教育方法也不同于一般企业的那种马马虎虎的教育。他们是彻底地将企业的方针灌输到人们的心里，以期培育成完美的IBM人，这点正是与其他企业的不同之处。

企业认为，通过对员工的反复教育，不仅可以提高IBM员工的能力，也可以使员工具备作为一般市民的修养。

如果IBM的员工被评价为优秀市民，这也就是对企业的高度评价，其结果也与企业事业的发展相联系。

因而，在IBM，对临近退休的员工，也要进行教育进修。不过，在这种情况下，进行的教育主要是一般修养方面的教育，而不是人事管理或加强营业方面的教育。说得更准确一些，是为了提高作为IBM的员工或作为曾在IBM工作过的员工所必须具备的教养和知识而举办的学习会。

若在一般的企业，就会认为"退了休的人，就没事了"，恐怕不再考虑退休后的事。而IBM则希望得到"该人不愧曾是IBM的人，各方面都很干练"的评价。

IBM的退休人员确实在不断增加。这些从IBM退休的人们分别去各地度晚年，在步入人生第二阶段的时候，不知不觉间就会宣传对IBM的信赖和表现出其所具有的智能。也就是说，把长期无偿宣传IBM的种子撒在全国各地。这就是IBM的远见。

这种学习会常常邀请各界权威人士前来参加。因此，出席这种学习会的除了要退休的员工外，还有各部门的管理人员，有时甚至董事、经理等也出席。

IBM教育的特征在于，不仅是现职人员，甚至连已经离开企业的人也作为对象。员工在入职的同时，还必须接受新员工教育。新员工教育涉及IBM各工种的大致情况，一般大约要进行3个月。

然而，进入公司后，从第一年到第三年之间，要实行一种称为入厂教育的再教育，为造就IBM人而逐步地"加工"。5年后，还要接受骨干员工教育。

这样虽然经过了充分训练，但是在这个期间，还要随时参加很多讨论会、学习会、讲演会等，所以，如果认为在入厂教育后就"不会再有进修了"，那就大错特错了。

人性育人术（一）
——洞察下属的学习需求

◎ 了解下属的学习态度

下属如果有幸在热心教育的领导底下工作，定能增进能力，比起在不热心教育的领导底下工作有利多了。因不热心教育的领导不愿多花时间训练下属，在他们心目中认为教育训练等于是浪费时间。这两者相较之下，前者定可造就高水准的绩效，这种成果是由领导对属下的教育关心而来的。

由测验结果得知，下属人员对领导的热心教育程度也有意见：

（1）若只循老经验依样画葫芦学习，自己的工作到底与其他工作有何关联，自己都不清楚，如此萧规曹随般地工作总有令人厌烦的一天，最好能更广泛地教导。

（2）把握工作重点，并教导我们应使用何种方法才能与其他部门相配合。

（3）希望能详细教导我们有关其他单位的工作。

（4）多给我们学习、研究工作的机会。

（5）希望训练我们从事上级的工作。

下属人员可由领导处学到对工作的认识与做法，并可由老前辈处学习实际工作方法，且在吸收技术与知识的过程中学会如何经营企业，思考工作时可能会产生何种问题，同时明白一切工作都要配合实际情况。让他们学习，这种经验可使员工对于将来可能发生的问题增加预测能力，让他们发挥解决问题的智慧。

不过有时亦可采取放任的态度，配合其成熟度给予适当的工作，此后再训练他更高一级的知识与技能。在这种教育训练过程中，不能过分呵护，否则会抑制他的成长。有时不妨撒手不管，养成他独自研究的习惯，训练个人的执行力，这点很重要。你不妨出个研究的题目让他自行解决，有时也可反问他："依你看应如何？"即使下属失败了也不要急着过去帮忙，直到他独自克服困难为止。这种做法也许稍为严苛，却很有价值。下属由于自己的努力而解决了问题，内心将充满成就感，更会领悟到只要努力就能完成事情的道理，使他慢慢产生自信心。

对于过分呵护的领导，下属认为既然你已给予我这份工作，就应让我独立完成，否则等于扼杀了我的成长，领导绝对必须注意此点。

◎ 让下属产生学习的心理需要

这是有关自我启发的问题。

所谓自我启发，意思是说，为了提高个人的能力，自拟计划而实行，以便达到某个目标。

在学生时代，任何人都有一些擅长与不擅长的学科。例如，喜欢英文的人，总是自动购买参考书，听讲座。讨厌英文的人，即使父母怎样激励，就是鼓不起劲来，对参加补习或是请家庭教师，都抱着"退避三舍"的态度。因此，英文成绩总是不与"努力"的程度成正比，常常为低分而大为头痛。

从这个体验不难知道，自我启发的特征，在于唤起学习意愿。因此，开发能力的根本，在于自我启发。

话是这么说，自我启发也有缺点，那就是，只学习自己有兴趣的事。另外，学习意愿的程度，以及借此想达成的目标（水准），也因人而迥异。

因此，领导干部（管理人员）在平时就得对"希望做什么工作"之类的事，有个详尽的了解，对下属的希望、能力、性格等做全盘的分析。

然后告诉下属说："你如果要做你一心想做的业务，就得对目前所做的工作中的那些部分，好好下工夫。"

如此这般，在适当时机要做这样的指导，好让他对工作产生兴趣，自动产生学习的意愿。

你应有的解决方法是要解决你的问题，就得依照下列方法处理。

好好反省下面缺点：① 是不是从不考虑到下属的愿望与意向？② 是不是只站在自己的立场，片面认为下属应该对目前的工作再下工夫，不必谈其他？③ 是不是只知以说教方式，劝他说："从事任何工作都要自己拿出热忱来学习。"

工作分配时要考虑到让下属负责一直想做的工作。即便无法马上做到，至少也要有"待机而行"的计划。

下属如果希望做某种工作，你就先给他一些课题，让他去研究。事后，还得让他提出研究报告，并且给以适当的指导。

如此反复，让他体验到"学习的乐趣"。

◎ 鼓励成员的进取精神

下属做工作，必须有些进取精神，这样才能把工作干得更好。但话是这样说，能一以贯之地做到积极进取，却不是一件容易的事。有人雄心勃勃，热情高涨，但一朝受挫就意志消沉一蹶不振；有人一时成功就洋洋得意，结果不思进取。由此可见，要积极进取确实不易。

所谓进取就是不断地奋斗，这正是一个人的活力所在，也是一个团体的活力之所在。领导者的领导能力如何，一个重要的方面就是看其下属的士气如何、进取精神如何。激励进取既是下属成功的关键，也是团体使领导事业成功的关键。

对于那些易满足于现状的人，要让他们看到还有更美好的东西还等着他们；对于那些一有成绩就骄傲的人，要告诫他们，这只是万里长征走完了第一步，以后的路还很长；对于那些易受挫折的人，要告诉他们"不要为打翻的牛奶瓶而哭泣"，明天太阳依旧会从东方升起。这样的领导者才会是一个成功的领导者。

明朝名臣张居正最后为朝廷重用，并进行了一场轰轰烈烈的改革，但若没有他人的指导和激励，也就不会有后来的辉煌。张居正少年得志，在13岁参加省里的考试时，主考官见其文章，拍案叫绝，并准备授予举人。这时，湖广巡抚顾璘正巧来到这里，看过张居正的文章后也赞叹不已，忽然他叫道："让其落第。"原来，顾璘是这样想，自古少年得志者最后成大业的极少，于是故意不录取他，杀一杀他的傲气。

张居正见榜后，傲气顿减，开始反省自己的错误，不断地进取，终于在3年后取得举人。张居正的成功也说明了进取的重要性，而这一点正是深益于顾璘。

人性育人术（二）
——润物细无声的秘诀

有诗云：随风潜入夜，润物细无声。说的是春雨对大地万物无声的滋润。培育人才也如同春雨润物一样，把自己的知识技能不知不觉的传给自己的下属，而下属感觉没有从领导那索取什么技能，但却发觉自己能力提高了不小。这就是润物无声的作用。

◎ **耳濡目染，润物无声**

领导往往带几个下属跟自己一起工作。他不明确地告诉下属"你们该怎

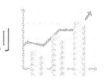

么做"，而是沉默不语，仿佛说："看我做就知道了！"于是领导就自己动手做给下属们看，下属从中知道做事的方法，或者下属们自己去做，领导在一旁加以指点，久而久之，下属的能力就不知不觉地提高了。古人云："强将手下无弱兵。"此话正说明了这个道理。

这种润物无声的育人方法其中重要的一点就是为下属创造一个良好的育人环境。有一个精明能干的领导带领大家工作，又有一个良好的工作氛围，这样下属整天耳濡目染，自然就会更进一步了。这如同下棋，跟一个棋艺差的人学一定进步不大，要想有更大的进步就必须跟高手一起下几回，自己的棋艺自然不自觉地就提高了。

能干的领导必有能干的下属，这是由于一方面能干的领导善于选人，另一方面能干的领导对下属起着巨大的影响作用。

叩开原子大门，率先进入原子核领域的英国科学家卢瑟福，被人们誉为原子核物理之父。他先后任教于加拿大麦吉尔大学、英国曼彻斯特维多利亚大学和剑桥大学。他不仅自己由于在元素蜕变和放射性化学方面的研究工作获得了1908年的诺贝尔化学奖，而且他的学生和助手先后有十余人获得了科学界的这项最高奖项。这在科学史上是史无前例的。卢瑟福及其学生和助手的成功主要是卢瑟福在自己的工作过程中时时处处地影响着自己的学生和助手，从而使他们成为尖端的科学人才。一个典型的方法就是：卢瑟福每次写完一个科学报告以后，都坚持让自己的学生作最后的"检审"。学生通过阅读他的科学研究报告，不仅能从文章的思路来拓宽自己的思维，而且还学到很多的研究方法。经过长期的合作，学生的分析能力和研究能力就会提高一大步，也难怪卢瑟福有那么多的学生和助手获诺贝尔奖。

这种育人方法非三五日之功，必须从长考虑，戒骄戒躁，只有长期的潜移默化，才会终有成效。作为领导者，则必须有比较高的才能，同时还要有影响他人的艺术，做到以知识去提高人，以道德去感化人，真能如此那就该是："随意潜入心，育人细无声。"

◎ 因任施教的技巧

育人的目的在于在用人之后能更好地发挥他们的才能，做好团体的事业，因此育人就必须要为我所用，需要什么样的人才就培育什么样的人才，从教的方面来说就是要因任施教。我们知道对一个商业部门来说资金是极为宝贵的，商家既要在业务上投资，为了更好地发展又要在人力资源开发上投资。商家总是想以最少的投入取得最大的收益，那么不得不注意的就是对人才的培养应该根据自己的实际需要来选择培育。这就如同在市场经济条件下，市场上需要什么样的产品就应生产什么样的产品一样，商家只有根据自己的需要，选择培育适当的人才，才能实现最佳的效益。

许多大公司成功的关键就在于能够根据自己的需要，去学习相关的专业知识，这样学即有所用。目前台湾最具规模的工程公司是中鼎公司。它不仅成为岛内外著名的综合性工程公司，最近几年营业收入及获利率更呈稳定增长，平均每年都有20％的增长率，而其成功的关键就是人才的开发和利用。

中鼎公司极其重视人才的培训。在技术培训方面：一是对各部门新员工施以1～3个月不等的专业训练；二是每年举行在职训练，内容为晋级的专业训练或第二专长训练。在专业训练方面，课程由资深领导与专业技术人员担任讲师，就其专业领域及实际经验授课，以达到经验继承与继往开来的目的。由于该公司有丰富的工程服务经验以及相关的制造业、工程建筑业及高科技工业等方面雄厚的人力资源，故而发展极快。

领导事业成功的关键就是用好人，而用人之先则主要是培育自己需要的人才。

◎ 培养接班人，要从长计议

领导和下属一起把事业做得红红火火，这是应该骄傲的，但对领导者来说，仅此就满足是完全不对的，如果深入考虑一下，一二十年之后这事业会是什么样子，领导者就不得不忧虑了。凭领导者现在的才能可以成就一番大的事业，但在自己引退之后，这事业就应有人把它继承下来并让它发扬光大。因此领导者对接班人的选择极为重要。中国在用人方面有句话叫"知人善任"，怎样才能更好地"知人"呢？比较起来，领导者还是对自己培养出来的人了解放心，故适当的接班人的选择最好从培养接班人开始。

培养接班人，从长远来看，这是领导育人的极重要一环。其他人才的培养可以在今天的竞争中处于有利地位，而接班人的培养则会使自己的事业在未来占据优势。领导从身边的人中培养接班人，首先，自己对他们都比较了解，知道他们各自的能力和品质；其次，培养的接班人对自己的事业最了解，而且自己的经营理念将得以传承。

我们可以看到许多大企业的失败，其中一个重要的原因就是在接班人的选择上出了偏差，那么究其更深层次的原因就是没有培养接班人或是没有培养好接班人。相反而言，许多事业延续长久正是得益于接班人的培养。韩国三星集团的创始人李秉哲把儿子作为自己事业的接班人，其子接管父亲的事业后，企业的发展比以前更胜一筹；台湾著名的企业家王永庆把大女儿作为事业的重点培养对象，将来在王彻底引退后，大女儿可独自撑起大权。

培养、选择接班人，领导对此必须慎之又慎，这事关成败的大局。领导最好先物色几个人作为接班人的人选而加以培养，然后再看培养的效果如何，从而从中选出最优秀的作为事业的接班人。如果领导认为自己选定的接班人能力有限而不能维持以后的大局，就应该重新寻找适当的人选而加以培养。

接班人的培养如同为以后的发展铺路，路铺好了，发展也就比较容易了。

◎ 以 "前车之鉴" 育人

一个人的能力来自两方面：一是从亲身实践中来，这一知识的获取最深切最宝贵；二是从他人的实践经验中来，包括看书、交谈、经历等知道别人在怎么做。亲身实践而学来的知识能力固然可贵，但一个人的精力毕竟有限，就不可能任何事情都去亲身实践，因此学习借鉴他人的经验就成为一种必要。

不管是别人成功的经验，还是失败的经验，这些经验中都是有意义的，从成功中可以借鉴具体的做法，从失败中可以吸取教训，从而使自己以后不致犯同样的错误。人类社会发展上千年，给我们留下了丰富的知识；世界又是如此之大，我们可以从不同的区域、不同的国度吸取经验教训。

领导者在育人方面就应多讲前人积累的经验，用前人的事实告诉下属该做什么又不该做什么。这样下属在工作、为人、处事方面就会少走许多弯路。

美国一家公司的方法值得借鉴。按美国的惯例，企业领导一旦退休便与公司 "永别"。但费尔柴尔德工业公司却打破常规，招聘退休干部回公司担任 "特别讲师"，充分发挥他们的才智，让他们为改善经营管理服务。1982年11～12月，该公司举办了有12名事业部长级退休人员参加的经营讲座，5名退休人员登台现身说法，通过具体事例专门介绍自己在职期间的 "失败教训"、创办新的事业部门以及处理与下级关系的经验，涉及内容非常广泛。这种别开生面的经营讲座在公司内引起了极大的反响，它使经营者学到了书本上学不到的东西。

以 "前车之鉴" 育人比简单的理论灌输更易为人所理解，而且成本较低。领导者适当地以自己和别人的经验教训来与下属交谈，让他们从中有所收获，这对育人是很有好处的。

◎ "引狼入室"，制造危机感育人

美国某地区为保护森林中的羊群，就把所有的狼都杀光了，结果出乎意料的是羊群却逐年减少。原来，没有了狼之后，这些羊群很少奔跑，对疾病的抵御能力极差，同时大量羊群的繁殖使它们没有足够的食物。考虑到这种情况，当地民众又从外地引入了狼群，最后这些羊群又恢复了生机。

这一小小的事例说明了没有危机感就没有活力，这样最终会导致自己废灭。对一个团体也是一样，如果没有压力那么个人就会缺乏动力。我们可以想象在"吃大锅饭"的年代，干好干坏一个样，干多干少一个样，谁都不想吃亏，所以就没有人愿意去多干；但分开以后，多干多得，不干就什么也没有，这下谁不努力去干好呢？关键就是生存的压力使人去奋发前进。

随着竞争的激烈，一个人要想在社会上立足就必须提高自己的能力而不被"狼"吃掉。领导可以利用下属的这些心理，从外部招纳有能力的人作自己的下属，加剧竞争，面对竞争的压力，旧下属们也就不得不放低姿势，努力去提高自己的技能以做好自己的工作。运用这一小法，领导便可达到自动育人的目的。

日本三泽公司的总经理三泽千代对这一育人艺术深有体会。

三泽认为，一个公司如果人员长期固定，就少了新鲜感和活力，容易产生惰性，找些外来的人加入公司，制造紧张气氛，企业自然就会生机勃勃。于是三泽公司每年都要从外部"中途聘用"一些精干利索、思维敏捷、年龄在25～35岁的职员，甚至还聘请常务董事一级的大人物，让公司上下的职员都感受到压力。由于这一措施，从而使企业内部始终保持着奋发向上的活力，而同时，员工的能力都普通提高。

"引狼入室"的主要目的是让下属都有一种生存的压力，从而努力地提高自己的能力把工作干好。不过，在引进外部人才时领导也必须注意，首先

这些人才必须是少而精，精才能达到实际的效果，不然就对内部人员构不成压力；再是因为下属长期为你工作，心目中有一种功臣的感觉，如果引进人员过多则会使下属认为领导喜新厌旧、让外人来夺自家人的饭碗，就会导致自己人愤然出走，也就达不到育人的效果。

◎ "即时教导"省时间

要从忙碌中腾出时间来教育下属，的确是不容易的事，但是，认真说来，你本身很可能也犯了错。

第一，观念错误。也许你认为育才之事，必须通过外面的"讲习会""讲座"才能达到效果。培养人才并不一定只靠这一类的"讲习会"，你必须知道，"即时教导"也可以通过工作达到它应有的成效。

第二，你是不是认为，"即时教导"是一种"很特殊的教育方式"？错了！领导干部每天在做的"领导工作"，它本身就是"即时教导"。对这一点，你必须有正确的认识。

例如，下面的事就属于"即时教导"的范畴。

早上进了办公室就以充满活力的口气，与在场的同事打招呼。

这种看似平平常常的行为，其实，已经暗示了下属："见了人就要这样打招呼。"

又如，提醒下属说："你呀，可不能做这种事，因为……"此类指正也是"即时教导"。

换句话说，日常的"领导方式"，以及领导人员的言行本身，对下属就发挥了指导作用，因此，领导人员的一举一动、一言一语，都要符合这种教育作用。千万不能漫不经心，在下属面前露了"破绽"。

你应有的解决方法是你在感叹"没有时间"之前，应该切实检讨自己，对下列几点尤其要有彻底的认识：

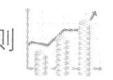

培育下属的方法，绝不能限于"即时教导"，通过工作而做的"即时教导"，才是培养人才的根基。

"即时教导"并不是"特别"举行的某种教育，而是你每天的管理工作本身，就有"即时教导"的作用。

实施"即时教导"并不需要专门挤出时间。只要你有下列的条件就能做得好：

（1）"教育下属是我的重要工作"——要有这种责任感。

（2）"设法早日把他训练成可以从事某项业务的人——要有这种指导的意愿。

如果你想拥有一段时间实施教育，必须在开始工作之前就确保留出时间。在工作最忙碌的阶段，想在下班后实施教育，往往由于加班，无法如愿。另外，在工作完成之时实施教育，由于下属的学习意愿不高，做来也效果不佳。

要知道"时间是自己找出来的"，只要有这种观念，你就随时可以找出时间，活用于下属的"即时教导"上。

◎ 优化员工的道德

事业中的道德如同一个人本身的道德一样，它可以使更多的人与你建立良好的关系，这一关系的建立必然会为事业奠定基础。事业中的道德诸如员工的职业道德、商业信誉等。这些因素是企业或是其他团体形象的一个标志，而它们则是每一个职员道德集合的结晶，因此要提高团体的形象就要努力培养所属职员在事务中应具备的道德。

优化员工的道德，一方面要致力于改正员工的缺点，另一方面又要把团体的道德观灌输给员工。这样员工就能对内与同事协调地处理人际关系，对外取信于公众，为团体带来良好的声誉。

就以商业为例，俗话说："顾客就是上帝。"这是商业中不变的真理。

要赢得顾客的信任，靠的是什么呢？应该是产品的质量、是员工的服务。产品的质量可以通过提高科技水平和加强管理监督做好，但要在服务方面更上一个台阶，除了加强管理以外，还要着重对员工的道德培养。对员工的道德培养应着重于乐于助人，即时时刻刻关心顾客，想顾客之所想，急顾客之所急，使顾客能感觉出有人情味，这样顾客的回头率就会越高。

一个团体事业的成功靠的是每个成员的协作。团结的氛围来自何方？答案可能有很多，但就主要而言可以说成一个"忠"字，忠于集体，忠于事业。领导者要做好自己的工作，要使集体的事业成功，就必须培养忠实于集体和事业的员工。忠是道德的一个方面，因此也是优化道德的一个重要方面。

古今中外杰出的领导者在育人方面都特别强调以德育人，可见品德的重要。除了上面所说的"助人为乐""忠于他人"以外，还有勤俭节约、诚实信用等。

朱元璋就是一个以节俭育人的典范。朱元璋出身贫苦农民，历尽艰辛，因而深知民间疾苦。在南京建造宫殿时，负责施工的大臣送上设计图案，朱元璋当即将那些需要精力雕琢的部分取消，改让画工画上自己的艰苦经历，以提醒自己不忘过去，并告诫子孙建业之难，期望他们能守住帝业。他还命人把唐代诗人李山甫的《上元怀古》诗书于屏风上，让子孙能得以见之。朱元璋还要求子女绝不能贪图享受，他命人把太子朱标带到农村，让他亲眼看看农民生活和耕作的情景。同时，朱元璋还告诫自己的官员要节俭。这样，在朱元璋的言传身教下，明朝的上层人物在相当长的一段时间内保持着节俭的良好习惯。大明江山也因此受益并一直延续了270多年。现代史学家总是心有疑问，明代皇帝是历代皇帝中最昏庸最无能的之一，却又在位了那么长的时间，除了早先建立的一套体制以外，节俭之风不能不说是一个原因。

领导者成就事业，道德育人在先，可谓未雨绸缪。

◎ 培养员工坚强的意志

意志是为了实现预定的目标而自觉努力的一种心理过程。它有两个特征：一是它的目的性，二是它的坚持性，使人在实现目标的整个过程中，能够自觉排除自身情绪的干扰，克服外部困难的阻力，而坚持不懈地努力。任何人如果没有坚韧不拔的意志，必将一事无成。因此每个人不仅要时时刻刻注意培养自身的意志，对领导者而言在育人方面也必须重视员工意志的培养，因为意志可以充分发挥一个人的潜力，从而促进事业的发展。培养意志应主要从以下四个方面入手。

（一）持之以恒

不管做什么事，都最讲究一个恒心，有恒心才能一如既往地把一件事做到底。前人说："积土成山，风雨兴焉；积水成渊，蛟龙生焉；积善成德，而神明自得，圣心备焉。故不积跬步，无以至千里；不积小流，无以成江海……锲而不舍，金石可镂。"这都说明了要成就事业，必须坚韧不拔、锲而不舍；如果没有恒心，任意放纵，半途而废，就没有多大出息。"一曝十寒""三天打鱼，两天晒网"懒懒散散是没有成功的希望的。常言道："坚持就是胜利。"能够坚持下去，必然有一股一以贯之的意志在支配。

国外一家大公司在育人上有这样一个绝招，让新来的员工带上他们公司的产品去推销，身上不准带钱，可想而知，如果不能推销出去，就没有车费，就没有吃饭的钱。此时此景，员工一定感到压力极大，但这是上级的一次考验，如果失败就很难在公司里混下去。于是大多数员工终于克服重重困难，把产品推销了出去，因而得以留用。这种方法不失为一种逆境育人的好方法。在逆境面前，人最易退缩，若能坚持不懈，诚为可贵。

（二）抵抗欲望的诱惑

人最大的敌人不是别人，而是自己。这敌人不是自己的躯壳，而是自己的欲望。战胜欲望也就战胜了自我，否则各种安逸的生活、优厚的待遇、诱人的荣誉等都会使自己的人生之船偏离航向。领导者育人就要让员工不纵欲，做一个心静如水的人，就如同"任尔东西南北风""我自岿然不动"一样。

人非草木，都有七情六欲，为自身需要去追求正常的利益是无可厚非的，在商品经济时代甚至是应给予鼓励推动的，但万事都得有一个度，超过这个度就会背离初衷而适得其反，故不可纵欲。

第一，不可为物欲所诱惑。物欲可以说在人的欲望中居于第一位，因为人们总是希望自己的财富更多一些，从而地位也就高一些。所以在社会激烈的竞争之中，对方往往以物欲作为突破口，收买员工从而获取重要情报或是挖走自己的重要人员。因此，抵制物欲的诱惑既是个人成功的关键，也是领导事业成功的关键。

第二，不可为女色所迷。自古英雄难过美人关，但能过美人关的英雄还是大有人在，尽管如此，三十六计中的"美人计"还是会"永葆青春"。自古英雄丧于色的举不胜举。周幽王喜褒姒而西周亡，吴王宠西施而为越王勾践所灭，仅此两例就可以说明贪于女色的危害。领导者育人不仅要教育员工不能因色误事，还要教育员工莫要贪恋女色而丧失斗志。

第三，不要玩物丧志。每个人都有自己的喜好，但若一味沉溺于此，便会影响事业的发展。人一心不可两用，倾注于一方必然会忽略另一方，有时由于对其他事懈怠处之就会错失良机。

第四，不可纵酒。酒本是作为药物以强身健体，但后来渐渐成为日常饮用的物品，而且成为人际交往中不可缺少的工具。但若不加节制，滥饮酒精，必然会因酒误事。

领导者必须让员工不纵欲，时时警醒他们要以大事为重。

（三）胜不骄

人在得意之时往往喜不自禁，既有"一日看尽长安花"的飘飘然，又有"莫使金樽空对月"的放纵。在得意之时各人表现不一，既有成功喜悦与人分享的，也有骄傲自满的。胜利的确难得，有平时汗水的结晶，也有机遇的垂青，一朝若有收获，又怎不令人欢欣鼓舞。那种感觉只要看看捧着沉甸甸的稻穗的农夫那欢欣喜悦的泪水就知道了，成功就该庆祝一番。可是成功之后有的人骄傲自满，以为后无来者，就不思进取了。另外，一有成绩就放纵自己其实是心灵脆弱的表现，这种性格一旦遇到挫折，整个心理一下就垮了。故领导者育人就应培养他们的意志，让他们在胜利时能保持清醒的头脑继续做好自己的事。

（四）败不馁

胜不骄就应败不馁，这是一个人坚强性格的表现。许多人往往在困厄之时把自己的弱点暴露无遗，因为人若不得志，在失意之时就容易放纵自己，就没有追求、没了斗志。故在困难之中而不丧失斗志极为难得，许多惊天动地的大业都是在困境中创造的。勾践卧薪尝胆夙愿得偿，清代蒲松龄曾为之评说：苦心人、天不负，卧薪尝胆，三千越甲可吞吴。

相较而言，项羽自刎乌江则是自暴自弃。育人要使人做到事败而志不败，还应培养不畏困难、迎难而上的作风。

◎ 让下属树立理想

理想是一个人的精神支柱，是完成各项事业的向心力、凝聚力和推动力。理想就是一个人要达到的目标，就是一个要实现的梦想。有人想过无所事事的生活，这是他的理想；有人要得到更多的物质，这是他的理想；有人要干一番轰轰烈烈的事业，这是他的理想。总之，不同的人有不同的理想，但我们这里要说的理想是需要经过努力奋斗方能达到的目标。有了这样的理想，才能不因一时的得失而丧志，才能在工作中不屈不挠地对待失败，又能冷静地看待成功。因此树立崇高的理想是领导者育才的重要方面。

（一）人贵有志

理想是人所追求的目标。人们常把理想与志向相提并论，常问"你的理想是什么""你的志向是什么"，可见两者联系紧密。一般而言，理想是志向的基础，而志向则是实现理想的意图和决心。领导者育人就应让下属树立远大的理想，明确自己的志向。

理想、志向是一个人进取发展的推动力。一个没有理想的人无益于一架躯壳，如行尸走肉。理想可以推动一个人去奋斗，领导者就可以利用这一点去推动事业的发展。干一行就应爱一行，并在这一行中努力进取达到更高一层，拿破仑说："不想当将军的士兵不是好士兵。"作为一个军人，将军应是每个士兵的理想。同样，不想当领导的下属不是好下属。不管怎样，必须首先有为之奋斗的理想，才有不懈的努力。因此每个下属都必须树立自己的理想。

近代以来我国涌现了一大批优秀的科学家，他们都怀着为祖国而奋斗的理想。詹天佑立志修一条自己的铁路，在清政府决定修京张铁路时，一些外国工程师就声称："如果没有我们，这条路就不可能问世。"面对各种压力，詹天佑毅然挺身而出，担当了此项重任。志向既立，面对外国人的嘲讽，詹天佑和中国工人克服种种困难，只用4年的时间就完工了，而且比原计划提前两年完工，还结余28万两银子。同样，飞机设计师冯如决心造出世界一流的飞机，为中国人争光，终于他经过精心设计，打破了以前的记录。

育人从大的方面来说，就要培养他们，使之具有远大的理想和志向，在实际操作中可以以适当的形式，让他们提出近期和远期的奋斗目标，并以别

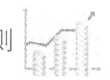

人的成就事例或者现身说法来影响他们，督促其理想的实现。这样，自己的下属在实际工作中就不会盲目，就不会"做一天和尚敲一天钟"，而是成为一个有理想有目标的人。有理想则有奋斗的干劲，有了干劲则又会推动理想的实现。

（二）有志者，事竟成

理想、志向是人生旅途中的航灯，即使在漆黑的夜晚，它也会指引人前进的方向。一个没有志向的人如心中没有罗盘，不敢轻易迈出一步，唯有在原地打转，这样就不会有发展；而有志之人，时时刻刻地想着自己的奋斗目标，并通过实际的努力去实现它，同时，在美好前景的诱惑下，人们奋斗起来更有干劲。有此精神，事业就成功一半了。

华裔盲女云海泽，自幼双目几乎完全失明，但她立志克服残疾，自食其力，有所作为，并以坚韧不拔的决心与毅力，矢志努力，不仅读完小学、盲人学校和大学，而且以其出类拔萃的学习成绩得到英国颇有名气的罗尔斯·罗伊斯公司的录用，从事飞机发动机的设计工作。她借助于盲文书写、摸读的文字符号、印字机等，掌握了先进的技术，成功地为EHl01直升机设计出了RTM322新型发动机，荣获以雕刻家伊丽莎白·弗克林命名的"弗克林奖"，同时还受到戴安娜王妃的亲切接见。如果云海泽没有远大的理想，她就只能做一个不为人所知的盲女，就不会有刻苦的奋斗，也就不会有后来的成就。

因此，领导育人重在让下属树立理想，有理想方能坚定地奋斗；同时，领导者也不得不考虑，即依据各人的潜力从而确立各自的志向，不要降低标准，也不应好高骛远；另外，立志不应有年龄限制，只要有潜力、有能力，就可以确立自己的奋斗目标。

第7章　运筹帷幄决胜千里：决策管理的N个经验

 理解决策的定义

在《哈佛管理丛书》中，决策的定义是："指考虑策略（或办法）来解决目前或未来（问题）的智力活动"。这个定义突出了决策的目的和目标是为了解决问题，同时也说明决策是智力活动。因此，只有在认真分析考虑的基础之上，你才会对哪些层面最关紧要，在每个部分该花多少时间分配多少资源等做出适当的判断。

百事可乐就曾用这个方法改变了自己的主体竞争地位。

2003年，饮料行业的两巨头可口可乐和百事可乐再次登上了《福布斯》全球500强排名榜。作为纠缠了百年的老冤家，它们之间的斗法大战像是一场永不谢幕的百老汇戏剧。而在20世纪五六十年代，百事可乐虽然在饮料市场上有一点名气，但与可口可乐仍相去甚远。

百事可乐的主管层一直都深信，可口可乐那种突出型的瓶子，让人们握起来更舒适，而且十分适合于自动贩卖机贩卖，这些使得可口可乐成为可以握在消费者手中还能让人辨认出来公司的标志，瓶子是可口可

乐最重要的竞争优势。

为此百事花费了数百万美元来研究设计新的瓶子，并在1958年推出了"漩涡型"的瓶子与可口可乐对抗，尽管这种瓶子后来成为百事可乐的标准包装长达20多年的时间，可是它仍然不像可口可乐那样被消费者认同，仅仅被认为是可口可乐的模仿。

1970年，约翰·史考利走马上任，担任百事可乐的营销副总经理。他经过仔细分析认识到百事可乐在处理这个问题上的错误。但史考利并没有立即决定该怎么处置这件事情，也没有要求手下人重新设计瓶子，他只是考虑："像这种问题应该如何着手？"为此，他设计了下面这些问题——

1. 这个问题的症结在什么地方？

对于可口可乐的瓶子我们必须"消除它的那股无形的特殊力量"。

类似的决策该如何作——以寻求"更换竞赛场地的规则"来进行，可能的话改变整个竞赛场地，设法"向后"追本溯源，看看顾客们真正的需要是什么。

2. 作这个决策应该花多长时间？

这个决策属于百事可乐整个市场位置的核心。如果有必要的话，花几年时间也在所不惜。史考利经过思考和分析后认为百事可乐的失误就是对顾客的认识不足，搞不清楚顾客真正需要的是什么。发现了问题的关键所在之后，史考利首先发起了一项大规模的消费者调查活动，以研究各个家庭在家中如何饮用百事百乐和其他软性饮料。

为此，百事可乐慎重选择了350个家庭，做长期产品的饮用测试，百事可乐以低折扣的优惠价格给这些家庭每周提供任何所需数量的百事可乐及其他竞争品牌饮性饮料。史考利在其回忆录《流浪记》中说："让我们大吃一惊的是，发现不管他们订购多少数量的百事可乐，总有办法把它喝光。"由此史考利发现了一个饮料销售方面最具关键意义的事实，也是目前所有市场人员都认知的事实："你能说服人们买多少，他们就能喝多少。"

"这让我恍然大悟，"史考利说，"我们要做的就是包装设计，设计一种使人们更容易携带更多的软饮料回家的包装"。至此，史考利找到了与可口可乐瓶子竞争的关键所在。"情况已很明白，我们该全面变更竞争的规则。着手上市新的、比较大的更富变化性包装的饮料。"于是，百事可乐决定把容量加大，让包装更富变化。果然经过重新设计包装的产品上市后，市场占有率呈几何级增长。由于可口可乐没有将其著名造型的瓶子转换为更大的容器，使长久以来独占鳌头的"可口可乐瓶子"，在美国市场上的份额逐步缩小。这个决策使得百事可乐发展成为可以与可口可乐齐名的世界饮料行业巨头。

百事可乐取得这种成绩的主要原因是史考利避开了其他主管人员曾经陷入过的决策陷阱：他没有贸然出击，去作一个成为可口可乐瓶子竞争者的决策，而是花时间思考，对决策本身去作决策。这样一来，复杂的问题就显得清楚明了，最后，他终于作出了一个完美的策略性的决策。

在决策过程初期深思熟虑，想清楚了如何去决策，为什么要这样决策，为史考利带来了一个出类拔萃的解决方案。这一招对所有人都同样有效。

理性的决策方法

理性方法说明了管理者应该如何作出决策，理性方法强调对问题的系统分析，从"选择—实施"这样一种逻辑的层次顺序来进行。发展理性方法以指导个人决策的必要性在于许多管理者被观察到在组织决策中表现出不系统和任意妄为的行为。依据理性方法，决策过程可分解为下列八个步骤。

（一）监控决策环境
管理者监控决策环境能够显示行为与计划或与可接受程度相偏离的内部和外部信息。

管理者与员工进行交谈并一起检查财务报表、业绩评价、行业指标、竞争对手行为。例如，在关键的为期五周的圣诞节销售旺季里，美国太平洋百货公司的总经理，就列出商场周围的竞争对手，观察他们是否进行折价销售，同时审视自己商店连续的每天销售纪录以了解经营形势的变化。

（二）界定决策问题

管理者通过识别问题的必要细节而对偏离作出反应，这些细节包括：在什么地方、什么时间、谁涉及这个问题、谁受到影响、目前的活动受到怎样的影响。对美国太平洋百货公司来讲，这意味着确定商店利润的下降是否因为总体销售额不如预期的理想或是因为某一商品类别没有如期望的那样周转迅速。

（三）明确决策目标

管理者决定通过决策应该达到何种绩效目标。

（四）诊断问题

在这个步骤，管理者透过图表深入分析问题成因。为便于分析可能需要收集额外的数据。理解问题的成因有利于找到恰当的应对措施。如对美国太平洋百货公司来讲，销售额下降的原因可能是竞争者的价格折扣更低或店员没有成功地将热销的商品摆在显著的位置。

（五）提出备选解决方案

管理者拿定主意行动之前，他必须对能够实现期望目标的多种可行方案有清楚的理解。管理者也可以从别人那里寻求好的主意、建议。美国太平洋百货公司提高利润的可选方案包括购买新商品、加速商品周转或减少员工。

（六）评价备选方案

这个步骤包含利用统计技术或个人经验来评价备选方案的成功概率。对每一备选方案的优点和实现期望目标的可能性都要进行详细的评价。

（七）选择最优的备选方案

这一步骤是决策过程的核心，管理者利用他个人对问题、目标、可选方案的分析，选择一个有最大成功概率的具体方案。美国太平洋百货公司可能会选择减少员工人数而不是增加广告投入或实施更低的价格折扣以实现利润目标。

（八）实施选定方案

最后，管理者利用管理、行政、劝导力量和给予指导以确保决策的实施。一旦解决方案实施，监控活动（步骤一）又开始发挥作用。对于美国太平洋百货公司总经理来讲，决策循环是一个连续的过程，其每天的决策制定都基于对环境不断的监测以发现问题和机会。

这一顺序中前四个步骤是决策程序的问题识别阶段，后四个步骤是问题解决阶段。管理者在决策中一般都经过这八个步骤，尽管每一步不一定都是单独出现。管理者可以凭借经验知道在某种具体环境中如何应对，所以可能会有一个或几个步骤是相对容易处理的。

理性方法是程式化的决策，当问题、目标、可选方案定义清楚，决策者有足够时间作有条理、深入的考虑时较为适用。当决策是非程式化的、定义含混的、相互堆积的，管理者仍可以尝试采取理性的方法，但他经常不得不更多地采取捷径——依赖经验和直觉。对理性方法的偏离可解释为有限理性方法。

有限理性的决策方法

当组织面临较少的竞争并处理容易理解的问题时，管理者一般使用理性方法做决策。但对管理决策的研究表明，管理者经常无法遵从理性的决策程序。在当今竞争性的环境中，决策必须快速做出。时间压力、大量的内外因素都会影响决策，许多问题模糊定义的性质使系统的分析实际上并不现实。管理者只有那么多的时间、精力，不可能评价每个目标、问题和可选方案。理性决策的尝试被许多问题的无限复杂性所限制。

大型的组织决策不仅仅是过于复杂、不易完全理解，而且有许多其他的限制加于决策者身上，如模糊的外部环境，对社会文化的需求，对所发生事情的共识，接受与同意，等等。例如，在古巴导弹危机的决策中，白宫决策委员会知道有问题存在，但不能明确决策的准确目标。对决策的讨论将导致个别人反对，但最终将达成有助于明确行动程序和可能后果的期望目标。另外，个人的局限性——诸如决策方法、工作压力、声望渴求或只是简单的不安全感——都将会限制寻求可选方案的努力和对可选方案的接受程度。所有这些因素限制了个人决策对完全的理性方法的追求，而理性方法应能导致一个明显的理想选择。

有限理性方法经常与直觉决策过程相联系。在直觉决策中，个人使用经验和判断而不是顺序的逻辑或清晰的推理作决策。直觉并不是非理性的或任意的，因为直觉一般都基于个人多年的实践和经验，通常是积累于潜意识中。一位管理者基于处理组织中问题的长期工作经验，使用直觉决策将更快地认识、理解问题并产生什么样的方案会解决问题的强烈的预感或知觉，这将使决策过程得以加速。

在高度复杂、模糊的环境中，在决策的识别问题阶段和解决问题阶段都需要以前的经验和判断以涵盖那些无形的因素。一项对管理者感知问题的研究显示：33个问题中有30个是定义含糊的。非正式来源的细节、琐碎的不相关信息导致管理者观念方法的形成。管理者不能"证明"问题的存在，但直觉地知道某一区域需要加以注意。对复杂问题过于简化的认识易于导致决策失误，研究显示管理者更倾向于依赖直觉对组织面临的威胁进行感知而不是对机会作出反应。

直觉程序也应用于问题解决阶段。一项调查发现管理者经常在不太清楚其行为对利润或其他可衡量结果的影响时作出决策。许多无形的因素——例如，对其他管理者的支持、对失败的恐惧、对社会态度等的个人关注——影响了最优方案的选择。这些因素无法以系统的方法被量化，所以直觉指导着解决方案的选择。管理者依据他们觉得是正确的方法而不是基于大量数据的公式化方法作决策。

许多重要的决策——其中一些相当著名——都是基于直觉和本能而做出。例如，依据数据分析的研究者警告电影导演选择把《星球大战》作为其影片的片名将影响票房收入，但该影片的导演坚持其直觉说，这个片名将一炮打响。

管理者可能会在两个极端：不经谨慎研究就专断地决策，或过于依赖在数字和理性分析中稳妥地行事。要记住有限理性和直觉决策方法主要应用于非程式化决策。非程式化决策新奇、模糊、复杂的方面意味着大量数据和逻辑顺序无法应用。一项关于管理者决策行为的研究发现，管理者只是简单地无法应用程式化方法对非程式化问题进行决策，例如整个医院何时购买CT机或一个城市是否有必要、有能力采用一套数据处理系统等情况。在这些例子中，管理者的时间、资源有限，有些因素不能被简单地量化和分析，试图量化这些信息会导致错误，因为这样做将会过于简化决策标准。

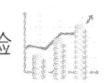

程式化决策与非程式化决策

组织决策也常常被正式定义为识别和解决问题的过程，这个过程包括两个主要阶段。问题识别阶段是检验关于环境和组织状态的信息以确定业绩是否令人满意，并诊断所出现问题根源的阶段。问题解决阶段是考虑多种可选行动方案并挑选和实施其一的阶段。

组织决策因问题复杂性而变化，并且大致可分为程式化决策和非程式化决策。

◎ 程式化决策

程式化决策意味着问题是重复出现的、定义清楚的，存在着解决问题的程式。因为业绩衡量标准通常很清晰，关于目前业绩有充足的信息，能够区分备选方案，选定方案成功的概率较大，所以它们之间有清晰的结构。程式化决策的实例包括了决策规则，比如，何时更换办公室复印机、何时报销管理者的差旅费，或申请人是否有从事流水线作业的专业资格。

◎ 非程式化决策

非程式化决策意味着问题是新奇的、难于定义的，不存在解决问题的即有程式。当组织没有认清问题之前或不知如何应付之时常使用非程式化决策。清晰的决策标准并不存在，可选择方案混杂凌乱，是否存在理想的解决问题的方案并不确定。一般很难为非程式化决策找到备选的解决方案，所以解决方案一般是依问题而定。

关于如何应付对有缺陷奔腾芯片的指控的决策就是一个非程式化决策的例子。英特尔从来没有遇到过这种类型的问题,公司没有应对这个问题的经验,因其不确定性强而且决策是复杂的,许多非程式化决策牵涉到战略计划。例如,美国西北航空公司的新任首席执行官汤姆森决定以停飞41架飞机,削减4 200个工作岗位,废止机票折扣作为使经营不佳的公司重新盈利的战略措施。汤姆森和其他高层管理者不得不分析复杂的问题,评价可选方案,对如何使公司重新盈利作出选择。

特别复杂的非程式化决策被称为"乖戾"的决策,因为单是定义问题就可能转变成一项主要的任务。乖戾的问题与管理者在目标和可选方案上的冲突、快速变化的环境、决策因素之间不清晰的联系相关联。处理一项乖戾的决策的管理者可能碰巧能够解决问题,但这只能证明他们在开始之前就错误地定义了问题。

因为迅速变化的商业环境,今天的管理者和组织正面临比例越来越高的非程式化决策问题。现在的环境提高了所需决策的数量和复杂性,对新的决策过程提出了更高的要求。一个环境如何影响组织的例子是最低工资的增长的问题。CE公司的管理者估算增加工资会减少大约25%或更多的经营利润,正在考虑其他备选方案如裁减工作岗位或是提高价格以适应新环境。另一个例子是全球化,向低工资国家或地区转移生产的趋势使美国的管理者在决策的道德中挣扎:是转移到第三世界国家进行生产降低成本,还是考虑美国本土的制造业的岗位丧失继续在美国生产。

决 策 与 魄 力

现代企业要求决策具有一定的效率,因为只有这样才能适应瞬息万变的市场竞争。决策时的犹豫不决,有意或无意的拖延常会降低决策的效

率。在犹豫不决时，领导人首先要找出拖延的主要原因，才能对症下药，着手改进。

可以首先列出几个悬而未决的决定，然后认真分析，看这些问题为什么会进入决策系统，是从哪里进入的，并且要找出共同的原因。接下来要判断问题的解决是否在自己的权力范围内。如果是，就立即动手解决；如果不是，问题的解决还要依赖其他人的支持，这时可以找出一个能使决策过程的改进迫在眉睫的事件，并且要准备与对改革有最大影响力的人公开对话，不要漏掉每一个对改革有影响的人。可以将自己的改革建议与理由写成文稿，并举出特例，以增强说服力，而且自己的改革建议应包括两三个可供选择的方案。

在改革决策过程的方法中，可以有以下几种选择：

（1）组建高效率的团队，以便依靠团队的力量形成更好的决策方法。这个团队组应当反映那些使决策过程被拖延的各个团队和部门的状况。

（2）使重大决策的范围缩至最小。这个范围应能保证取得很大的成功，以便树立信心，为下面的改革提供支持。

（3）下调制定决策的层次。发掘企业中能干、守信、有责任心、高素质的人才，给予他们相应的决策权，同时也要有制衡机制，防止这些人作出对企业不利的决定。

（4）把决策过程划分为逐步递进的小步骤。让决策者作出第一阶段的决策，给予他们制定决策的机会，培养他们制定决策的能力，注意在与他们的沟通中介绍情况，提供建议。当他们成功地制定了决策时给予鼓励。

在你改进决策过程时，还要注意以下的问题，以免出现差错。

（1）不要把犹豫不决、拖延看作是别人的过错，不然，就没有人敢于提出自己的想法了。认真分析几个决策过程后，你会发现，事先准备的充分与否以及呈报时的陈述方式都会对决策产生很大的影响，有时甚至成为阻碍决策的主要因素。因此，有必要培养每个人的能力，让他们学会如何使重要的信息引起别人的注意，怎样将自己的想法、计划、提议或报告明确清晰地阐述出来。

（2）要注意是否是全体员工都有躲避发言的行为。如果是，就让大家共同讨论为何躲避，想办法使全体员工学会采取行动，迈出前进的步伐。最好的办法是让大家共同参与，共同设想如何采取办法付诸行动。这时你组建的团队对解决这个问题会有很大的帮助。

决 策 与 远 见

对于一个企业的领导而言，他所做的计划越长期，所牵涉的因素也越多，包括各项政治、经济因素，企业内外的变动等，这些都不是能够用数字去测量的。因此，在做长期计划时，无论如何谨慎，少许的偏差仍是不可避免的。

一个企业的组织结构、目标、优点、特色等，不可能从天而降，而常是由领导阶层和管理阶层经过不断讨论、分析才得来的；所以，长期的系统性计划固然对那些关键性问题的解决有影响，但是，实行计划的终究是人，个人因素的影响，是绝对无法避免的。

对于企业管理人和企业的关系，英国邓洛普公司领导雷伊·杰第斯举了下面两个比喻来解释。

在数百年来的战争史中，我们发现：将领的才能对战役的成败有极大的影响力，即使在武器进步的现代战争中亦然。竞争激烈的商业战场上的企业家们也正如战场上的将军。

技巧高超的音乐家、画家比比皆是，但能够运用这些技巧去创造真、善、美艺术的，才能成为伟大的艺术家。同样地，拥有企管专业知识的人比比皆是，但能够善用这些知识的人，才能成为杰出的领导者。

知识是可以传授的，但巧思与灵感能否由学习而得，仍是个待解决的问题。杰出的领导者对于一个企业，犹如无价之宝。即使对将来的预测无法完全正确，但"远见"仍是一个企业成败的关键。

这件工作做得越好，企业的发展就能越顺利。

先见之明同时也能使企业在预见困境时，早作打算，甚至发挥影响力，改变未来。正如意大利谚语所说："把握现在便是创造未来。"毕竟，企业环境是人所造成的，也必须受人为因素的影响，优秀的企业甚至能改变未来，而造福社会。

总之，作为领导人和决策者，必须做到：

（1）超越数字表格的估量，而看向更远的未来。

（2）除了预算表上明列的所需材料之外，为将来多储存一些材料。

决 策 与 机 会

在现代商业竞争中，抓住机会就是成功，而机会稍纵即逝，没有见微知著、敏锐果断的能力，就不能抓住机会。所谓见微知著、敏锐果断，就是在竞争中密切注视每一个细微的变化，并分析出其内在的本质，判断事物的发展方向，然后作出敏锐果断的决定，使自己领先一步，抓住机会，取得成功。

而且机会的产生也并非易事，因此不可能每个人什么时候都有机会可抓。而机会还没有来临时，最好的办法就是：等待，等待，再等待。在等待中为机会的到来做好准备。一旦机会在你面前出现，千万别犹豫，抓住它，你就是成功者。

耐心等待是一个很不错的办法，许多领导者都深深地懂得它的重要性。他们都极富耐心，他们知道，等待会使他们取得意想不到的成功。

决 策 与 冒 险

敢于冒险对于决策者而言很重要，做到这一点有两种方法。

（一）要肯做"不赚钱的买卖"

世界"假日饭店之父"——美国巨富威尔逊在创业初期，全部家当只有一台分期付款"赊"来的爆米花机，价值50美元。第一次世界大战结束时，威尔逊的生意赚了点钱，便决定从事地皮生意。当时干这一行的人并不多，因为战后人们都很穷，买地皮修房子、建商店、盖厂房的人并不多，地皮的价格一直很低。

听说威尔逊要干这不赚钱的买卖，一些朋友都来劝阻他。但威尔逊却坚持己见，他认为这些人的目光太短浅。虽然连年的战争使美国的经济衰退，但美国是战胜国，它的经济会很快复苏的，地皮的价格一定会暴涨，赚钱是不会成问题的。威尔逊用自己的全部资金再加一部分贷款买下了市郊一块很大的地皮。这块地由于地势低洼，既不适宜耕种，也不适宜盖房子，所以一直无人问津。可是威尔逊亲自去看了两次之后，便决定买下那块杂草丛生的荒凉之地。

这一次，连很少过问生意的母亲和妻子都出面干涉。可是威尔逊却认为，美国经济会很快繁荣起来，城市人口会越来越多，市区也将会不断扩大，他买下的这块地皮一定会成为"黄金宝地"。

事实正如威尔逊所料，3年之后，城市人口剧增，市区迅速发展，马路一直修到了威尔逊那块地的边上。大多数人这才突然发现，此地的风景实在迷人，宽阔的密西西比河从它旁边蜿蜒而过，大河西岸，杨柳成荫，是人们消夏避暑的好地方。于是，这块地皮身价倍增。许多商人都争相出高价购买，

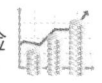

但威尔逊并不急于出手，真是叫人捉摸不透。

其实这便是成功经营者高明的地方，威尔逊自己何尝不知道这块地皮的身价，不过他看得更远。此地风景宜人，必将招来越来越多的游客，如果自己在这里开个旅馆，岂不比卖地皮更赚钱？于是威尔逊毅然决定自己筹措资金开旅馆。不久，威尔逊便盖了一座汽车旅馆，取名为"假日饭店"。假日饭店由于地理位置好、舒适方便，开业后，游客盈门，生意兴隆。从那以后，威尔逊的假日饭店便像雨后春笋般出现在美国与世界其他地方，这位高瞻远瞩的"风水先生"获得了巨大的成功。

做生意如同下棋一样，平庸之辈往往只能看到眼前一两步，而高明的棋手则能看出后五六步甚至更多。能遇事处处留心，比别人看得更远，这样做出的决策才可能更切合市场发展的需要，达到决胜于千里的目的。身为现代企业的领导，必须在这方面多下工夫。

（二）要敢于相信自己的商业直觉和眼光

世界酒店大王希尔顿一生有三条原则：信仰、努力和眼光。不论做哪一行，若想做得比别人更出色，他认为首先必须具备高瞻远瞩的目光，唯有如此，才可作出正确的决策。把握不了市场的变化，看不出行情的发展趋势，决策便很可能失误。

决策的正确思路

即使最优秀的领导者也会不可避免地作出一些错误的决策。对此，钢铁业巨头肯·埃弗森有过一段精辟的论述："从哈佛取得工商管理硕士可以说是不错的了，可是他们所作的决策有40％都是错误的。最糟糕的领导者作出的决策则有60％是错误的。"在埃弗森看来，最好的和最糟的之间只有20％

的差距。即使经常出现差错，但也不能因此就惧怕作出任何决策。埃弗森认为："管理人员的职责就是作出种种决策。不作决策，也就无所谓管理。管理人员应该建立起一种强烈的自尊心，积极地敦促自己少犯错误。"如果掌握了正确的思路，领导者们完全可以把错误率降低。正确的思路即是对决策的难易程度做到心中有数。处理棘手的问题一定要格外谨慎。身为领导，尤其要注意下列三个方面的问题。

（一）决策时务必全面掌握信息，参加竞争必须谨慎

有时候出于种种原因，我们还没来得及掌握全面的信息，就不得不凭直觉做出各种决策。在这种情况下做出的决策极可能是错误的。

（二）切莫过分自负

自信给人勇气，使人作出大胆的决策。自负则是自不量力，毁人毁己。

特别是生意场上会时时传来各种好消息与坏消息。我们常因好消息而忽略了坏消息的存在。

设想为了把一种新型洗发香波投放市场，我们做了一个市场调查。调查结果显示，58％的消费者对这种香波表示认可。这是一个令人鼓舞的数字，它说明超过一半的消费者会去购买这种产品。

不过，事情还有另一面。42％的消费者不喜欢这种香波，这又说明有将近一半人会拒绝使用这种产品。人们往往只见那58％，而看不见这42％。他们沉浸在58％所带来的喜悦之中。殊不知，如果他们再稍微关心一下那42％，结局也许会更完美。

好消息就这样把你带入自满、自足的境地。它能削弱人的积极性、上进心。

另外，好消息带来的盲目乐观也会给公司经营带来不利。可如果得到的是坏消息，效果就截然不同了。有人组织一场体育比赛，计划获利5万美元。

可实际结果却与设想大相径庭，主办者反而赔了5万美元。消息传开，上上下下为之动容，大家会纷纷要求削减开支，裁减冗员，甚至一张纸也不会轻易浪费。令人不解的是，为什么在有利可图的时候大家想不到节约，而非要等到火烧眉毛的时候才作"何必当初"的感慨呢？

（三）不要墨守成规

生意场上最可怕的是认为万事不变，顾客不会变，他们会一如既往地购买自己的产品；委托人不会变，他们永远觉得你真诚可信；竞争对手不会变，他们将永远停留在原来的实力水平上。

成功的领导者绝对不会有这种墨守成规的想法。他们知道敏锐的洞察力和快速的反应能力是事业成功的关键。尤其在当今政治、经济飞速发展的时代，快速的应变能力尤为重要。

许多人在作出决策的时候往往只凭经验，不去想想环境发生了什么变化。他们会凭几年前的失败经验告诉你："老兄，5年前我就这么做了，根本行不通。"他们没有想到，5年后情况发生了变化，以前不适用的做法现在没准是恰逢其时。

还有一种人，他们死守以前的规矩，不敢越雷池一步。他们顽固地认为："这个方法5年前有效，现在当然还有用。"在他们眼里世界是静止的。

因此，每当你作出新决策前，千万不要犯墨守成规的错误。不要以为你以前失败过现在还会失败，也不要以为，你以前成功过现在还会成功。

恰当地改变不适当的决策

坚持自己的决策也要把握一定的前提——当自己的决策明显偏颇的时候，就不能坚持错误，而是应该果断地寻求改变的策略。许多领导者都觉得改变主意是种无能的表现。而实际上则恰恰相反，及时改变错误主意是明智的举动。这非但不会遭人耻笑还能赢得人们的尊重。当然，如何圆满地改变自己的决策，其中也大有"艺术"可言。

（一）选择一定的时机

如果情况发生变化，那你在一分钟内改变想法也无可厚非。不过在改变决策以前，最好还是选个最佳时机。

一般来说，作出决策与改变决策之间的时间越长，这种变化就越容易被人们所接受。因为，时间会使环境发生变化，环境又能让人发生变化，而且时间久了，人们也就渐渐淡忘了你以前所持的态度。

设想在一次会议开始时你赞成某事，而会议结束时你又持否定意见。那么在别人眼里你没准会是个反复无常的人物。而要是在会议期间，情况发生了新变化，那么在别人看来，你这种改变实在是明智之举。

同样，在以上情况下，把宣布改变决策的工作放到会后，效果会更理想。在你改变想法之前，经历的时间越长，你的新决策就越显成熟，看起来像是经过了深思熟虑。而且时间一长，人们会觉得那是你作出的一个新决策，而不是什么改变主意的结果。

（二）要列出充足的理由

明确地罗列出你之所以改变决策的理由，别人就不会认为你朝令夕改。理由越多，大家就越相信这不是个草率的决策。这个道理再明显不过了，可是许多管理人员只凭直觉就妄下断言。当手下问起为什么改变想法的时候，得到的只是诸如"因为我想这么做！"或"我愿意！"那样硬邦邦的回答。从这些回答里，人们只能看到一个飞扬跋扈的领导的形象。

总之，当你自己都说不清楚为什么要改变决策的时候，最好不要急于改变自己的想法。

（三）不妨试着作一次武断的决定

假如你既没有拖延时间的借口，又找不出足够的理由，在这样的情况下，不妨试着作一次武断的决定。显然，这样的决策一旦宣布，肯定会招来一片质疑，可对你来说理由总归是有的。

也许你手头掌握着一系列事实促使你改变决策。可现在时机未到，还不能把它们公诸于世；也许这样的决策会损害公司的短期利益，但实质上却是个大有可为的长线投资；也许这完全是个根据事实推测出来的结论；在这样的情况下，你只好武断一次，尽管这种做法看上去不会很受欢迎，既称不上公道，又不易被人理解。

但你可以请求周围的人相信你。如果在此之前，你一直特别善于运用前面提到的两种改变决策的艺术，那么偶尔地武断一次也无妨。

避免个人独断

设在美国特拉华州维明顿的杜邦公司是世界上最大的化学公司，其产品包括化纤、生物医学、石油煤矿开采、工业化学、油漆、炸药、印刷设备等18种，年销售额达300多亿美元，世界上大多数国家都有它设立的分支机构。

以"化学大王"而著称的"杜邦财团"之所以能长期在世界化学工业中雄踞霸主地位并跃入世界最大工业公司之林，就在于它经营的灵活性、预见性、适应性。

早在1903年，杜邦公司就建立了美国第一家集体领导的执行委员会，以一群人来取代1个人进行决策。

这个执行委员会经过多年的探索和改革，形成了公司现在的经营管理执行机构。这个机构是由27位董事组成的董事会，董事会每月召开1次会议。会议期间，由正、副董事长，总经理和6位副总经理组成的执行委员会，集体分工负责日常的经营管理决策和推行营销策略，每周的星期三是执行委员会会日，先审议日常的业务活动以及决定处置的办法；正式议程则是听取和审阅各部门领导的业务报告，内容包括生产情况、业务进展、市场销售、效益、存在问题、建议等，并就进一步采取的措施和对策进行讨论；最后作出决议。对于有争议问题的处理通常是采取少数服从多数的方法来表决，复杂的问题则需反复协商确定。

为了使公司的经营决策建立在可靠的基础上，杜邦公司还重金聘用受过专门训练的经济学家组成经济研究室，以此作为公司的"高参团"和"信息加工中心"。经济研究室的专家对公司的经营情况相当熟悉，他们通过全国乃至全世界经济发展的现状、结构、特点、发展趋势的调查和研究，特别是对与公司产品有关的市场动向的分析，预测与公司将来利益相联系的经济动向。经济研究室每月还要出两份刊物：一份公开发行，发行对象是公司的主要供应厂商和客户，主要内容是报道有关的信息资料，诸如黄金价格、利率变动等；另一份内部发行，主要内容是专题研究，如短期和长期的、局部和全局的战略规划，市场需求量、公司和竞争对手之间的比较性资料以及公司内部的经营状况等。

现在的企业，特别是大企业的内外环境复杂而又变化多端，像杜邦公司这样在重大问题上采取集体决策，显然要比一个人独裁、单人负责拍板定案的方式稳妥得多。人多易于看见航行中可能碰上的暗礁，从而绕道行驶，以避免和减少风险。

群体决策要以个体心理为基础

实行群体决策需要考虑决策成员的心理，在此基础上的决策方案才能有

效。请看下面的例子。

经过两周的管理技能训练后，重新回到工作岗位上的刘青松急切希望运用新学到的知识和技能。刘青松星期一早上上班时，上周末的决策训练课依然历历在目。"我们原来的决策方法确实需要改进一番！"他想，他离开工作岗位去参加训练之前，就遗留了许多问题没有解决。而眼下，部门里又"冒"出许多问题等待解决。

其中一个问题老板催促了好几次，刘青松也觉得不能再拖下去了。他想："这又是我采用'完全民主式'决策方法的好机会。他们一定会同意我这样做的。事实上，他们对于自己所做的工作非常明了，由他们自己提出的新的工作任务标准一定比我打算制定的还高。这两天就让他们讨论决策去吧，我也可以抽出时间去处理其他一些事情。"

刘青松管理监督着5个人，他们的工作任务是安装和检测生产线上的电子计时器。虽然现在在电子计算机系统的帮助下，生产线上的检测循环时间已大大缩短，但他们仍然在按几年前制定的老工作标准完成工作。刘青松觉得这次是让员工参与决策的绝好机会。

刘青松很快就向那5个工人布置了这件事情，他告诉他们由于计算机的使用、工作任务标准需要重新制定。他要求他们讨论一下这件事，并把讨论结果在星期二下午5点钟之前告诉他。这5人对此非常感兴趣。专门在星期一晚上安排一小时进行讨论，甚至午餐和喝茶都在谈论这件事。

可第二天下午，他们的讨论结果却让刘青松大吃一惊。他们认为任务标准应当再降低20%。他们说："我们感谢计算机使得我们的检测工作变得似乎容易一些，但是生产线相对而言却越来越复杂了，当你已经习惯了某种工作方式后，原定标准的改变会使得你的工作一切从头开始。"

刘青松知道，老板绝不会接受他们提出的降低任务标准的要求。但是他既已让员工自己进行"决策"，又怎能断然否定他们的决策结果呢？"我怎样才能摆脱这个尴尬的局面呢？"刘青松很痛苦。

从以上这个反面的例子中，我们可以看到，刘青松进行的群体决策完全没有考虑决策成员的心理因素，在群体决策过程中，管理者必须考虑，决策成员以下几方面影响决策的心理因素。

1. 存在矛盾冲突。

很明显，刘青松与他的5个下属对标准的制定是从不同的角度考虑的，在这样不同的出发点上，存在着矛盾，构成了群体决策的不和谐。于是，决策方案必定不会被所有人接受。

2. 站在自我立场考虑。

上述故事中主管与下属都是以自我为中心考虑决策方案的，只是在想制定新的标准对自己的影响是什么，并未将其客观地全面地分析，这也是造成决策无效的原因之一。

3. 依靠过去的经验。

决策中很大的一个影响因素就是过去的决策结果，以个人的经验来判断新的问题时，以往的结果肯定会重复出现。

其实，上述故事的主人公完全没有必要针对这个问题与其5位下属进行所谓的"群体决策"，他更应该将他的5个下属作为搜集信息的对象。当群体决策不适用某一特定问题时，管理者更应当考虑"个人决断"的好处了。

林肯在就任总统后不久，有一次将6个幕僚召集在一起开会。林肯提出了一个重要方案，而幕僚们的看法并不统一，于是便热烈地争论起来。林肯在仔细听取其他6个人的意见后，仍感到自己是正确的。在最后决策的时候，6个幕僚一致反对林肯的意见，但林肯坚持自己的意见，他说："虽然只有我1个人赞成，但我仍要宣布，这个方案通过了。"

表面上看，林肯这种忽视多数人意见的做法似乎过于独断专行。其实，林肯已经仔细地了解了其他6个人的看法并经过深思熟虑，认定自己的方案最为合理。而其他6个人持反对意见，只有1个人条件反射式的反对，有的人甚至是人云亦云，根本就没有认真考虑过这个方案。既然如此，自然应该力排

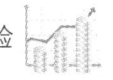

众议，坚持己见。所谓讨论，无非就是从各种不同的意见中选择出一个最合理的。既然自己是对的，那还有什么犹豫的呢？

在企业，经常会遇到这种情况。新的意见和想法一经提出，必定会有反对者。其中有对新意见不甚了解的人，也有为反对而反对的人。一片反对声中，管理者犹如鹤立鸡群，陷于孤立之境。这种时候，管理者不要害怕孤立。对于不了解的人，要怀着热忱，耐心地向他说明道理，使反对者变成赞成者。对于为反对而反对的人，任你怎么说，恐怕他们也不会接受，那么，就干脆不要寄希望于他们的赞同。

重要的是你的提议和决策是对的，只要真理在握，就应坚决地贯彻下去。决断，是不能由多数人来作出的。多数人的意见是要听的；但作出决断的，是一个人。

头脑风暴法：一种常见的群体决策方法

头脑风暴法是一种能够保证群体决策的创造性的提高决策质量的方法。又可分为直接头脑风暴法（通常简称为头脑风暴法）和质疑头脑风暴法（也称反头脑风暴法）。前者是在专家群体决策尽可能激发创造性，产生尽可能多的设想的方法，后者则是对前者提出的设想、方案逐一质疑，分析其现实可行性的方法。

采用头脑风暴法组织群体决策时，要集中有关专家召开专题会议，由主持者以明确的方式向所有参与者阐明问题，说明会议的规则，在融洽轻松的会议气氛中，由专家们"自由"提出尽可能多的方案。

头脑风暴法应遵守如下原则。

1.庭外判决原则。

对各种意见、方案的评判必须放到最后阶段，此前不能对别人的意见提出批评和评价。认真对待任何一种设想，而不管其是否适当和可行。

2.欢迎各抒己见，自由发挥。

营造一种自由的气氛，激发参加者提出各种出奇乃至荒诞的想法。

3.追求数量。

意见越多，产生好意见的可能性越大。

4.探索取长补短和改进办法。

除提出自己的意见外，鼓励参加者对他人已经提出的设想进行补充、改进和综合。

为便于提供一个良好的创造性思维环境，应该确定专家会议的最佳人数和会议进行的时间。经验证明，专家小组规模以10~15人为宜，会议时间一般以20~60分钟效果最佳。

专家的人选应严格限制，便于参加者把注意力集中于所涉及的问题，具体应按照下述三个原则选取：

（1）如果参加者相互认识，要从同一职位（职称或级别）的人员中选取。领导人员不应参加，否则可能对参加者造成某种压力。

（2）如果参加者互不认识，可从不同职位（职称或级别）的人员中选取。这时不应宣布参加人员职称，不论成员的职称或级别的高低，都应同等对待。

（3）参加者的专业应力求与所论及的决策问题相一致，这并不是专家组成员的必要条件。但是，专家中最好包括一些学识渊博，对所论及问题有较深理解的其他领域的专家。头脑风暴法的主持工作，最好由对决策问题的背景比较了解并熟悉头脑风暴法的处理程序和处理方法的人担任。

头脑风暴法专家小组应由下列人员组成：

（1）方法论学者——专家会议的主持者；

（2）设想产生者——专业领域的专家；

（3）分析者——专业领域的高级专家；

（4）演绎者——具有较高逻辑思维能力的专家。

会议提出的设想应由专人简要记载下来或录在磁带上，以便由分析组对会议产生的设想进行系统化处理，供以下（质疑）阶段使用。系统化处理程序如下：

（1）对所有提出的设想编制名称一览表；

（2）用通用术语说明每一设想的要点；

（3）找出重复的和互为补充的设想，并在此基础上形成综合设想；

（4）提出对设想进行评价的准则；

（5）分组编制设想一览表。

实践经验表明，头脑风暴法可以排除折衷方案，对所讨论问题通过客观、连续的分析，找到一组切实可行的方案，因而头脑风暴法在军事决策和商业决策中得到了较广泛的应用。

当然，头脑风暴法实施的成本（时间、费用等）是很高的，另外，头脑风暴法要求参与者有较好的素质。这些因素是否满足会影响头脑风暴法实施的效果。

 规避决策的陷阱

◎ **大众公司：欲速则不达**

在决策过程中，没有对所收集的情报进行系统的科学分析，不深入研究决策过程中出现的各种情况，就匆忙地下结论，作出决策，往往达不到原定的目的。

在战场上，往往一步之差决定胜负。在商场上同样如此，比别人先一步进入市场，可能就是热销商品；反之，就是滞销商品。在市场竞争中，只有

"快"才能抓住有利时机。但是世界上没有绝对的东西，任何正确的东西都有一个适用的范围，超越了这个范围，真理就会变成谬论，如同外国谚语所说的那样："先行一步者是圣人，先行两步者是疯子。"

2003年2月28日，上海大众的两门经济型轿车GOL下线，3月3日在北京上市。这是我国第一款两门轿车。

据上海大众的有关负责人称，中国的消费者需要经济、实用、可靠、放心的轿车，GOL就是为日益增长的中国汽车消费市场而量身打造的。可以充分迎合广大消费者的需求，适合中国的国情发展，性价比卓越，是中国家庭经济型轿车的典范。事实上，在国外，自从1980年首次推出GOL后，到1982年GOL的销售量如火箭升空一般达到5.7万余辆。自1985年以来，GOL在巴西一直保持销量冠军的地位，1993年累积销售量即突破100万辆。不仅如此，GOL因在1997年创造了年销量36.1万余辆的奇迹，而被载入了吉尼斯世界纪录，使它成为汽车史上最为成功的经济适用车型之一。在巴西，一项名为"第一品牌印象"的调查表明：GOL是巴西人的首选汽车品牌。这除了得益于它游刃有余的空间、齐全的装备、低廉的价格外，令人惊讶的两门设计可能是非常关键的因素。

然而，在国外广受好评的GOL并没有在中国市场一炮走红，反而落得败走麦城。两门GOL上市半年仅卖出了3 000辆，不到预计的8 000辆的一半。两门GOL的失利，让一直春风得意的大众尝到了失败的滋味。

前卫的两门是GOL在市场失宠的重要原因之一。尽管两门轿车在国外已经大行其道了相当长一段时间，但是要让中国的消费者接受国际上流行的汽车产品，还需要一段时间。在国外，两门车很有市场，是由于发达国家的汽车普及率相当地高，一个家庭往往有几辆轿车，两门车更适用于那些追求时尚的单身族或是年轻夫妻。但轿车对于当前的中国人而言，毕竟还是奢侈品，有几位买车的人仅仅考虑自己的使用，而不顾及到家人和朋友乘坐的方便。

原本希望通过推出两门的GOL，给中国车市带来全新的汽车消费观念，最大限度地发挥用户自主选择的个性的大众，最后却在现实和挑剔的中国私家车用户面前摔了跤，这多少会让上海大众有些尴尬。

上海大众GOL二门车尝到了欲速则不达的苦头。其中有价格、配置方面的原因，更重要的因素是时机未到，概念超前。因为就中国的家庭轿车消费观念来看，消费者更看重的是车给自己带来的身份象征和满足感，而对独特、时尚认同感并不十分在意。

◎ **迪斯尼：框架是成功决策的关键**

任何成功的决策都有一个合适的框架。一个好的框架能够捕捉到决策过程中的关键问题。成功的框架有一个好的考虑问题的方式，可以将决策过程中的注意力集中到问题最重要的层面，同时，对问题的其他层面也给予适当的关注。因此，框架的好坏是决策能否成功的关键因素。

有的公司一连几年亏损，因为他们将自我封闭在一个个感觉上看似很好，但基本上却不合适的框架中。因此，好的框架能够显现问题中的关键点。如果不知道什么问题才是重要的，那么也许将会作出一个错误的决策。迪斯尼公司在法国建乐园就是一个例子。

欧洲迪斯尼乐园终于在1992年4月在迪斯尼的胜利号角声中开幕了。开幕不久后，迪斯尼就发现开幕时正值欧洲经济严重不景气，而且欧洲的游客在用钱时比美国人还要节省。欧洲迪斯尼的问题，并非大众不接受它（尽管先前受到批评），事实上，欧洲人其实很喜欢这个地方。自开幕后便吸引了将进100万的人潮，因此这很容易就达成了原来预估的目标，但为数庞大却花钱节省的顾客，却未能使迪斯尼达到营业目标反而负债累累。

当时，许多游客的特点就是要省钱，在不景气下也影响了房地产的需求与价格，使得迪斯尼无法将饭店卖给投资人而获利，借以解除紧绷的利息负担。迪斯尼公司原以为欧洲的游客和美国游客以及国外游客没什么不同，但是，在第一年的营运中，可以看出欧洲游客对价格是较为敏感的，欧洲的游客和来自外国的游客是有着极大不同的，至少在花钱的能力和意愿上是如此。

欧洲迪斯尼公司假设游客将住在园区5个旅馆的平均天数是4天，而事实上平均住宿天数仅有两天，这是因为欧洲迪斯尼乐园的游乐设施只有美国迪斯尼乐园的33％。由于在美国与日本迪斯尼乐园的游客，喜欢吃零食，因此欧洲迪斯尼乐园在设计时也采用该假设，广设零食销售点，然而欧洲人的习惯是注重正式的午餐，欧洲迪斯尼乐园无法满足需要正式午餐的人潮，不满意的游客只好离园到它处用餐，并将此不愉快经验告诉其朋友邻居。

选择在法国建造迪斯尼乐园的提议者，只是通过一些模棱两可的评估就杜撰出自己想要的证据，过于乐观地估计了乐园和旅馆的使用率，掩盖了项目自身存在的风险。一旦有人提出疑问，他们总是不厌其烦地拿出自己所谓的"迪斯尼梦想"作为回应，这让人更加对未来的前景感到迷惑不解。他们的目标是什么？是赚钱，还是在欧洲赢得一席之地？在缺乏明确导向的情况下，由于无法把众多问题集中在决策的关键点上，使得项目的实施步履维艰。

迪斯尼的决策者不知不觉地在错误的问题上下工夫，对潜在的问题未经充分的思考，就强行决策，因此使他们错过了最佳的选择。

◎ **环球电信：群体压力导致独裁决策**

在群体中，由于存在群体压力、人们不能够发表自己的见解，最后还是由领导者说了算，尤其是独裁型的领导者更是如此。群体成员因此不会去研究决策的目标，领导者由于个人的局限性和盲目性，容易作出失败的决策。

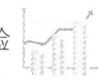

2002年1月，注册资本达150亿美元的美国网络和通信业巨头环球电讯公司（Globoel Crossing）在经历了5年运营后宣布破产。

1997年成立以后的5年时间里，耀眼的光环始终笼罩着环球电信公司及其创始人温尼克（Gang Winnick）。昔日的环球电信是美国最有实力的公司之一，但是，环球电信公司的破产似乎早就在人们的意料之中，因为它早就岌岌可危了。因为，环球电信的决策目标从公司成立之日起就相当混乱，而以后的时间里决策者们也没有认真来研究这些目标。

环球电信成立后，就开始向大型电信运营商提供宽带。当时电信工业界对宽带的需求急速膨胀。因此环球电信花了数千亿美元的巨额资金投入到宽带生产项目中，构筑其宽带王国。然而，环球电信显然过高估计了形势。2000年，从北美洲到欧洲到亚洲的宽带价格下跌幅度均超过了50％，到2001年，价格还在一路下跌，可是在这种宽带远远供过于求的情况下，环球电信仍然在扩张。

环球电信之所以扩张迅速，部分原因在于它不断并购其他公司。在1999年和2000年两年中，环球电信收购了很多家大型公司，更是加速了环球电信体积的膨胀。不过，这样的扩张速度显然不适合环球电信，因为它的年度收入才10亿美元，但其运营成本却高达160亿美元。环球电信陷入尴尬的境地，公司的管理层难咎其职。公司总裁温尼克成为众矢之的。一些批评家指出，温尼克根本没有运作大型公司的经验，也没有电信方面的知识，这为环球电信的悲惨结局埋下了祸根。

从某种程度上说，温尼克的管理风格有点专横独断。环球电信公司的一位雇员讲述了这样一个插曲：

一次温尼克在电梯里问一个临时工是否认识他，这位工人作了否定的回答，结果被他解雇了。温尼克周围的管理人员对其可谓是言听计从，那些不愿意听从其指挥的人立刻被解雇。环球电信在不到5年的时间内更换了5位首席执行官，其中一位利奥·欣德利（Leo Hindery）只干了7个月。有人说，如果温尼克反对你，他会像大猩猩一样把你重重地压在身下。在这种环境下，是没有人来认真研究环球电信的决策目标的，而温尼克本人并没有电信方面的知识，种种因素加到一起，也就注定了环球电信失败的命运。

◎ 可口可乐：信息研究不充分导致决策失败

由于群体决策使成员减轻了对所致后果的担心，以至于人们不会花太多的时间去收集更多的相关信息。信息的不充分往往会让群体作出一个不周全的决策。

1985年4月23日，可口可乐公司在纽约宣布，更改其行销了89年的饮料配方，并由此陷入商业史上前所未有的品牌忠诚漩涡。这个事件被《纽约时报》称为美国商界一百年来最重大的失误之一。发生这一切的原因，就在于公司决策层对信息资料研究不充分。

自从1886年亚特兰大药剂师约翰·潘伯顿发明了神奇的可口可乐配方以来，该品牌饮料在全球开疆辟土的过程中可谓是无往不利，直到1975年百事可乐开始发起"口味挑战"。发动挑战后的几年，百事怂恿越来越多的美国消费者参加未标明品牌的可乐饮料口味测试，并不断传播人们更喜欢口味偏甜的百事可乐的结论。在一浪高过一浪的攻势，百事大肆宣扬其青春激情、冒险的品牌精神，并称其产品口味足以担当起挑战经典与传统的重任。百事的这些攻势引发了美国年轻一代的共鸣。导致了可口可乐的国内市场占有率稳中有所下降，而百事却在缓慢中顽强地增长。于是可口可乐的首席执行官罗伯特·戈伊木埃塔在1981年宣称：可口可乐已没有任何值得沾沾自喜的东西，公司必须全面进入变革时代，其突破口便是数十年来神圣不可侵犯的，但如今已不再适应时代的饮料配方。

为此，可口可乐从1982年开始实施代号为"堪萨斯计划"的营销行动。2000名调查员在十大城市调查顾客是否愿意接受一种全新的可乐。调查结果

显示，只有10%~12%的顾客对新口味的可口可乐表示不安，而且其中一半以上的人认为以后会适应新的可口可乐。

在这个结论的鼓舞下可口可乐技术部门在1984年拿出了全新口感的样品，比老可乐更甜、气泡更少且略带胶粘感。在接下来的第一次口味测试中，品尝者对新可乐的满意度超过了百事可乐。调查人员认为，新配方可口可乐至少可以将市场占有率拉开一个百分点，即增加两亿美元的销售额。

但更换百年配方毕竟是天大的事，为了万无一失，可口可乐又掏了400万美元进行了一次由13个城市的19.1万消费者参加的口味大测试。在众多未标明品牌的饮料中，品尝者仍对新配方看好，认为新可乐能战胜旧可乐的占到61%。正是这次耗资巨大的口味测试，使可口可乐决心推陈出新，应对百事挑战。

1985年4月23日，可口可乐公司董事长在纽约宣布：新可乐取代传统可乐上市，就此，可口可乐的噩梦也开始了。以电话热线统计为例，在新可乐上市4小时之内，公司就接到抗议更改可乐口味的电话650个；4月，抗议电话的数量是每天4个；5月中旬，批评电话每天50个；6月，这个数字上升为8 000个。相伴电话而来的是数万封抗议信，大多数人表示了同样的意思：可口可乐背叛了他们。

大惑不解的可口可乐市场调查部门紧急出击，新的市场调查使他们发现，在5月30日前还有53%的顾客声称喜欢新可乐，可进入6月，一半以上的人说不喜欢了，到了7月，只剩下30%的人说新可乐的好话了。

7月11日，戈伊木埃塔等公司高层管理者站在可口可乐标志下宣布恢复使用传统配方。当月，可口可乐的销售因此增长了8%，股票攀升12年来最高点每股2.37美元。尽管如此，人们对巨无霸品牌营销大师会产生这样的失误仍疑惑不解。但其中一点是肯定的，可口可乐调查部门的错误，在于只计算了产品口感成分，却忽略了品牌情感成分。

◎ P&G：经验的误区

善于总结经验，从成功中得出规律性的认识，是决策成功的重要条件。对于总结经验的重要性，许多人都注意到了，但对如何正确对待经验，并且给予足够的重视方面，大家的做法就不同了。一些人对经验采取了盲目、随意、简单化甚至是错误的看法，从而影响了决策的正确性。依靠经验是一种传统的决策方式，它一般只有感知性，认识表面性分析情况的非定量性等特点。在生产还不发达、科技比较落后、事物发展速度还比较慢的条件下，领导者凭借个人的经验进行决策，有它的合理性。但是进入社会化大生产和经济全球化、信息化的时代之后这套经验决策就远远不能适应了。

众所周知，P&G是世界上最为规范的公司之一，其品牌策划和产品研发均具有固定的程序，这种经验曾被世人所积极模仿。但是这种规范的操作也曾不可避免地产生决策局限，甚至失误。20世纪90年代末期，P&G在全球的销售额连续几年出现零增长。时任P&G董事长兼CEO的德克·雅各推出了一系列大刀阔斧的改革措施，计划在全球市场上推出新产品。在中国市场，自1997年销售额大幅增长到达顶峰之后，连续3年出现零增长甚至是负增长，所以P&G急需一个新的增长点来改变中国市场的局面。

于是从1997年开始，宝洁就确定了新品种战略并从此开始了长达3年的市场调研与概念测试。终于在2000年，针对中国市场推出了润妍品牌的洗发水，它是宝洁旗下唯一一个针对中国市场的原创化妆品品牌，也是宝洁利用中国本土植物性资源的一系列产品。因此，宝洁公司对润妍寄予厚望，认为它将是P&G全新的增长点。

润妍洗发水的销售对象是18~35岁的女性，定位于东方女性的黑发美。润妍的上市给整个洗发水行业以极大的震撼，其包装、广告、形象等无不代表着中国洗发水市场的最高水平。但是到了2002年，上市仅两年的润妍洗发水

因其市场表现欠佳而被打败甚至最后完全退出市场。润妍的失败就是决策者依靠经验决策所带来的。它上市时决策者凭借过去的经验确定了原有品牌一致的价格体现。P&G旗下原有的四大品牌经销商只有6%左右的利润率，但因为那些品牌的知名度高，经营商不得不销售那四大品牌，但是润妍作为一个新上市的品牌，当然不具备这样的实力，于是这种经验决策所造成的利益矛盾就在P&G和经销商之间出现了。经销商觉得没有利润可赚消极抵抗，使产品没能够迅速地铺向市场，出现了只见广告不见产品的现象。而一贯作风强硬的P&G因为有前四大品牌的成功经验，所以固执地拒绝向经销商低头，导致了经销商不积极配合P&G的工作，于是润妍与消费者连接的环节被无声地掐断了。宝洁依靠原来的经验推出新产品，导致了新产品上市策略的失败。

◎ 美国在线和时代华纳的合并：以偏概全的决策

以偏概全的陷阱往往会令人在需要解决困难的时候，误以为问题非常简单，只要解决一部分便可以解决整个问题，这样就充分低估了困难，因而高估了自己的能力很容易不自觉地作出错误的决定。

以偏概全导致决策上的失误，比如说，有的企业通过规模扩大提高了竞争力，于是就认为所有的企业都能"规模出效益"。于是决策者就不顾自己的实际情况，扩大企业规模，结果问题一旦暴露，就会使企业陷入危机。

美国传媒巨头美国在线和时代华纳2001年3月合并，涉及金额1 830亿美元，创造了传媒合并史上的纪录。当时时代华纳董事长李文得意地将双方的合并称为"天作之合"，美国在线董事长凯斯也表示此举将促进"网络世纪"的到来。资深首席投资分析师也将合并后的美国在线–时代华纳股票视为2001年最具潜力的股票，目标价额每股80美元。

然而，合并两年后，美国在线–时代华纳的股价却降到每股15美元，其债券的信用评定也被下调为垃圾级。美国在线的市场价值已从合并前的2 900亿美元缩减到1 350亿美元以下，约有1 550亿美元的币值被蒸发得无影无踪，公司董事会主席决策后持有公司股票从价值65亿美元下降到17亿美元。

美国在线–时代华纳出现巨额亏损股价狂跌，主要原因在于整合后没有发挥协调效应。美国在线是新媒体中的佼佼者，时代华纳是传统媒体中的出类拔萃者。两者本想强强联合，可两套管理班子理念不同，经营方式不同，许多方面不时发生冲突与矛盾。

此外，美国在线与时代华纳合并后，公司急于全球扩张，摊子铺得太大，步子走得太急。2000年欧洲财务亏损6亿美元，2002年亏损也达到2亿美元。公司战略目标是网络、电视、电话服务一体化，却屡屡碰壁，最后因投入太多而损失巨大，导致资金链断裂，公司陷入困境。在这里，两家传媒巨头只看到各自的优势，认为任何两强相加便可以更强，把某些特例推理为事实，不假思考地模仿，最后以失败告终。

第8章　当制度遇上自控力，管理就这么容易

关于制度建设的十四个人性哲理

◎ 公平是最重要的

要使每一个人满意是不可能的事。对于企业规章的制定者来说，重要的是找到一个最公平的法规，而不是取悦每一个人。

◎ "破窗理论"与遵守制度

美国斯坦福大学心理学家詹巴斗曾做过这样一项试验：他找来两辆一模一样的汽车，一辆停在比较杂乱的社区，一辆停在中产阶级社区。他把停在杂乱社区的那一辆的车牌摘掉，顶棚打开，结果一天之内就被人偷走了。而摆在中产阶级社区的那一辆过了一个星期也安然无恙。后来，詹巴斗用锤子把这辆车的玻璃敲了个大洞，结果，仅仅过了几个小时，它就不见了。

后来，政治学家威尔逊和犯罪学家凯琳依托这项试验，提出了一个"破窗理论"。这一理论认为：如果有人打坏了一个建筑物的窗户玻璃，而这扇

窗户又未得到及时维修，别人就可能受到暗示性的纵容去打烂更多的窗户玻璃。久而久之，这些破窗户就给人造成一种无序的感觉。那么在这种公众麻木不仁的氛围中，犯罪就会滋生、蔓延。

"破窗理论"在社会管理和企业管理中都有着重要的借鉴意义，它给我们的启示是：必须及时修好"第一个被打碎的窗户玻璃"。

"破窗理论"运用到企业中就是要迅速将有污垢或受损的公共设施回复原貌，从而使工作场所清洁整齐，营造出一个舒服有序的工作氛围。在这样一种积极暗示下，久而久之，人人都遵守制度和规则，认真工作。实践证明，这种工作现场的整洁对于保障企业的产品质量起到了重要的作用。

◎ 制度的作用是引导

某集团有个规矩，凡开会迟到者都要罚站。在媒体的一次采访中，集团首席执行官表示：我也被罚过三次。

他描述说：集团规定，如果不请假而迟到就一定要罚站。但是这三次，都是我在无法请假的情况下发生的，比如：有一次被关在电梯里边。罚站的时候是挺严肃，而且是很尴尬的一件事情，因为这并不是随便站着就可以敷衍了事的。在20个人开会的时候，迟到的人进来以后会议要停一下，静默看他站1分钟，有点儿像默哀，真是挺难受的一件事情，尤其是在大的会场，会采用通报的方式。第一个罚站的人是我的一个老领导。他罚站的时候，站了一身汗，我坐了一身汗。后来我跟他说："今天晚上我到你们家去，给你站1分钟。"不好做，但是也就这么硬做下来了。

据说在该集团被罚过站的人不计其数，还能说明这个制度的有效性吗？首席执行官非常肯定地回答：当然有效，而且非常有效。在不计其数以后，出了问题就要受罚的观念就深入人心了。并且不管谁犯了错误都会受罚，公平感才会产生，你的团队才会精神百倍。

◎ **制度与纪律**

三国时代的诸葛亮与司马懿在街亭对战，马谡自告奋勇要出兵守街亭，诸葛亮心中虽有担心，但马谡表示愿立军令状，若失败就处死全家，诸葛亮才勉强同意他出兵，并指派王平将军随行，并交代在安置完营寨后须立刻回报，有事要与王平商量，马谡一一答应。可是军队到了街亭，马谡执意扎兵在山上，完全不听王平的建议。等到司马懿派兵进攻街亭，围兵在山下切断粮食及水的供应，使得马谡兵败如山倒，重要据点街亭失守。事后，诸葛亮为维持军纪而挥泪斩马谡，并自请处分降职三等。

领导者的气势有多大，就看他纪律性有多强；组织的竞争力也往往体现在他的纪律性上。一个好的领导者必定是懂得自律的人，而且也一定是可以坚持及带动团队遵守纪律的人。

◎ **制度到位，责任到人**

在非洲大草原上，三只瘦弱的小狗正与一只高大的斑马进行一场生死搏斗。

乍一看来，三只弱小的小狗很难是大斑马的对手。但实际情况是，一只小狗咬住斑马的尾巴，任凭斑马的尾巴如何甩动，也死死咬住不放；一只小狗咬住斑马的耳朵，任凭斑马如何摇头，也绝不松口；一只稍显强壮的小狗咬住斑马的一条腿，任凭斑马如何踢弹，一点也不敢懈怠。

不一会儿，在三只小狗的齐心攻击下，"庞然大物"斑马终于体力不支瘫倒在地，成为三只小狗的盘中餐。

在组织内部，管理者一个很重要的职能就是科学分工，根据实际动态对人员进行最佳配置。只有每个员工都明确自己的岗位职责，各司其职，才不会产生推诿、扯皮等不良现象。

◎ 制度与责任心

三只老鼠一起去偷油。它们决定叠罗汉，大家轮流喝。而当其中一只老鼠刚爬到另外两只的肩膀上，"胜利"在望之时，不知什么原因，油瓶倒了，引来了人，它们落荒而逃。

回到鼠窝，它们开了一个会，讨论失败原因。最上面的老鼠说："因为下面的老鼠抖了一下，所以我碰到了油瓶。"中间的那只老鼠说："我感觉到下面的老鼠抽搐了一下，于是，我抖了一下。"而最下面的老鼠说："我好像听见猫叫，所以抽搐了一下。"原来如此——谁都没有责任。

在管理中，划清每个员工和每个小团队的责任界限是非常重要的。大家都有责任，就等于大家都没有责任。

20世纪末，武汉市中心六层的景明大楼收到一封英国信函。

写信的是1917年该楼的设计单位——一家英国建筑事务所，它在信中表示：当年设计的安全年限为80年，现已到期，敬请注意该楼的安全。

这个设计单位远在万里之外，又是80年前设计的楼房，而设计者也已去世，该建筑事务所居然还惦念着80年前交工的大楼的安危……

人光有责任心是不够的，还要让责任心贯穿在制度之中，使之千百年流传下去。

◎ 韩国企业的"一日厂长制"

韩国有一家卫生材料厂，自1983年3月开始，实行"一日厂长"制度。在每周的星期三，挑选一名员工做一天该厂的厂长，每周轮换一次。在短短的一年时间内，做过"一日厂长"的已有40人，占全厂员工的10%。星期三上午9点钟，"一日厂长"上任，第一项工作是听取各车间、部门主管的简单汇报，

以了解工厂的全盘运营情况，随后与正式厂长一道巡视各部门、车间的工作情况。最后两项工作是在办公室里，处理来自各部门、车间主管或员工的公文和报告。"一日厂长"有公文批阅权。在星期三，呈报厂长的所有公文都要首先经"一日厂长"签名批阅，厂长如果要更改"一日厂长"的意见必须征求"一日厂长"的意见，才能最后裁决，不能擅自更改。"一日厂长"还有权对工厂的管理提出批评意见。批评意见要详细地记入工作日记，以便在车间、部门之间传阅，各车间部门的主管必须听取批评意见，并随时改进自己的工作，还要写出改进工作成果的报告在干部会议上宣读，得到全体干部认可后方能结束。

"一日厂长"制度的实施，成功地改善了劳资关系。一位年仅22岁的女工，当了"一日厂长"，自信地说：如果我第二次当上"一日厂长"，一定比上次干得更出色。她已经认识到："一日厂长"制使员工体验到工厂的业务实践，增进了与上级的感情和了解。员工也认识到"合作"和"节约成本"对一个企业的重要性，认真地执行与此有关的计划，企业的凝聚力也大为增强，员工更能体谅厂长的辛苦和各种决策的用意。

另外，"一日厂长"制的推行使该厂获得了韩国劳动部授予的"杰出劳资关系示范工厂"的称号。工厂每年节约了200万美元，这笔巨款用于对全厂员工的奖励后，员工的干劲更足了，更加积极地为这家工厂努力工作。

企业的决策很可能不为员工所理解，最终难以执行。"一日厂长制"，提供了解决这一难题的方法。

◎ 制度的惯性

戴尔还只是个小学生的时候，有一次他无意中看到报纸上有一则广告："只要通过本考试中心的一个测试，您就能直接获得高中毕业证书。"小戴尔真是欣喜若狂，心想这可是天大的好事，如果省掉那些烦人的课程、傲慢的老师和无休止的考试，就能直接高中毕业，岂不快哉！想到这儿，戴尔几乎笑不拢嘴，马上兴冲冲地拨打了广告中的电话。

考试中心的人果然服务上门了。可等看到接待他们的"客户"，居然只是个小毛孩时，不禁哭笑不得。

但从此，一个大胆的设想开始在小戴尔心中生根发芽，那就是：为什么不尽可能省掉一些看起来天经地义的中间环节，直接一步到位呢？这并不是痴人说梦，因为凭借着这个念头，戴尔在仅仅18岁时就创造了神话般的直销奇迹，并创立了一种划时代的经营模式！

其实，在我们身边，有很多管理环节——它们只是由于惯性作祟才持续存在，并非不可缺少。如果细细推敲，省掉一些环节，机关、企业照旧运转得有条不紊。

一位年轻有为的炮兵军官上任伊始，到下属部队视察操练情况。他在几个部队发现了相同的情况：在操练中，总有一名士兵自始至终站在大炮的炮管下面，纹丝不动。军官不解，究其原因，回答：操练条例就是这样要求的。军官回去后反复查阅军事文献，终于发现，长期以来，炮兵的操练条例仍因循非机械化时代的规则。站在炮管下士兵的任务是负责拉住马的缰绳（在那个时代，大炮是由马车运载到前线的），便于在大炮发射后调整由于后坐力产生的距离偏差，减少再次瞄准所需的时间。现在大炮的自动化和机械化程度很高，已经不再需要这样一个角色了，但操练条例没有及时地调整，因此出现了"不拉马的士兵"。军官的发现使他获得了国防部的嘉奖。

当一个组织所处的外部环境发生较大的变化，就会导致工作流程和方法随之而变，岗位设置与工作思路就应该跟上，否则"不拉马的士兵"就会层出不穷，从而使组织走向瘫痪。

◎ **不能制定"能者多劳"的制度**

有一个寓言讲了这样一个故事。

有一户人家，全家人都非常懒惰。爸爸叫妈妈做家务，妈妈不想做就叫大姐做，大姐不想做就叫妹妹做，妹妹也不想做就叫小狗做。

有一天，家里来了一个客人，发现小狗在做家务。客人很惊讶，问小狗："你会做家务呀？"小狗就说："他们都不做，就叫我做！"客人更加惊讶："你会说话呀？"小狗说："嘘！小声点儿！让他们知道我会说话，又该叫我去接电话了！"

合格的管理者必须能将所管员工的本职范畴、责任及考核界定清楚。"能者多劳"的本质就是懒人对能人的剥削。

◎ 建立掌权者的利益制约机制

五个长期被管理问题困扰的企业家，一天不约而同地向管理学家讨教：如何才能使企业管理科学而有序？

管理学家将五个人带到了一个荒岛上，每天给他们送一锅汤面，要求他们用非暴力的方式，通过制定制度来解决每天的分配问题。标准是公平，不能产生矛盾。

第一次：五个企业家商定，由一个人负责分配事宜。但大家很快就发现，这个人总是为自己多分一些，于是又换了一个人，结果仍是解决不了问题。

第二次：五个人决定轮流主持分配，但很快发现，每个人都在自己主持分配的那一天吃得最多。

第三次：五个人决定选举其中一位品德高尚的人主持分配。但大家一致认为把分配权寄希望于"圣人式"的人物风险太大，因为一旦这个人因受贿等原因堕落腐败，后果不堪设想。

第四次：五个人决定选举一个监督委员会监督分配。结果，公平基本上是做到了，可是由于监督委员会常提出多种议案，致使分配方案定好了，汤面却凉了。大家认为这种监督成本实在太高。

第五次：五个人决定让每个人轮流值日分配，但值日的人要最后一个领取汤面。令人惊喜的是，在这个制度下，每个人分到的面都是一样多。

五个人终于轻松地离开了荒岛，并感谢管理学家使他们终于懂得了什么是管理的真谛。

绝对的权力必将导致绝对的腐败，过度的监管又会使成本太高。因此管理的根本就在于，必须建立掌权者的利益制约机制。

◎ 制度法规是让人遵守的

《韩非子》讲过这样一个故事。

在赵国的上地，有个叫董阏于的人到此为官。当官的走马上任，都是先对管辖区域来个视察，他也不例外。

有一天，他走在石邑山中发现一个数百米深的山涧，站立其边，它的陡峭程度令人头昏腿软，不敢下望。于是他问当地乡民："可曾有人下去过？"乡民答："没有。"又问："莽夫、傻子、疯子、孩童中可有人下去过？"乡民答："没有。"又问："牛、马、猪、狗可下去过？"乡民答："没有。"

这位新官顿悟一理：以法治理，就是要让法谁见谁怕，则法可行矣！

制度、法规要让人怕，政策讲话要让人爱。这两句话是管理上的要律。道理很简单，制度法规是让人遵守的，而政策讲话是要引导和指导方向、让人相信的。

◎ 制度一改，奇迹就发生了

这是发生在第二次世界大战中期的一个真实故事。

在战争中扮演了重要角色的美国空军，为了降落伞的安全性问题与降落伞制造商发生了一段纠纷。当时降落伞的安全性能不够，合格率较低。厂商

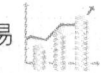

采取了种种措施，使合格率提升到99.9%，但军方要求产品的合格率必须达到100%。厂商认为这是天方夜谭，他们一再强调，任何产品也不可能达到100%合格，除非奇迹出现。99.9%的合格率已经相当优秀了，没有必要再改进。

99.9%的合格率乍看很不错，但对于军方来说，这就意味着每一千个伞兵中，会有一个人的降落伞不合格，他就可能因此在跳伞中送命。后来军方改变了检查产品质量的方法，决定从厂商上周交货的降落伞中随机挑出一个，让厂商负责人装备上身后，亲自从飞机上跳下。这个方法实施后，奇迹出现了：不合格率立刻变成了零。

原本认为不可能的事，制度一改，奇迹就发生了。关心自己的利益是人的本性，怎样让制度顺应这种本性，以此激发人的工作热情，是制度设计者需要深思的问题。

◎ 最"人道"的船主

澳大利亚从前只有土著人居住，后来英国把澳大利亚当做流放犯人的地方，这些犯人代代繁衍，久而久之，就形成了今天的澳大利亚。而在运送犯人的途中，发生过这样一个故事。

承担运送犯人任务的都是些私人船主，他们接受政府的委托，自然也要收取相应的费用。一开始，英国政府按照上船时的犯人人数（上船人数）付给船主费用。于是，船主们为了牟取暴利，想尽种种办法虐待犯人，克扣犯人的食物，甚至把犯人活活扔下海，导致运输途中犯人的死亡率最高时达到94%。

后来英国政府想出了一个办法，他们改变了付款规则，按照活着到达目的地的人数（下船人数）付费。于是，船主们又想尽办法让更多的犯人活着到达澳大利亚，饿了给饭吃，渴了给水喝，大多数船主甚至还聘请了随船医生，犯人的死亡率最低时降到1%。

人都有私心。既然如此，决策者就不该一味指责执行政策的人见利忘义，更不能要求人人都大公无私、高风亮节，而要从根源上去防范自私行为，用制度、法律来约束。

◎ 令出必行，慈不掌兵

《左传》记载：孙武去见吴王阖闾，与他谈论带兵打仗之事，说得头头是道。吴王心想，"纸上谈兵管什么用，让我来考考他。"便出了个难题，让孙武替他训练姬妃宫女。孙武挑选了一百个宫女，让吴王的两个宠姬担任队长。

孙武将列队训练的要领讲得清清楚楚，但正式喊口令时，这些女人笑作一堆，乱作一团，谁也不听他的。孙武再次讲解了要领，并要两个队长以身作则。但他一喊口令，宫女们还是满不在乎，两个当队长的宠姬更是笑弯了腰。孙武严厉地说道："这里是演武场，不是王宫；你们现在是军人，不是宫女；我的口令就是军令，不是玩笑。你们不按口令操练，两个队长带头不听指挥，这就是公然违反军法，理当斩首！"说完，便叫武士将两个宠姬杀了。

场上顿时肃静，宫女们吓得谁也不敢出声，当孙武再喊口令时，她们步调整齐，动作划一，真正成了训练有素的军人。孙武派人请吴王来检阅，吴王正为失去两个宠姬而惋惜，没有心思来看宫女操练，只是派人告诉孙武："先生的带兵之道我已领教，由你指挥的军队一定纪律严明，能打胜仗。"孙武没有说什么废话，而是从立信出发，换得了军纪森严、令出必行的效果。

慈不掌兵，管理者就应该坚持正确的原则。虽然推行的结果可能是得罪一些高层人士，导致自己的职位不保，但如果你的政策推行不下去，那你的前途同样渺茫。

学习春兰公司的"三铁"法则

地处江苏泰州的春兰公司，在几年以前还是个连年亏损的镇办企业，但

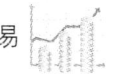

今天它已成为中国最大的空调生产基地之一，曾经连续3年被评为全国500家最佳经济效益企业、全国500家工业企业和全国最大300家外资企业之一，其销售收入、实现利税、全员劳动生产率、人均创税等主要经济指标均居全国同行业之首。

在春兰公司，员工迟到1分钟就罚款50元，为此有人认为春兰的管理太严。然而，春兰公司一举成为中国最大的"春天工程"靠的正是"铁的条例、铁的纪律、铁的管理"。这就是春兰公司成功的答案。

1. 铁的条例。

春兰公司的决策者认为，生产力在松松散散中耗费，是许多企业的致命弱点，要建世界一流的企业、出世界一流的产品、创世界一流的效益，就必须从人的初级行为开始进行严格管理，以法治厂。为此，春兰公司先后制订了干部职工行为规范、劳动管理等18项管理规章制度，对职工在公司内外的行为规范做了详尽的规定。同时，公司成立了总监察室，有权对各类违纪行为予以处罚，并建立公司、部、科三级监察网络，实施违纪监督；还建立了三级逐层考核机制，考核结果记入本人档案。春兰的许多条例以严著称。以迟到为例，迟到1分钟罚款50元，第一次迟到给以劝告处分，第二次迟到给予警告处分，三次以上给以开除处分。受一次劝告处分，年底评选先进、晋级、分房都受到影响。铁的条例使春兰员工养成了遵守纪律的习惯，有些职工为了按时上班，不惜坐出租车赶时间。

2. 铁的纪律。

在春兰公司，从总公司、中层干部到车间工人都有目标管理责任制，各司其职、各负其责。在规章制度面前人人平等，如有违反，不管是谁，一律按章办事。例如，按规定，春兰职工进入公司必须佩戴身份卡。一次一位高级员工忘了带身份卡，被拒之门外，他只好回家取卡，只因迟到4分钟而受到劝告处分，并扣除了当月全部奖金，1年的所有评比资格全部取消。尽管春兰公司对"罚"一丝不苟，但绝大多数人心情舒畅，因为大家已形成了一个共识："对犯规者有情，就是对企业无情"。铁的纪律严出了效果，近年来全公司旷工为零、犯罪为零、偷拿公物为零、暗干私活为零。

3. 铁的管理。

春兰的教育、劳动、技术质量等数十项现代管理都是铁的，尤其是质量管理。公司将质量意识渗透到全公司每个部门、每个人。每个上岗的一线工人都要经过严格的技术业务培训，考试合格后才可上岗操作。春兰公司的所有质量管理全部纳入了法制轨道，公司颁布了《技术管理条例》《技术管理违纪处罚分类细则》等质量法规，一切违反技术操作规程、工艺流程要求的行为都要视情节轻重受到劝告、警告直到除名处分。同时，公司还加强了质量的外延管理，派遣质量管理人员进驻协作厂家，现场监督配套零部件产品的质量。

可以说没有这"三铁"，就没有春兰今天的成功。

关于责任的两个话题

◎ 企业内不应存在连带责任制

所谓连带责任是谁也不负责任，在企业中也有连带责任制。企业内部的连带责任因为责任不清楚，双方都认为对方会处理，因而大多数会发生袖手旁观、不负责任的情形。

以美国企业的情况为例，根据1999年的调查，虽然有93％的企业采用书面请示制度，但是非正式决定事项的正式确认、报告或联络的手段以及众多手段的集合等占62.2％。然而，期待着连带责任明确化的机能之企业也有9.2％。用书面请示制度明确指出连带责任者，到底有什么效果？所谓大家的责任便是不属于任何人的责任。

这种情况在中国也十分普遍，有时所谓管理委员会也是连带责任的巢窝。因为不管对营运也好，对结果也好，愿意负起责任的人一个也没有。每次发生了问题时，委员会就增多，每次增多了，就会发生集体不负责任的事情。因此将个人应负的责任，全由委员会来承担。若要建立充满责任感的企业风气，委员会只会添加麻烦，而且多半派不上用场。如果非设委员会不可时，就有必要让委员长个人对事情的结果负起责任。生产线作业员与管理人员之间也容易造成相互推卸责任。如果事情进行不顺利的话，就会把责任推卸到对方。依据以上分析可见管理人员的安排要非常慎重。企业，由于明确每一个人的责任才能生存下来，所以对于可能会产生连带责任的制度及状况，应该要睁大眼睛加以防备。

◎ 遵守的责任与结果的责任

优秀企业的管理经验证明，责任是一个最需要明确的问题。2005年的一则新闻报道：当某国驻A国前大使博伊登被暴徒刺杀时，A国国家公共安全委员长引咎辞职。如果他真是引"咎"辞职的话，这有一点不合逻辑。不能因为他是国家公共安全委员长就可以防守得了暴徒。他之所以辞职是从政治责任的立场来考虑表示歉意。

又如，富士银行的19亿日元被诈骗事件发生时，岩佐董事长受到人们的批评攻击，报纸也发表了是不是应该引咎辞职的社论。到底这件事的责任属于谁？其实在企业内，责任应集中为"遵守的责任"与"结果的责任"两种。

所谓"遵守的责任"，是对上至法律下至企业的规则、规定、内规等决策事项的负责。富士银行事件中破坏"遵守的责任"的人之一是营沼，他不可能免除这个责任。再者对于"结果的责任"可说是应由分行行长负责。因为19亿日元如果被诈骗的话，那家分店的业绩很明白地无法达到所期待的结果。富士银行全体员工所期待的结果，虽然的确由于这事件受到影响，但是并未有大到足可动摇全体的影响。因此，就企业来说，我们可以认为董事长对于事情的结果没有责任。当然对于社会是有影响的，所以不得不一再地表示歉意。这样可以了解日本企业的个人负责制了，照这样把责任集中成两种，责之所在就清楚了，发生事情时，就可将对之负责任者的数目止于1~2人。以此来提高责任意识，效果更好。

赏勤罚懒的基本原则

在企业内部，功臣是应该表扬的，败将是应该惩罚的，赏罚分明才能使职员有所触动，从而走向进步。项羽与刘邦两人性格完全不相同。项羽是勇猛的武将，过分相信自己的力量。打了胜仗就将所有的功劳占为己有，而不承认下属的功劳。尽管项羽在很多战役中都胜过刘邦，但对他不满而前去投靠刘邦的人很多。项羽虽武力占优势，但渐渐失去了同伴，被汉军所追击，自己断送性命。四面楚歌就是当时的故事——忘了赏与罚的武将的悲剧。这个故事正好是个象征性的例子。

有位政治家曾经说过："做给他看、说给他听、让他去做，不夸赞则人家不愿去动。"有功者不赏的话就会不愿去做了，即使是比较不在意人家赞赏而业绩意欲高的人，对于自己建立了高的业绩，如果上司什么反应也不表示的话，他也会不满，以至离开企业。何况对于企业很用心的人都是企业的恩人。对于他们该赏而不赏的话，即使他们没有勇气离开公司，也会失去积极做事之心，降低了士气，这是不赏罚的原因。

与此同时，对企业职员还要有错必罚。企业既非监狱也不是少年感化院，应根据情节轻重来进行处罚。如果是在积极履行职责时引起的错误行动，以不处罚为好。如果因为这样做受到严重处罚，职员就会因为害怕失败，什么都不敢做了。对于犯了错而及时将事实报告，并迅速作出修正处理

的人，原则以不处罚为好。

酌情处理是很重要的。因为惩罚的目的是指导企业职员的行动，促使组织目标的达成而非报复。这个道理，执行惩罚的人当然要知道，而从业人员也应该要彻底了解。

根据原则，对于有下列表现之一的职员，应当给予奖励：

（1）在完成生产任务或者工作任务、提高产品质量或者服务质量、节约资金和能源等方面作出成绩的。

（2）在生产、科学研究、工艺设计、产品设计、改善劳动条件等方面有发明、技术改进或者提出合理化建议的。

（3）在改进企业经营管理、提高经济效益等方面做出显著成绩，对企业贡献较大的。

（4）保护公共财产，防止或避免事故有功，使企业和职员利益免受损失的。

（5）长期遵守纪律，有带动性作用的。

（6）一贯忠于职守、积极负责、廉洁奉公、克己为人、事迹突出的。

（7）其他应当给予奖励的。

管理和纪律的统一体

一个企业的成功，绝不仅仅取决于严密的制度管理，更在于全体员工的参与意识和自主管理水平。许多著名企业适应时代要求，采用了由"制度管理"向"自主管理"过渡的现代管理方法，逐步实行由制度约束下的"要我干"向高度自觉的"我要干"的转变。

美国一跨国企业从创立开始就非常强调"纪律"，处处都有清楚的规定，每天早上的上班制度，就是最好的例证。每天上班时间从早上8点整开始，8：05分以后才报到的就要签名在"英雄榜"上，背负迟到的"罪名"，即使你前天晚上加班到半夜，隔天上班时间仍是上午8点。这和当时嬉皮士盛行、个人享乐主义凌驾一切的美国，有些背道而驰，可是却延续至今，始终如一。

企业强调准时上班最主要的目的，是希望确保每件事都能够准时开始，像会议、报告、专案进度以及最重要的"交货时间"。企业特别重视团队合作，任何一个人不守时都会影响团队中其他成员，对企业资源造成浪费，因此准时成为纪律要求的第一条规范。

创业期的企业总裁是推行纪律管理的最大功臣，他本人严守纪律的个性，也经常博得别人的赞扬。他和别人约会，从不迟到。除了准时之外，他的耐力和意志力也令人震惊，一旦决定要做什么，他必须排除万难，全力以赴，不看到最后结果绝不罢休。他严格强悍的作风，使整个企业的管理纪律严明，从制造、工程、财务，甚至行销部门，每件事情都有清楚的规范，甚至连公司留言都分为不同等级，人人都以此标准而行。许多企业重视人性管理，以重视员工为口号，只有这位总裁强调纪律胜于一切，这种注重企业自主管理的经验和方法，使该企业的文化独树一帜。

员工日常行为管理制度的七要素

员工日常行为管理制度应该包括下列七个组成部分。

（一）员工的权利

平等就业，参加企业民主管理，按劳取酬，按规定休息和休假，享受劳动安全、卫生和保护，提请劳动争议处理等。

（二）员工的义务

完成工作任务、遵守劳动纪律、执行劳动规程、提高职业技术。

（三）仪表及行为规范

（1）环境卫生；

（2）仪表仪容；

（3）个人服饰；

（4）工作制服；

（5）公众形象；

（6）工作态度；

（7）工作作风。

（四）奖惩条例

奖励种类、奖励条件、奖励的审批权限、过失的种类、纪律处分、处分的审批权限、申诉。

（五）考勤制度

工作时间、考勤的办法、请假程序和办法、休假种类和假期待遇等。

（六）工资、津贴和奖金制度

这是每个企业都要提供的。

（七）员工福利

生活补贴、幼儿补贴、工作餐、医疗福利、书报费、洗理、保险。

第9章 有勇气选择少有人走的路：如何突破战略创新

 企业创新中的管理者

组织公司运营的最高负责人是公司的管理者，因而把握组织是否适应创造活动的关键人物是企业的管理者。如何调动起管理者对创造性的重视与理解，是创造性管理中的一个核心问题。

◎ 让管理者理解创造性

强调创造性的革新性和重要性的管理者，现在已经越来越多。但是，一般来说大部分人尚处于一种人云亦云的倾向之中。这也是对紧迫感、危机感的认识问题，有重新认识"正是安泰中孕育着危机的萌芽"这一点的必要。

（一）进行面向管理者的直接的创造性开发训练

往往要说服管理者让其认识创造性活动的重要性是非常困难的。作为一个实际问题，这的确是一个出乎意料的难题。这件事情表明了一个重要问

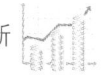

题，即必须考虑让管理者切实理解什么是创造性，创造性为什么是必要的手段。因此，让管理者参加创造性开发训练，大概是一个最有效的办法。体验学习这件事，即使上了年纪也是需要的，也许越是到了令人不喜欢的年纪就越是需要。体验学习是想通过对创造性活动的理解以达到对企业中创造性活动的意义和效果的全局的理解。对中国企业来说，再没有比今天这样更需要创造头脑的了，中国人在独创力的素质方面绝不亚于技术发达的西方人。但是，如何做才能够在企业中最大限度地驱使大脑发挥创造力呢？

（二）管理者需要有大脑的灵活性和表现力、说服力

许多人认为管理者的大脑是很顽固的，然而实际上灵活的时候也很多。但另一方面，只会口头上说说而缺乏付诸于实践的能力的情况也是有的。

许多管理者虽然年纪已经不小，头脑却出人意料地灵活。因为，管理者在平日里就对自己企业的运营抱着生存还是倒闭的忧虑而进行奋斗，经常动脑筋作各种各样的思考，头脑可能因此而灵活。但是，他们无法把取得那一结果的经营判断的窍门很好地传达给他人，因为这往往是一种近于直觉的东西。

◎ 管理者对创造活动至关重要

必须知道，组织中的管理者的责任具有管理者本身所意识不到的重要性。假定以创造活动为例，日常组织活动中的管理者在应当指导其成员保持共同目标的同时，也需要以广阔的视野和长远的洞察力为基础，为判断创造活动是否对组织目的有效进行决策。毫无意义地制定严格的制约条件，既造成了削弱组织创造性的结果，又成了降低创造性人员的士气的主要原因。管理者必须争取经常不断地注意面向建立创造性的组织，实行头脑转换。

以创造性为目的的管理者的责任，就是在管理者理解、判断创造性进行决策的过程中，不忽视事实而正视事实，注意听取组织的发言，时时与社会进行信息交流，不要用只适用于照顾儿童时的那种当机立断的权威进行决策。

有许多权威主义者并没有觉察到自己是那样的人，那大概是管理者自身的善良愿望。但考虑到作为组织的上级管理者对组织有许多影响力，所以有必要进行严格的意识变革。必须注意善良愿望常常产生危机的事，应当睁开眼睛看一看存在于权威主义组织中那种常常发表对发挥创造性有益的言论而组织本身却阻碍了创造性组织活动的事实，努力取消组织权威主义。

企业创新中的员工

员工是企业创新的主体，如何调动员工的创造性，是创造性管理的核心问题。对创新人才的管理，可以从创新人才计划、创新人才的评价、创新人才的奖励体系三个方面着手。

创新的人力资源计划，就是根据企业技术创新的近期和远期目标，确定创新人员的需要情况并进行配备的过程。对于具体的创新活动来说，其人员的来源更多地是来自于企业内部而不是从企业外招募，这是与其他部门或人员配备最不同的。

任何一项创新活动，其组成人员要按照分工的原则而承担不同的任务，充当不同的"角色"。因此，在制订或实施创新的人力资源的计划时应遵循以下原则。

（1）由于创新过程中每人承担的任务不同，因此，对各人的品质、知识以及技能的要求也有所不同，他们之间应该保持一个适当的比例。

（2）有时某些人可以充当不只一个重要角色。在创新过程中减少风险的最佳候选人可能不是杰出的科学家，通常具有多种经济和技能的人员要比某

一方面的专家更合适。

（3）随着时间的变化，某一角色也可由不同的人来充当，也就是说，在创新过程中有人员的变更，包括退出和进入创新组织。

（4）每个人充当的角色可以与他原来的职业不同。

下面我们对创新项目中的人员配置进行详细的分析，从总体上说，创新人员可以分为创造性的和非创造性的，其余的可以称之为助手。

在西方企业的创新组织中，这两者的比例是1:25。因此，这两类人对于创新都是必需的，只是前者也具有创造性而已。而创造性人员又可以分为提出问题和解决问题两类，显然前一类人员对创新来说更为重要，提出问题的能力使他们认识到别人尚未认识到的问题并能正确估计其重要性，即意识到问题是一回事，意识到问题的创新价值又是一回事。在提出问题的人员之中，及时把他们分为发现者和发明者，其主要区别在于发现者的主要兴趣在于"为什么"，而发明者往往更关心"怎么办"。

从上面对参与创新人员的分类，可以看出掌握一定的规律，就能对创新人员的配置有一个整体性上的把握。对于整个创新活动来说，目前公认为最关键的人员就是提出问题的人员。更具体地说，是创新的产品倡导者，因为产品倡导者不但要具备深厚广博的技术背景，而且还要了解企业的发展战略和经营方向，同时还要谙熟市场动向，商业上比较敏感，最重要的是还要具有强烈的进取心。

在创新人员的配置过程中，无论这些人员是来自企业内部还是外部，都要经过一定的挑选，这不但是因为创新的不同角色要保持适当的比例，更关键的是要考察本身的品质、素质、技能和知识水平能否胜任创新工作。

世界第一大材料制造企业瑞侃公司的首席执行官P.M.Cood说："我可能花10%的时间来招聘、面试和培训，对于技术职位的候选人来说，通过10轮面试并非罕见。"在这家高技术公司中的30%的员工拥有博士学位，由于公司的人力资源计划执行得非常严格，结果在过去的15年中，瑞侃公司的销售额平均每年递增15%。在一个鼓励创新精神的企业中，对于创新活动的参与往往是积极主动和自愿的，企业员工对创新活动的积极参与给创新人员的挑选提供了很大的余地，由此可以在企业中形成创新活动的良性循环。

 创新人才的业绩评价

企业对创新人员进行业绩评价的目的可以归纳为四类：

（1）获得奖励或提升的创新人员的基础信息。

（2）希望通过评价对创新的工作进度实施有效的控制，适时获得反馈，纠正偏差。

（3）修正创新人员的配置计划。

（4）取得上级的沟通，以有助于培养创新环境。

在进行创新人员的业绩评价时，确定评价标准是最为重要的因素，因为评价标准实际上就是创新人员的行为规划。相对企业中其他部门的人员而言，创新人员的业绩评价标准更难确定，这是因为：

（1）创新周期较长。有的长达十几年或几十年，短期评价难以用利润、现金流等标准来进行衡量。

（2）创新项目人员的工作任务不同。从创新过程来看，可以分为基础研究人员、应用研究人员以及技术开发人员；从分工角度来看，可以分为项目主管、产品倡导者、信息情报员等，评价标准很难一致。

（3）基础研究、应用研究的目标不容易明确。

（4）财务上失败的创新不一定是失败的创新，它可以对企业创新能力和经验的积累作出重大贡献。

美国国家实验室曾经给出了一个比较完整的创新成果评价标准。从该标准中我们可以看出，在评价标准中不仅包括了创新在成本、销售额等经济效

益上的标准，也包括了没有或近期没有经济效益但对增加企业竞争力、改善企业市场地位以及有利于企业技术能力增强或创新经验积累有贡献的标准，其中特别包括了环境保护方面的标准，这反映信息在企业技术创新中的作用是一致的。

在大型企业中，创新项目往往设在研究开发部门，其职能和地位比较独立，但在研究开发作为创新的重要前期阶段，其业绩也在总体上决定着创新的业绩，研究开发重点在于基础研究和应用研究以及一部分的技术开发，较少涉及创新的后期，即技术的市场化过程，单单用经济效益很难衡量业绩。因此，研究开发部门及人员的业绩评价对大型企业来说是一个具有挑战性的问题。

相对而言，企业对创新人员在整体范围内的、长期的业绩评价比较容易，而要确定个人的短期业绩或对某项成功创新的贡献则较困难，按传统的业绩评价观点，评价实际上就是检查员工完成既定目标的程度，而创造性是很难确定具体目标的。在讨论创新目标的确定时也仅仅只是希望企业能够根据主客观条件判断创新的大致目标。这样一来导致了企业评价其创新人员的业绩标准千差万别，各不相同。

总的来说，对于应用研究人员，用专利数量作为最一般的评价标准可能比较合适，而对于基础研究人员，用权威学术刊物上发表的论文或报告及被引用的多少作为标准可能更为合适，对于一般工程技术人员，要看其工作性质及参与创新的具体情况分别制定不同的标准。

创新人才的奖励体系

奖励从表面上看是对创新人员业绩的肯定，在实质上，创新人员奖励体系的设置是对创新人员努力方向的引导，是创新人员的重要激励手段。行为科学的研究表明，人的行为是受激励驱使发挥自身能力的过程，对于创新人员来说，可以用公式表达成：

创新能力×创新激励=创新成果

可见，在人员能力既定的情况下，激励越大，创新成果也就越大，而奖励是最重要、最直接的表现形式。

创新人员的奖励体系可以分成三个部分。

（一）职务提升

职务提升是奖励创新人员的重要手段。公司常常会面临提升科研人员的难题，因为，如果把研究与技术人员提升为管理人员，公司可能会得到一个平庸的管理人员而失去了素质很高的研究与技术人员；如不提升又可能会压抑创新人员在这方面的要求。

为了解决这一难题，目前西方国家普遍实行双轨制职务提升制度。在双轨制职位体系中，管理人员和行政人员组成管理轨道，研究开发人员和技术人员组成科技轨道，公司员工可以沿任意一条轨道实行职位的升迁，两条轨道的报酬、地位及影响等方面完全是对等的，如果研究开发或技术人员有提升要求的话，那么他可以沿着科技轨道实现提升。在3M公司，一位工程师随着他的创新成就的不断扩大，他可以沿着基层工程师、产品工程师、产品系列工程师、科室经理、部门经理的轨道实现提升，3M公司和惠普公司是成功地实行双轨制提升制度的公司。

（二）精神奖励和物质奖励

物质奖励是指对创新人员为企业所作出的贡献给予一定的物质报酬的奖励方式，通常包括奖金、奖品、纪念品、拥有公司股票、在创新收益中提成、加薪、免费旅行或疗养等。精神奖励是指授予有成就的创新人员各种荣誉，使其得到公司和社会的承认及尊敬的奖励方式，包括名称称号、奖章、

奖状、公开表扬、公司资助参加学术会议等，企业通常都是采用物质奖励与精神奖励相结合的奖励方式。

IBM公司为了激励员工提高劳动生产率，发挥自己的创造性，设立了诸多奖励创新的奖项：包括杰出创新奖和杰出贡献奖——相当于IBM公司的诺贝尔奖，金额在15 000美元到10 000美元，每年各颁发40个；发明成就奖——针对登记专利的奖项，金额1 500美元；研究部门奖——金额1 500美元；额外工作奖——对于本职工作以外作出贡献的奖项。

3M公司设有专门奖励产品创新的"金脚印"奖，条件是创新产品必须在3年以内获利。P&G公司1990年创立了以公司内的创新大王Victor Mill命名的协会，被吸收进协会是P&G公司的最高奖励，11位技术专家成为创始会员。

（三）扩大创新空间

扩大创新空间对于创新人员来说是最重要的激励，它具体是指以多种方式给创新人员提供更多的发明创造的自由，包括从事研究的自由、在一定程度内失败的自由、展示研究成果的自由以及提出创新思想的自由。

富有创新传统的企业往往允许自己的员工有一定的自由时间从事自己的研究课题。比如，3M公司就允许自己的员工可以用15%的时间进行个人项目的研究开发；惠普公司允许公司的研究人员用10%的时间从事自己的研究课题，全公司实验室14小时开放，对于取得了重大创新成果的人员，则在更大范围内鼓励他们继续自己感兴趣的研究；IBM公司就设有"新人奖"，获得者在5年之内可以自由选择研究计划，并终身保持这个头衔。除了保证研究者在时间上的自由以外，公司还应该提供一定的资助，来保证创新思想得以顺利实现。3M公司每年颁发90个金额为5 000美元的奖金来帮助研究人员实现创新思想。

扩大创新空间还体现在企业要对创新失败的宽容，要使创新人员意识到失败仅仅是创新的正常代价，从而彻底消除对失败的恐惧感。3M公司一直提倡要对创新持建设性的态度，即对创新失败的员工不是惩罚而是鼓励他再接再厉，对于创新成功的员工，最好的奖励就是再给他一次创新机会。

 ## 培育良好的创新环境

◎ 创造性构思形成的条件

有利于实际的创造性成果的产生，需要创造者主体和环境的有机结合。创造者自己要有创造性的思维方式，有创造性冲动。环境也要允许创造者能有机会实施自己的新奇想法，不能一棍子打死。

如果在公司中有一种很有创造性的建议被提出，那么，这条建议的创造性越强，越是出人意料，效果和影响力越大，它所受到的抵制就越大，反对的人就会越多。培养一种没有这种抵制现象——突破创造性的社会心理障碍的气氛，是促进创造性发挥的第一步。

通常，人们抵制革新出于以下三个动机：

（1）人类所具有的留恋过去、希望维持现状而不希望改变旧事物的想法。

（2）由于缺少经验，对做好新事物没有信心。

（3）对别人的新颖构思感到嫉妒。

这三个方面是人们抵制创造性建议的内心想法。由于建议抵制者认为这种思想不仅自己有，而且他人也有，所以要使这种抵制带上正当的色彩，他们往往无意识地感到不好意思公开表现出这种内心，所以就用下面各种各样的理由进行抵制。首先提出要考虑一下"那种事情能否成功"。自己缺乏让建议实现的自信心，也不准备在建议上下工夫，并提出以下理由以削弱建议者的锐气。

1．"建议是不可能实现的。"

（1）无论从理论上还是经验上看，都是不可能实现的。

（2）即使理论上可能，设想也过于激进。

（3）设想的前景美好，但实行起来问题很多。

（4）反对那样做的人很多，很难受到欢迎。

（5）其他公司不得而知，我们公司是不行的。

（6）没有人手、资金和时间，结果将因能力不足而无法实现。

（7）以前曾经试过，但行不通。

进而，如果建议者说明建议能够实现，抵制者就会提出以下批评，强调建议的实行是无意义的。

2．"即使能够实现，其结果如何也是令人担心的。"

（1）没有效果，只是无价值地浪费时间。

（2）能否收到最好效果是令人怀疑的。

（3）即使成功了，也落后于时代。

（4）如果不能顺利实现，就是一个责任问题。

抵制者说出以上理由的目的在于掩盖自己缺乏自信。

如果创造性建议的抵制者知道这条建议的确有实现的可能性和有值得一干的意义，他们可能有这样一种心理：他们迷恋于自己的范围、过去的习惯，固执于维持现状，不想付出辛苦给予培养。他们为了掩饰自己故步自封的内心，会进一步提出以下看法。

3．"那种想法一开始就是轻率的。"

（1）那是"随便想到的"。

（2）为时过早，时机尚未成熟。

（3）如果是那样的好东西，其他人理应也在干。

（4）对结局的调查不充分。

为了打击建议者的积极性，抵制者往往又会提出："再进一步慎重考虑一下"或者是"充分研究一下"，也有可能表示不采用而采取避开问题或转移话题的做法。

即使这样，如果建议者仍然努力说明时机是恰当的，调查和研究也很充分，而且强调成功之后会取得很大效果，通常的抵制者就会不由自主地表现出一种嫉妒心理。其他人一提出好的想法，他们就有意识地加以诋毁。因为不好直接对此加以驳斥，就从各个辅助的方面进行刁难。

人类的本性会以各种各样的形式表明不赞成来自创造性的新设想，因此，在充满这种抵制气氛的地方，发挥创造性是难以想象的。即使创造性的设想成为事实，周围的人也绝不会轻易表示肯定。

即使肯定反对的理由是正确，也不要认为原来的想法没有希望。怎样做才能消除反对的理由呢？这需要自己来研究、探讨。总之，各种抵制创造性建议的说法是一种没有表现出来的本性的感情流露，即使从理论上打破其反对的理由也还不行。所以，对这一问题的解决不外乎用强大的意志力，千方百计地说服周围的人们，让周围人们认识到应当去引导这一建议取得成功。

◎ 有利于创造性建议的环境

无论是谁，都可能表现出对他人发挥创造性的抵制。如果周围存在着不喜欢革新的情绪或阻碍自由精神的制度等，创造性很快就会消失。因此，为了扫除一切阻碍创造性发挥的障碍，实行公司内部改革是很有必要的。

首先，要创造一种完全不使用反对语言的气氛。如果公司内有人不注意而使用了反对语言，就告诉他无论谁都要注意相互之间不要使用那种语言，而且有必要预先把这些反对语言作为公司的警句，并且通过公司内部的杂志或布告告诉大家。

其次，管理人员不能耍权威。如果权威主义严重，总是对员工进行生硬的命令，员工创造性很快就会消失，而且不会再出现。创造性对权威的承

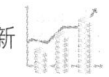

受力是很弱的，管理人员无论是对多么微不足道的建议，也应当抱着"听一听"的心情去接纳建议者。为了发挥创造性，管理者常常是乐观的，应当努力支持这个建议，起码要让周围的人了解建议实现的可能性，这是真正的"激励"。即使在热心支持也清楚地表明不能实现的情况下，建议者也会由于感到管理者的热情关怀而必定发誓要在下次机会中提出价值更高的建议，在发挥创造性上奋发努力。千万不要忘记，对于创造性的发挥来说，上级的态度既可以成为很大的障碍，也可以成为很大的鼓励。

再次，很重要的一点是，即便管理人员对创造性建议非常支持，往往也会因为存在着各种限制，从而影响创造性建议的制度或规则，结果给创造性的发挥造成很大的障碍。许可是权威的产物，人与人的差别观念窒息了思想的自由，经常会导致员工对提建议处在欲说不能的状态中。

还有一种障碍是以划一思想为基础的旧军队式的做法。俗话说，"三个臭皮匠，顶个诸葛亮"。但是，如果这三个人有相同的个性，那就很难取得这种效果。只有三个不同个性的人结合在一起，才会产生很大的效果。人们本来具有各自不同的个性，所以应当完全尊重每个人的个性，让个性得到充分发挥，焕发出创造热情。因而，让不同个性的人相互协作这一点必须予以特别强调，我们把这称为异质协作，与此相对应的是划一主义。

◎ **创建一个自由的环境**

组织常常考虑的不是如何给予成员以更大的自由斟酌处理问题的余地，而是追求责任。所以，组织有必要进一步认真考虑一下成员需要的自由环境、气氛、自由的形式和维持自由的方式。

这里的尊重自由是指尊重自主性，尊重自主性就会自然地产生责任感。对员工表现出更多的尊重，员工曾经埋没的长处也会由此而开始萌芽。这一思想方法是暗合我们的思想的。

（一）认识、启发由员工自己这样去做

由单方面指挥、控制进行管理的原则，无论是采取强制的办法还是温和的办法，在激励上都是不充分的。因为这种方法是立足于人的，这种要求在今天已经不能成为行动的重要动机。另一方面，单方面的指挥、控制，对于激励以社会需求和自我需求作为重要需求的人们来说，本来就是无益的。无论强硬还是温和的方法，在今天都无法顺利实施。

如果人们被夺走了在工作岗位上满足重要需求的机会，他们的行动很有可能呈现出以下特征：懈怠、缺乏责任感、附和流言蜚语、提出不合理的经济要求等，结果管理者就像是被自己的蜘蛛网阻碍了一样。

由单方面指挥、控制的管理既是硬性的，也是严格的。然而，即使能够用公正的方法加以实施，对于那些生理及安全的需求已得到适度满足，而对社会的、自我的、自我实现的需求要求强烈的人来说，指挥、控制也不是激励的有益方法。

受需要层次论的启发，赫茨伯格建立了一种关于人的管理工作的另外一种理论，这就是把人性与人的激励放在更正确的假设之上的理论，这种理论敢于启发更广阔的方面。

赫茨伯格认为，成长的可能性，承担责任的能力，让行动趋向于组织目的的精神准备，这些全部存在于人类本身之中。管理者不是要把人们带向某个方面的人，他的责任是认识、启发使员工自己去做的那种人类特性。管理的重要工作是协调组织环境与运营方法，这样，员工就会由于把自己的努力投向组织目的而能够最大限度地实现自己的目的而努力工作。

（二）树立尊重人性的观念

管理者必须在经营水平上确立信赖员工的观念。管理者关心的不是怎样使用人，而是怎样做才能使人自主地高兴地工作。但是，对于企业来说，如何把这种思想具体化为方法，是一项非常困难的课题。在组织制度上可以采

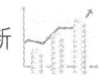

取工作丰富化、弹性工作时间、更多的员工福利，等等。无论管理者还是同僚之间，都理所当然地必须为促进人的创造性而努力。

人不拘泥于既有的概念，不辞劳苦地为革新发挥创造力，这是与自己成长或自己能够成长这一收获结合在一起的。这就是在工作中引发自信的东西。一个组织是否充分发展了这一人类的本性，是与有效地利用员工还是埋没了员工有着密切关系的。

由此便可以认为，通过进一步从人的方面努力改善组织的环境、气氛，就会逐步形成"以尊重人性为基础的自由气氛"。

（三）建立自由信息交流的场所

自由交换信息是人类能够区别于其他动物的重要条件，从这一点上考虑，自由谈话或自由交换情报也就成了工作岗位上的一个大问题。在企业发生的许多问题里，往往可以从信息交流不充分中找到原因。

就是从这一点上考虑，在组织的顺利运营上形成上下左右确定的周到的情报交流方法是不可缺少的，特别是管理者与员工能够进行直率的对话尤为重要。比如，建立不拘礼节的房间或实行开门办公制等，也可以考虑在自己所担负的业务之外建立自由发表意见的机会。

自由的信息交流是创造的食粮，是形成自由的企业气氛所必须的条件。

（四）建立自由的制度与组织

自由的企业气氛通过自由的制度和组织而进一步具体化为现实。但是，组织和制度本身又是通过某种形式对自身和别人加以制约的东西，为求扩大自由，需要将制度和组织的制约条件限制在最小的限度以内。

此外，还必须根据情况变化，迅速改变陈腐化和僵硬化的制度和组织。从这种意义上来说，时常"朝令夕改"也许是必要的。总之，非常有必要去考虑建立一种能够不断适应情况变化的灵活的系统。

最近正在讨论的虚拟企业、标准模块化制造网络等组织形式的缔造，便是建立灵活系统的一个试验。与此同时，计时器、出勤簿的废除，也有了进一步研讨的余地。在期待着创造性充分发挥的研究部门和开发部门中，实行自由上班和自由下班具有更好的效果。

（五）人尽其用

必须对于调动人的积极性的重要因素作出适当配置。通过人尽其用，充分使人们享受到可以支配的工作自由，否则将会给工作岗位上的人造成郁积感，压抑创造性的发挥。为了不造成这种局面，可以进一步灵活运用自由申报制度以发现本人的适应性。

有些企业为了人尽其用，把多余的人员转移到其他地方去（特别是间接部门的削减），以对付人事费用的高涨，也就是实行彻底的少数精锐主义。

有利于创新的管理方式

（一）给予工作和让其工作的方法

让员工从事没有趣味、乏味的工作是很困难的。作为管理者，最重要的工作就是正确地描绘和传达企业理念，即以管理者为中心，把每个人的开发目标统一到企业理念这个大方向上来。

在统一的过程中，应当完成的任务是把握组成人员的能力类型。每个人的能力类型都存在着不同程度的差异，其中有许多差异连自己也很难断定，进入企业的新员工更是如此。在这种情况下，必须细心追踪员工的成长过程，按照自己的方式把握和测定员工的能力类型。

科学、定量地把握人的能力是很难做到的，对重要事物的重要程度进行定量化是困难的。企业中的人事评定是主观的价值判断，不过是评定

者的价值观的投影。

即使在学校教育中，对学生创造性的评价也几乎没有决定性的手段。因而在企业中对一个人进行能力判断和决定工作类型时，与本人商量是特别必要的，最重要的是如何给予能激起他的挑战精神的工作。

员工选错了开发主题时，上司的态度非常重要。在把全部精力投入无用的事情上并遭受挫折之前，必须让员工改变主题。

在选定主题和工作类型的时候，必须让员工对此有深入的理解，这是创造性本质的自由问题。这可以以创造性开发的两个条件——心理稳定与心理自由为例，但这时的自由是伴随着责任的自由，是在成功与失败两个方面承担责任的自由。

（二）要重新理解权威

企业内的地位、职位、学历、资历等形式上的权威，都会抑制创造性的发挥。

真正的权威存在于具有合理判断能力并由此而取得成果的地方。权威在于真实。这里非常微妙的是"合理"的判断，不是说只用所有的人都能理解的、乍一看似乎合理的判断去处理事情，而是说里面包含有"创造性评价"。很多情况下，可能很多人不能理解，但是震动着管理者与承担者心弦的东西才存在着创造性。因此说，在不允许批评、不承认平等争论的假权威的气氛中，组织开发是不可能的。

（三）拘谨的气氛会使大脑的运转失灵

人如果完全处在恐怖和不安的状态中，其行动就会变得僵化，体内激素的分泌和血液的循环就会出现恶化，心脏的跳动频率也就会不规则。在这种情况下，人的语言也变得不通顺，常常说出不该说的事，表现出不知所措的样子。心情紧张对创造性的影响极大，在心情紧张的状态中发挥创造性是没有希望的。

当然，严肃的仪式偶尔也是重要的。然而，必须经常注意，与轻松愉快的工作气氛相比，自己更倾向于哪个呢？不为失败所动摇，相信不急于挽回失败或取得胜利的局面是最正确的道路时，道路就开辟出来了。"运气带来运气"也是这个道理。但是，轻松愉快不等于是软绵绵，在严格接触和严肃的气氛中获得宽松感并领会如何做工作的方法是必要的。

（四）要重视情报激励

企业内部情报交流的方式用一句话难以说明，全体员工都了解所有情报这一点在实施上是根本不可能的。情报不畅可能导致许多问题，比如有许多管理者抱怨被蒙在鼓里，被淹没在没有用的情报中。原因有很多，或者是因为让他知道也不起作用而没有让他知道，或者是忘记了互惠互利原则，由于其中的一种原因造成信息不灵的情况是很多的。

通常人们会认为，在许多人去的地方似乎聚集了许多情报，但实则不然。集合了许多人的联络会议或礼仪性的集会，多数是没有用的，很难从中获得有用的情报。与此相反，通过工作岗位中的小团体举行伙伴们的短时间聚会，在思想沟通方面更有效果。

可以把各部门运营期间的重点管理目标实行组织化，建立组织目标图，以便事先对各部门管理者进行配置。除此之外，还有一种"悄悄话战术"。"悄悄话"是一种无论在走廊还是在食堂，只要碰到面时，都能及时通过三言两语进行情报交流的方法。

情报就是信息资料的选择，到手的资料只有经过选择才能成为情报，因而必须传递伙伴确实经过选择的情报。

在这方面需要进行相当的训练，必须事先懂得各个部门的重要问题是什么，这可以从事先建立起来的目标组织图中找到。对于创造性来说，重要的情报是第一手的。如果使用没经过筛选的材料，在认识与解决问题时就会产生偏颇。让众多的资料本身说话，倾听其呼声，这是产生创造性的开始。

第10章 向心力、吸引力、影响力：企业文化建设的三大法宝

企业文化
——发展之魂

科学与管理是社会发展的两只轮子，而具体的推动力是人。企业是以人为要素的经济组织，如何发挥这个组织内每个人的智慧，增强每个人的才干，以最佳的组合来实现企业目标，这就是企业文化。企业文化是一切企业的发展之魂，一切成功的企业都有适应其特点的企业文化。

企业文化是企业的立身之本。企业就像是一个人，一个没有掌握现代知识、没有经过文化熏陶的人在现代社会是不可能为社会作出较大贡献的。一个企业要成功，就必须建立成功的适应自身特点的企业文化，只有把企业向社会提供的产品与服务价值和文化价值结合在一起，把企业经营与文化结合在一起，这才是一个成功企业的最高境界。

企业文化涵盖企业的经营活动的各个环节和各个方面，可以说是与科学技术同等重要的生产力，是企业的立身之本。企业文化不等于卡拉OK式的文

体活动，而是决定企业兴衰的关键。目前，有的国有企业效益差，在市场竞争中沉浮兴衰过快，企业文化的不足也是一个重要原因。任何体制下的企业都具备物质资本和人力资本因素，如果说物质资本因素是企业生存与发展的硬件的话，那么，如何发挥人力资本潜力的企业文化就是企业生存发展中的软件。

必须强调的是，企业文化不是写在纸上、贴在墙上的美丽辞藻，而是根据企业自身特点培育出来的一种企业人文精神和文化氛围。它贯彻于企业经营活动各个环节和每一位员工，它是企业在长期运营中的一种积累。企业的首要任务是实现经济效益，不同的企业实现经济效益的手段是不同的。生产产品的企业与提供服务的企业所应培育的企业文化的内容不同，但主要的人文精神是相同的。企业应根据不同的企业战略制定不同的企业文化核心内容，因此，每个企业的企业文化都应有其自身特点。

企业文化是一个企业内部经营管理活动中人文精神的积累。所有企业面临的一切都是变化和发展的，社会、市场、人、企业本身天天都在发生变化，因此，要求企业应建立某种适应这些变化的机制来保证其在不断变化的环境中生存发展。如果一个企业内无规章制度、无章可循、有章不循、分工不清、责任不明、纪律涣散、领导投机钻营、员工瞎混日子，企业绝对会效益不好，必然导致连年亏损，面临破产。

现在有一种较为流行的观点，企业搞得好不好，关键看领导。此话只对了一部分，企业领导人的确是搞好一个企业的重要因素，但企业是否成功的关键应在于是否建立起企业文化，是否重视用企业文化调动每个人的积极性。外资企业的一个总经理调走了，企业发生的变化只有一个：坐在总经理位置上的面孔变了，其他的一切如旧，即使有变化只是总经理的个人领导风格有所不同。而我们有的企业依靠"能人"，一个企业的兴衰往往和企业的领导人变换有着直接的关系。前者一个企业的运作依靠的是科学的管理体系，而后者依靠的是某种机遇。如果国家要修几条重要的高速公路，附近的采石厂产品热销，企业效益就好，一旦工程完工，企业的日子就难过了。这

样的厂长你能承认他是优秀企业家吗？

重视企业内部人的因素，尊重每个人，重视人力资本的潜力发挥，把企业办成每一位员工实现自己理想的舞台、一所成功的学校，让员工在企业里能体现其生命价值和生命乐趣，企业才能长盛不衰。

企业文化的组成

企业文化是由企业环境、价值观、英雄、习俗和仪式、文化网络五个因素所组成的。这五个因素各自的作用是不同的。

◎ 企业环境

这里所说的企业环境，并不是指企业的内部环境，而是指企业经营所处的极为广阔的社会和业务环境，包括市场、顾客、竞争者、政府、技术等的状况。企业环境是形成企业文化最大的影响因素，而企业文化则是企业在这种环境中为了获得成功所必须采取的全部策略的体现。

◎ 价值观

这里所说的价值观，不是指个别人评价是非曲直的准则，而是指一个组织的基本概念和信仰，它以具体的词汇体现出来，并在组织内制订出成功的标准。企业价值观是企业文化的核心或基石。一个企业的价值观越鲜明，即一个企业的信念越是强烈，就越能吸引企业中每个人的注意力，使大家的力量都集中到企业目标上来；反之，企业的价值观越含糊，即企业的信念越是薄弱，则大家的注意力必定分散。

可以用以下两种方式来塑造丰富而优秀的价值观体系。

第一，企业的价值观体系，不能凭空捏造出来，它往往是而且也应该是企业长期实践经验的概括，是企业职工在特定经济环境中进行尝试后知道什么可行、什么不可行的总结。

第二，企业价值观念体系的形成和企业主管的工作及灌输是分不开的。事实上，形成和增强价值观是一个管理人员最重要的工作。组织中的个人对形成组织标准和信念也有着强有力的影响。管理人员之所以对企业价值观的形成起重大作用，往往是由于：首先，他们自己有一种清晰、明确的哲学，并坚持用这种哲学来指导企业的行为；其次，他们非常重视企业价值观的形成，并注意更有效地调整这些价值观，以适应经济的发展和企业环境的变化；再次，他们清楚地意识到任务的艰巨性，因为要使成千上万人都具有强烈的、根深蒂固的企业价值观念，这是对管理的真正挑战，所以他们的行为坚定，在任何情况下都言行一致。

企业价值观对企业的发展起着至关重要的作用，主要有以下三个方面：

首先，有引导方向的作用。因为管理人员和组织内部所有的人都极为关心公司价值体系中格外强调的事情，例如，一个以"有效地操作"为价值观的石油公司，往往比其他公司更能有效地生产原油产品。

其次，有指导决策的作用。企业总是要做选择，而价值观则是选择时必不可少的指导因素，通常在做决策时，真正的管理人员往往会更努力一些，因为他们理解共享价值观并受其指导。

再次，有激励斗志的作用。因为价值观决定什么样的人员受尊敬。价值观为所有的职员提供了共同的方向，并能够指导他们的日常工作。这样，所有的职员都知道企业的观点，知道自己该坚持什么样的标准，就会从中受到激励。成功的企业经常是因为它的职员对组织价值观的确认、信奉和实践，每个组织事实上都能够从共享价值观中获得强大的力量。

但是，在塑造共有价值观的时候，不能只看到它会带来好处，同时也要看到会发生危险，主要有以下几种：

（1）过时的危险。即当经济环境发生变化时，原来所共有的价值观仍然

牢固地支配着人们的行为，妨碍企业去适应新的环境。可以想象，一个牢固地树立了"经久耐用"价值观的服装企业，就较难适应顾客的"新潮"时装热。

（2）墨守陈规的危险，即不愿意或者很难抓住共有价值观所强调的事情之外的机会。

（3）不一致的危险，即言行不一的危险。如一个主管，平常很有说服力地宣传要更好地为顾客服务的价值。但每当临近年终时，他却只过问财务状况而把顾客晾在一边。这样，"为顾客服务"就不过是骗人的词藻，起不到建立强文化的积极作用。

关于价值观，在下一节中还会有更集中的论述。

◎ 英雄

（一）英雄的标准

（1）英雄应是企业价值观的化身，是人们公认的最佳行为和组织力量的集中体现，因而是企业文化的支柱和希望。

（2）英雄有着不可动摇的个性和作风，英雄所做的事情是人人想做而不敢做的，因而是每个遇到困难的人都想依靠的对象。

（3）英雄的行为虽然超乎寻常，但离常人并不遥远，往往向人们显示成功是人们目力所能及的，因此英雄可以使人们在个人追求与企业目标之间找到一种现实的联系。

（4）英雄是通过在整个组织内传播责任感来鼓励职工，其鼓舞作用不会随着英雄本人的去世而消失。这是英雄和一般成功者的区别。

（二）英雄的作用

（1）使企业获得成功并且合乎人情。

（2）提供角色的模式。

（3）向外界展示公司的形象。

（4）保存使企业具有特色的东西。

（5）建立行为标准。

（6）调动职员的积极性。

（7）提供把整个组织聚合起来的黏合剂以及在组织中持久的影响力。

（三）英雄的类型

英雄有两种类型。

第一种类型是和企业一起诞生的"共生英雄"。共生英雄在数量上很少，属于凤毛麟角，多数是企业的缔造者。他们往往有一段艰难的经历，但面临困难仍然有抱负、有理想，并终于把企业办起来了，所以又被称为"幻想英雄"。

这类英雄的特征是：

（1）有正确的追求。这种正确的追求，或者是一种新的产品，或者是一种新的工作方法，或者是追求一种具有特殊性的组织。追求什么就得到什么，总是获得成功。

（2）有执著的、不达目的不罢休的韧劲。

（3）具有使企业不断成功的个人责任感。

（4）具有通过善待职员、向职员灌输一种持久的价值观来使企业强大的信念。在这种信念驱使下所做的工作，使得共生英雄的影响能持续好几代人，英雄已逝而价值观依然存在。正是这个特征，把共生英雄和其他管理者区别开来了。

第二种类型的英雄，是企业在特定的环境中精心地塑造出来的，故称为情势英雄。共生英雄对企业的影响是长期的、富于哲理的，可为全体职员照亮征途，而情势英雄对企业的影响是短期的（多则几年、少则几月甚至几天）、具体的，只以日常工作中的成功事例来鼓舞企业职员。

一些强文化公司善于通过塑造情势英雄来建设企业文化，例如IBM公司，典型的形成企业文化的有效方法是从几千名新职员中挑选出几位进步极快的

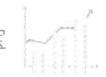

人，让他们担任高级主管人员的助手，为期1年。很明显，每个人都是英雄角色的候选人，1年以后，这些未来的英雄便负责回复客户的抱怨信，以保证增加他们对IBM公司与为客户服务息息相关的敏感程度。提供良好的服务是IBM公司业务的主要方面，这是年轻的英雄们绝不能忘记的经验。

在企业精心塑造出来的情势英雄中，又可以区分为：

出格式英雄。这些人行为古怪，常常故意违反文化准则，但他们聪明过人，有独特的见解，工作能力较强，这种英雄在企业面临对现有价值观的挑战、需要某种创造力时是非常有用的。"出格"人物在强文化企业中具有很高的价值，他们使得企业不断地向前发展。企业主管通常把他们放在具有创造性的工作岗位上，或委派他们任研究开发部主管。

引导式英雄。这是高级管理人员为了有力地推行经营改革，通过物色合适对象而树立起来的英雄。例如，美国电话电报公司原来是一个没有竞争对手、接受政府管理的实体，其榜样人物是能够迅速装好电话并保证质量的人。后来，该公司不再受政府管理，参与市场竞争，面临经营改革，于是聘请IBM公司从前的一位管理人员麦吉尔担任市场经营的副总裁。他从小就习惯于竞争环境，善于识别和适应市场的各种特征，符合改革需要，他就是引导式英雄。

固执式英雄。这是坚忍不拔、锲而不舍、不达目的决不罢休的人物。

圣牛式英雄。这是忠于职守（如卷起袖子只知道工作的高技术人员）、坚持传统、乐于奉献的人物。例如，一个制造大型精密仪器的公司中的一位工程师，为了检查一台声音不太正常的机器而把耳朵贴近机器，结果机器爆炸而烧伤了他的半边脸。当他治愈后，他继续着自己的工作。他就是一位圣牛式英雄。他的奉献精神，使人们不仅不觉得他那张脸可怕，反而为此而尊敬他。

◎ 习俗与仪式

习俗与仪式是在企业各种日常活动中经常反复出现、人人知晓而又没有明文规定的东西，它们是有形地表现出来的程式化了的并能显示内聚力程度的文化因素。

习俗就是指企业的风俗习惯。习俗类型包括三方面。

（一）习俗

游戏（开玩笑、即兴表演、策略判定等）。它的价值是能缓和人们之间的紧张气氛，可鼓励创新活动。

聚餐（友谊午餐、聚会）。其价值是加强上下层、横向之间的联系和了解。

"训人"。如通用电气公司，对于拿着工程师文凭、穿着新买的西装第一次来公司上班的大学毕业生，是递给他一把扫帚让他去扫地。这种教训人的习俗，其价值是教育青年人懂得：自己的聪明才智要与对这块土地的熟悉程度相配，要承认那些在公司里待了很长时间的人所做的贡献和他们的聪明才智。

（二）仪式

仪式是指企业按照一定的标准、一定的程序进行的时空有序活动。

常见的仪式有：

问候仪式。个人之间进行面对面交往时使用。这种仪式告诉人们怎样站位、怎样称呼、什么程度的争论或激动是可以容忍的，等等。

奖赏仪式。当某人出色地完成一项工作、晋升、退休、或达到可以继续留任的标准时，举行这种奖赏仪式。当事人在仪式上得到奖品、奖章、礼物或纪念品，并使全公司知道他们为什么被奖赏。

工作仪式。这是在日常工作中经常举行的仪式。如，每天上班前的集会唱歌、一周的工作学习。工作仪式是增加自我价值感的途径，在高风险的工作中则提供安全感和加强责任感。

管理仪式。这是管理者在处理日常事务时所运用的。如，各种正式会议、计划框架与成本曲线分析、行为评价、复审技术等。它们之所以是仪式，是因为它们与企业实际工作进展之间的关系并不大，只是形式化地例行公事罢了。管理仪式的价值在于：杜绝急功近利，提倡深思熟虑，加强集体

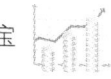

内聚力和一致性，向外界树立企业形象。

防患于未然的仪式。为了避免糟糕局面的出现而使用的仪式。

庆典。超凡的、引人注目的仪式，当企业通过特殊里程碑时举行。

研讨会或年会。颁发科学奖、显示技术开发成果、全面奖励有功人员的盛大庆典。

（三）习俗与仪式的作用

习俗与仪式往往是在随和、自然、轻松、幽默、戏剧化等气氛中实现的，但其实质却是严肃的，是一个企业价值观的体现。正因为习俗和仪式是企业价值观的体现，所以它们并不完全是自生自灭的东西。它们的形成离不开企业主管的自觉提倡，也离不开反复执行、历代相传、积久而成的自发力量。

把习俗和仪式视作企业文化的一个要素，实质上就是把企业中的每一件事都升格为重要的事情来抓，在强文化企业中，没有什么事是不重要的。习俗和仪式给全体职员施加普遍的影响，使他们的语言文字、公共礼节、行为交往、会议进程等都规范化，从而把企业的价值观、信仰、英雄形象等灌输到每一个人，深深地印入全体职员的脑海中。但是习俗与仪式也不是万能的，并不是随便什么人都可以通过习俗和仪式而同化于企业。

◎ 文化网络

这里所说的文化网络，是指企业内部以轶事、故事、机密、猜测等形式来传播消息的非正式渠道，是和正式组织机构相去甚远的隐蔽的分级联结体系。

文化网络的特征是：

第一，对消息作艺术加工。因此，所传播的消息往往故事化，变得生动形象。

第二，对消息含义的解释，往往与正式渠道的解释不同，能从更深的本质层次去说明问题。

第三，文化网络传递消息的整个过程，没有文件、录音磁带之类的参与，而是依靠人的口头表达。因此每个人都在本企业的文化网络中扮演一定的角色，但这个角色不是由谁任命的，也不能印在名片上，而是隐蔽地自发地形成的。

文化网络传播过程中，重要的角色有七大类。

1．"讲故事者"。

他们形成于地位高、信息量大，但不起领导作用的高级管理岗位上。他们有想象力、洞察力和对细节的辨别能力。因为他们职位高又知道得很多，所以能根据自己对企业里所发生的事情的感觉，编成故事向别人讲述。

2．"牧师"。

他们形成于顶层以下第三到第五管理层，在正式组织系统中担任一些下面没有职员、上面无须经常向副总裁报告工作的职位，如"经济研究部主任""人事处行政助理"之类。他们在企业待的时间很长，对企业内每件事、每个人了如指掌，是企业历史的活百科全书。职工犯难时愿意去找他们，他们也有时间聆听职工的坦诚谈话。他们总是通过讲述本企业的历史故事，来为当前的行动寻找依据。

3．"耳语者"。

他们往往形成于一个不太引人注目的岗位上，但具备两种关键技能：一是根据极少的线索，能快速和准确地领会领导的意图，从而能通过耳语左右公司的决策。他们的个性是对领导极度忠诚。二是立足于现在努力工作，能在整个企业内建立广泛的支持关系，从而能通过耳语使消息在整个网络传播。

4．"闲聊者"。

他们可以形成于任何一个岗位，也不与当权者接近。他们的能力，是善于在饭桌上或休息喝咖啡时与一大群人闲聊，从而把消息传到公司的各个阶层。人们

容忍甚至喜欢闲聊者，仅仅是为了消遣，并不指望所得到的消息一定是正确的。

5.秘书处职员。

这也许是唯一以正式组织中的身份介入文化网络的人。他们了解公司的真正面貌，很清楚公司中正在进行的事情、谁和谁正在闹别扭，等等。他们往往是不愿介入纠纷而又能公正评价事情的人，但他们能通过闲话网络传播公司的功绩。

6."间谍"。

这里所说的"间谍"，不是那种混入会议室刺探情报的人，而是指那些从来不说任何人坏话，不以任何方式来改变公司气氛而影响他人工作的人。他们能把各方面的意见都听进去，并原原本本地向高级管理人员叙述，因而高级管理人员把他们当作"间谍"来使用。显然，公司里的新来者最容易成为这种"间谍"。

7.非正式团体成员。

他们为了提高自己在组织中的地位，常常艺术性地在众人面前讲述本团体内其他人的优秀事迹。

文化网络是传播消息的非正式渠道，管理者不应避免牵连进去，而是必须灵活地掌握它，充分认识到它的重要性。强文化企业成功地通过开发文化网络，加强了管理者与职工的联系，培育了一大批向组织各阶层揭露事态的人，形象地灌输了企业的价值观，巩固了组织的基本信念，提高了英雄的象征性价值，扩大了人际交流，增强了友谊和内部凝聚力。

企业文化的核心
——共享的价值观

价值观是任何企业文化的基石。作为一个公司取得成功的哲理精髓，价值观为全体职工提供了共同方向的意识和他们日常行为的准则。这些成功的公式决定了公司的典型人物、有关公司的神话、仪式和典礼。事实上，公司之所以成功往往是由于它的职工能够识别、接受本组织的价值观并按此行动。

这些价值观可能是广义的，或集中于某一方面。它们能够引起想象，能够简单地促进经营。如果它们是强烈的，能支配每个人的注意力："在这儿人们真正关心的是质量"；如果它们是微弱的，就往往会被忽视："这已经不是那个公司了，因为老头儿已下了台。现今这里每个人只是多多少少做点分内事而已。"

"理性"的经理们很少注意一个组织的价值系统，价值观可不如组织结构、方针、程序、策略或预算那么具体，它们往往并没有书面形式。而当某人打算以正式文字形式把公司的价值观写出来时，其结果往往和福音书有令人不舒服的相似之处——良好、忠实且从广义上是建设性的，但并非全部与企业的经营活动有关。

我们认为现今的社会在价值观方面正处于弥漫的不确定性——一种既削弱领导又削弱义务的相对主义之中。毕竟，在这个快节奏的社会，有谁真正知道什么是正确的？就哲理高度而言，我们发现自己并无令人信服的责任，但日常企业环境却全然不同。尽管终极的价值观是渺茫的幻想，具体的价值观对于在特定经济环境中运行的特定组织而言却显然是有意义的。或许就因为终极的价值观难以捉摸，人们才积极地响应实际价值观。人们必须做出抉择，而价值观正是抉择时必不可少的指南。

各种组织事实上已从共享的价值观——通过强调"共享"——获得了巨大的力量。如果职工们知道他们的公司主张什么，如果他们知道要他们维护什么标准，则他们多半会公然决定支持这些标准，他们也更有可能觉得他们似乎是组织中的一个重要部分，他们会因为在这个公司中工作对他们具有意义而受到激励。

由于组织价值观能有力地影响人们的所作所为，因此我们认为价值观

是一桩经理们应该认真关心的事。事实上，形成和强化价值观可能成为一个经理所能做的最重要的工作。根据有关研究，凡成功的公司都十分强调价值观，这些公司一般来说具有以下三方面特征：

（1）他们有某种主张，就是说他们在如何经营他们的公司方面有明了的哲理。

（2）在管理方面很注重价值观的形成和精确协调，使之与公司的经济和环境相一致，并把它们传达给组织。

（3）这些价值观为在本公司工作的全体人员所理解和共享——由最低层的生产工人直至高级管理行列。

把公司和它的职工队伍团结起来的价值观是什么？它们从何而来？而更为重要的是，它们如何影响一个组织的成功运行？

对于把握住价值观的公司，共享的价值观就决定了组织的基本特征和使它有别于所有其他公司的行为模式。通过这种方式，它们使在组织中的人们产生一种一致感，使职工们感到特殊。此外，价值观是存在于整个公司大多数人员而非仅仅是高级经理们头脑中的，使共享的价值观非凡有效的是一种齐心协力的感觉。试看下面数例。

1.IBM公司的价值观。

经营理念：科学、进取、卓越。

企业精神：IBM就是最佳服务。

基本信念：尊重个人、顾客至上、追求卓越。

归纳为大家长式企业文化——身为职工，必须全力以赴为公司贡献，公司对职工的努力与忠心提供优厚薪水和福利回报职工，照顾职工。

2.松下公司的价值观。

经营理念：自来水哲学，即产业人的使命就是通过生产、再生产，使那些很有价值的消费品变得像自来水那样丰富、廉价，无穷无尽地提供给社会，消除贫困，使人间变成乐园。

企业精神：产业报国、光明正大、和睦团结、奋斗向上、礼貌谦让、顺应同化、感谢报恩。

职工信条：唯有本公司每一位成员齐心协力，至诚团结，才能促成进步与发展。

3. 三菱公司的价值观。

小不忍则乱大谋，实乃经营大事业的方针。

一旦着手事业，必须求其成功。

绝对不得经营投机事业。

以国家观念为基础来经营事业，任何时候均应保有至诚服务之意念。

勤俭，慈善待人。

仔细鉴别人才技能，以求达到适才适用。

善待职工，事业上的利益应尽量多分给职工。

大胆创业，谨慎守成。

4. 麦当劳公司的价值观。

经营理念：QSCV。即品质（Quality）、服务（Service）、清洁（Cleanness）、价值（Value）。

企业精神：美在汉堡之中。

5. 深圳康佳集团的价值观。

企业精神：团结、开拓、求实、创新。

企业风气：爱国爱厂、团结协作、遵纪守法、好学上进。

管理思想：以人为中心。

企业目标：建设一流环境，练就一流技术，创造一流产品，提供一流服务。

宗旨：质量第一，信誉为本。

对于局外人而言，上述这些措词大多听起来是十足的陈词滥调，确实其中有不少条比起广告中可能（也往往）使用的口号强不了多少，它们强于

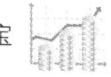

口号之处在于这些措辞在很大程度上抓住了某些使本组织令人深为信服的东西。在每一家这样的公司，这些文字就具有丰富和具体的含义。

我们把这些措辞称为"核心价值观"，是因为它们已成为组织的哲理精髓，这些口号似的主题只不过是包括关于这个组织应如何取得成功的一整套信条在内的一个复杂系统的最直观的一部分而已。

尽管价值系统可以在用少量文字构成的广告口号中显得极为直观，许多成功的公司却有其关于价值观、信念以及主题的经过多年发展起来的丰富传统。这些价值观从何而来？它们大多来自经验，来自在经济环境中试验什么行得通和什么行不通。但是，在组织中的个人对形成组织的准则和信念也有强烈的影响。

在此，我们以P&G公司作为说明的样本。

P&G公司是一家坚持长期努力以建立强烈文化的最典型公司之一，他们的成功可以直接追溯到一种建立在一整套信念和价值观上的非常强烈的文化。这些价值观中最首要的和基本的是"做正确的事"。正如其创始人普罗克特所言："要始终力求做正确的事。如果你这么干，就没有人能真正找到差错。"这一条法则一直在P&G公司代代相传。

他们的这些信念又是从何而来的呢？P&G的创始人或许并没有努力搞出一套价值系统并试图把它灌输到职工的脑海里去，但是在公司发展壮大的过程中，在无数次的实验和失败后，这些价值观自然而然地形成了。

一个公司的价值观的很重要的一个方面便是如何对待自己的职工，P&G公司也不例外。早在19世纪80年代末，其创始人普罗克特就遇到了一个问题：如何使P&G公司的职工不仅保持高的生产率而且能够保持忠诚，如何表达公司对其他职工的责任感。

普罗克特曾经亲自在车间生产第一线工作，像一个工人那样生活、工作，午饭在车间地板上吃，干肥皂配料加料的活，因此他对工人的观点感受有直接的了解。在此基础上，普罗克特形成了他自己的劳工观点。

1884年，普罗克特说服了他的父亲和叔父让工人们周六下午不上班但是仍然照发工资，这在当时属于很激进的建议。他随后又提出了分享利润计划，以求赢得工人们更大的忠诚和关心。虽然这两项计划都遭到了挫折，但是普罗克特并不气馁，他又把自己的设想进行了完善。在1903年设计了一个方案，把分享利润和购买股票结合起来。这次取得了成功，这给了普罗克特很大的鼓励，他随后又设立了职工代表会议，在董事会中设置工人代表席位，把工作日由10小时缩短为8小时，他甚至冒着极大的风险发展直接销售以保证工人的稳定就业。他在P&G公司树立了公司利益与其职工利益不可分割的原则。

P&G公司的许多杰出领袖都对公司价值观的形成有巨大影响，这家公司的价值观是通过市场中的多年经验逐步形成和提炼而成的，绝非一日之功。

公司共享的价值观可以起到一个非正式控制系统的作用，可以对公司的经理和普通职工起到一种潜移默化的指挥作用。公司中的职工会对公司价值观所强调的东西予以特别关注，这会产生非凡的效果。如果所有人都认为公司的融洽气氛是最重要的，那么大家都会去注意营造一种良好的氛围，这家公司的氛围就会远远超过别家公司。如果公司的价值观是运行的高效率，那么经理们就会致力于提高效率，把它放在第一位，这家公司的效率就会大大提高。

在遇到难以解决的问题时，经理们会遵循公司的价值观作出高于一般水平的决策，而不会有太大的偏差。如果公司的价值观目标没有完成，所有的职工都会努力工作，来实现公司的价值观。因为这已经变成了原则问题，原则的损害是不可原谅的。

价值观既能形成力量也会导致问题。问题可能会表现在如下方面：过时的风险，经济环境可能会改变，价值观可能已经失去作用，那么此时该怎么办呢？网络经济已经来临，公司却死守以前的工业化的思维方式，不去利用最新的信息技术成果，仍然封闭自守，这便是最严重的一种风险，是一种与现实不一致的风险。

公司的管理行为可能会与公开宣告的价值观有很大的出入。总经理大谈

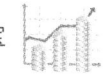

特谈顾客的重要性，强调顾客就是上帝，但是到了最终结算的时候，却把公司的财务成绩排在第一位，顾客排在后面。总经理强调要有创新精神，但在实际操作时又让富于创造性的人才坐冷板凳。这种言行不一的行为都会削弱企业价值观的力量。

企业文化的四种类型

企业文化的类型，取决于市场的两种因素：其一是企业经营活动的风险程度，其二是企业及其员工工作绩效的反馈速度。由市场环境决定的四种文化类型是：

◎ 强人文化

强人文化形成于高风险、快反馈的企业，如建筑、整容、广告、影视、出版、体育运动等方面的企业。这类企业有点类似于外科手术和警察部门，风险很大（意味着生或死），绩效反馈极快（手术的十几小时或警察执行任务的几分钟）。如拍一部电影或出一套世界性丛书，要冒耗资数千万美元的风险，是否卖座或畅销在1年内就可一目了然。

强人文化对人的要求是：必须坚强、乐观、保持强烈的进取心，树立"寻找山峰并征服它"的牢固信念。否则，就不可能大胆地和别人（包括比自己职位高的人）竞争，不可能迅速决策和承担可能很快就被证明是失误的风险，从而也就不可能在这类企业中立足。

强人文化的特征是：

崇尚个人明星。谁敢孤注一掷并取得成功，谁就是明星。玩命的英雄是这一文化的准则，他们可能行为粗野，但只要每次行动都能开启成功的按

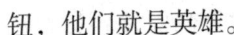

钮，他们就是英雄。

机遇扮演重要角色。明星随时产生，但也会突然消失，就如它突然来临一样，曾经是成功的东西可能不会再次成功。

把仪式变成迷信。如果说，外科大夫坚持手术前盥洗七八分钟的仪式，是为了提供安全感和显示责任心，那么，强人文化则把某些仪式变成了迷信。

强人文化的优点是：能够适应高风险、快反馈的环境，以承担风险为美德、勇于竞争，对过失不追究并承认其价值，从而不断推动行业前进。其缺点是：短期行为压倒一切，争当个人明星，置企业精神于脑后，把仪式变成迷信，培养向错误学习的倾向，容忍暴躁易怒行为，导致不成熟。

◎ "拼命干、尽情玩"文化

这种文化形成于风险极小、反应极快的企业，如房地产经纪公司、计算机公司、汽车批发商、大众消费公司等。这些行业生产与销售的好坏，很快就能知道，但真正的风险并不大。就生产来说，由于有足够的核查和平衡手段，出了差错可以纠正；就销售来说，因产品是必需品，一次销售不佳并不损害大局，只要多到顾客中去走走，多打打电话，销售量总可以上去。

这种文化对人的要求就是：干的时候拼命干，玩的时候尽情玩，对人友好、善于交际，树立"发现需要并满足它"的牢固信念。

"拼命干、尽情玩"文化的特征是：

工作数量扮演重要角色。因为在这个领域中，压倒一切的是行动。只要员工们不断地努力工作，就一定会达到目的。

崇尚优胜群体。在这里只有群体才能赢得世界，因为任何个人不能造成真正的差异。

着迷于更有刺激性的活动。这些仪式化了的活动，充满了既不担忧也不迷信的气氛。

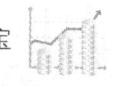

"拼命干、尽情玩"文化的优点是：行动迅速，适合于完成所需工作量极大的工作。其缺点是：缺乏思考与敏感的一面，常使胜利者变得骄傲，忘记了今天的成功可能会导致明天的失败。

◎ 攻坚文化

攻坚文化形成于风险大、反馈慢的企业，如石油开采、航空航天方面的企业，往往一个项目就得投资几千万甚至几亿元，但却需要几年的时间去开发、研究和试验，才能判断其是否可行。

攻坚文化对人的要求是：凡事应该仔细权衡和深思熟虑，一旦下定决心，就不要轻易改变初衷，而要坚定并善于自我导向，即使在没有或几乎没有反馈的情况下也仍然具有实现远大志向的精力和韧性。

攻坚文化的特征是：

崇尚创造美好的未来。这种文化的信仰者集中于一个思想，那就是应该给美好的想法有一个合适的成功机会。

权威、技术能力、逻辑和条理性扮演重要角色。在长期得不到反馈的情况下，那些曾经证明自己是正确的权威，自然赢得了很多人的尊敬，成为困难时期的心理支持。逻辑和技术能力，是说服人们去创造未来的力量。

以企业例行会议为主要仪式。不同层次的人员严格地按指定的位置坐好，只有高级主管人员发言，决策自上而下进行，不能容忍不成熟的行为。

攻坚文化的优点是：完全适应于高风险、慢反馈的环境，可导致高质量的发明和重大的科学突破，从而推动国民经济向前发展。其缺点是：有时慢得很可怕，缺乏激情。

◎ 过程文化

过程文化形成于风险小、反馈慢的企业，如银行、保险公司、金融服务组织、公共事业公司以及受到严格控制的药剂品公司等。这类企业所进行的任何一笔交易，都不太可能使企业破产，而这里的员工几乎得不到任何反馈，他们写的备忘录和报告似乎消失得无影无踪。

过程文化对人的要求是：遵纪守时、谨慎周到。

过程文化的特征是：

崇尚过程和细节。严格按程序办事，不过问其对整体的意义。这种文化的核心价值是完善的技术和做到过程与具体细节绝对正确。

小事扮演重要角色。一个电话、一段新闻摘录、一份部门领导的近期备忘录，都会小题大做。

仪式体现严格的等级观念。连办公设施也严格按照一个人的等级而及时调换，而不会早一天或晚一天调换。

过程文化的优点是：有利于稳定，其缺点是：过于保守。

 文化、信仰的贯彻

如果你要寻找美国企业中的佼佼者，佛罗里达州的迪斯尼世界（也称迪斯尼乐园）无疑是有史以来最出色的。在忙碌的夏季，一天中最少也有10多万人光临迪斯尼乐园，其在2002年接待了大约2 300万来自世界各地的旅游者，总收入达7.3亿美元。到底是什么吸引了这么多游客，并达到如此高的收入呢？一句话，就是乐园的注册商标"米老鼠"具有不可抗拒的魔力。

如何能够维持这一处装扮出来的景色长盛不衰呢？人们见到的是一座巨大的舞台，但是要使这座舞台真正活跃起来却需要表演，迪斯尼公司优于他人之处就是训练其工作人员在这座舞台上进行逼真的表演。

迪斯尼公司中没有人事部门，招聘工作由演员中心负责，每位新受雇的人员都必须先在迪斯尼大学中接受传统方式的培训。迪斯尼公司精心安排训

练的每一个细节，目的是要使其工作人员明了，迪斯尼乐园首先是一个表演企业。

每天的训练总是以赞扬式的回顾开始，当训练人在班上讲述米老鼠、白雪公主等这些奇妙的形象时，他是在向新来的人敞开瓦尔特·迪斯尼有关这座梦幻王国的想象，训练人制造一种气氛，似乎瓦尔特本人就在房间里，正欢迎新的工作人员来到他的领地，其目的是使这些新的工作人员感到自己是这位乐园奠基人的合作者，和他共同来创造世界上最美妙的地方。一家大公司向其工作人员灌输本身的价值，恐怕再没有比迪斯尼乐园做的更好的了。

员工们首先需要学习的是，要对游客友好、客气、彬彬有礼、有求必应。要让他们觉得来到迪斯尼乐园所花费的金钱是值得的，然后才是学习怎样在生动活泼的表演中充当一名演员。培训本身也是一种演出，或者严格一点说是一种彩排，是由训练人员口传身授的。让每一个人明确他在表演中扮演的角色，在传统的培训方式完成之后，新的工作人员进入乐园实习三天。

员工们必须牢记，从来到大街的那一时刻起，就登上了舞台，就得时时面带笑容，要记住你所扮演的人物要说的话，记住当人们在市政大厅门前时，你要给他们讲些什么，记住你要笑容满面，记住你在帮他们消磨时间，这些都是头等重要的大事。对迪斯尼的人员来说，列队通过大街是最长和最苦的差事，但他们的步法、姿势整齐一致，对游客来说实在是一种地道的款待。乐园强调，不在演员名单上的人，绝不允许偷看一个除掉面具的角色，那种头戴面具的印象必须永远保持，这些演员接到指示在任何情况下都不准破坏角色的形象。

迪斯尼乐园被称为完美画面里的乐园，但这里的一切并非目力所及，迪斯尼乐园全部舞台实际是在舞台之下，乐园之下的地面一层是称作地下乐园的隧道网络，设置在这条地下隧道中的是一个控制灯光的计算机中心，一家为工作人员设立的咖啡店和一处藏衣室。每天一早干干净净的戏装提供给演员，由于众多的节目和大量的库存，这里是世界上最大的藏衣室。躲在这谢绝一切游人的地下隧道之中，工作人员可以吸烟、进餐、喝水和化妆，一般地说也可以像在真实天地中那样自如地行动，然而他们一旦被送出隧道，穿过僻静角落中不显眼的门洞进入上面的魔幻王国，他们就再次来到舞台之上，进行人们预期的表演。

收获是显而易见的，这一魔幻王国很快就成了一个童话世界。

时间流逝，但这里仍盛况空前，人们被这里的魔幻气氛所吸引不断涌来，而一旦步入园内就会忘乎所以，仿佛真的回到了童年时代。

迪斯尼公司首先为自己的企业价值进行了准确、清晰的定位，即：表演公司，为顾客提供最高满意度的娱乐和消遣。如何实施公司的这一定位呢？必须依靠员工。公司最终提供给顾客的产品和服务，必须要由员工实施。所以迪斯尼公司强调：将企业价值灌输给工作人员。这种灌输从招聘环节就已经开始了，同时也体现在员工的训练中，就连整个乐园的设计也充分显示了这一管理思想。迪斯尼公司的目标就是：不惜一切来确保其1.9万名工作人员中的每一个人都明白自己角色的信条和重要性，而这些信条又恰好是企业的价值所在。

迪斯尼的例子体现了这样一种思想，就是企业文化、信仰的贯彻较之于其他方面更为重要，也更为复杂，是有效管理的关键所在。